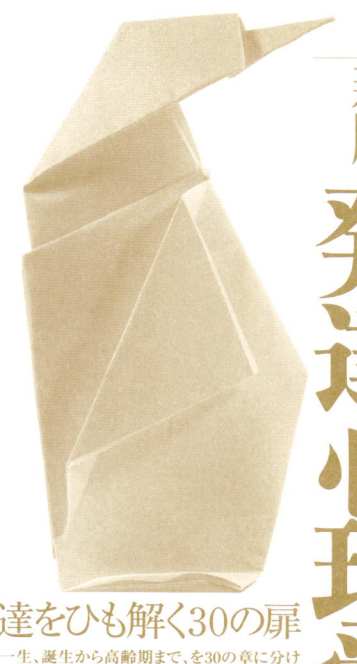

新版
発達心理学への招待

人間発達をひも解く30の扉

人の一生、誕生から高齢期まで、を30の章に分け
時代や性差などによって特徴づけられるそれぞれの時期の
発達のあり様を浮かび上がらせました。さまざまな実験結果を取り入れ
心理学的な考え方が自然に理解できるように工夫してあります。

Keiko Kashiwagi/Yorio Kosawa/Takahiro Miyashita

柏木惠子 古澤賴雄 宮下孝広［著］

ミネルヴァ書房

新版へのまえがき

あえて"最新流行，最前線，なんでもある品揃え豊富"でなく

　ここ数年，私どもには「発達心理学入門」の題の講義を担当する機会が多くなってきました。対象は心理学科の1年生であったり，ほかの学問領域専攻の学生だったりです。受講する学生たちのなかには，心理学に積極的な関心を抱き，すでに心理学専攻を決めている学生，それも子どものことをと決めている学生も少なくありません。しかし同時に，心理学科に入ったものの，最近の心理学ブームから大分見当ちがいのことを講義に期待する人なども少なくありません。

　さて，この講義の受講者に教科書を，と思いました。限られた時間と，講義する1人だけの力では不十分，それに聴くだけでなく読むことで学ぶことも大切だと考えているからです。それに発達心理学の入門書はあまたあるのだから，と思いました。ところが，それがうまくゆきません。教科書の選定が容易ではないのです。

　『発達心理学概説』『児童（幼児）心理学概論』『発達心理学入門』という本は，ここ十年来たくさん出されています。いずれも内容豊富な力作で，講義の構成を構想するうえで大変参考になりました。しかし，学生への教科書としてはどれも駄目だと思いました。せっかく「招待」されても遠慮したくなる，「入門」したいと思ったけれどこの門には入れない，入りたくないと，かなりの学生たちが思ってしまうだろうと予想されました。

　それはなぜか？　いずれも"たすきに長し"なのです（帯に短いものはなく）。要は，盛り沢山，欲張りすぎ，また難しすぎです。そして，そうなってしまっている一因は，多くの教科書が大勢の方がたの分担執筆であることにあると思います。発達心理学は，いま，問題領域も方法も対象も広範，多岐にわたっています。そこで領域，段階などごとにそれぞれ専門とする方が担当して書くやりかたは，専門書としてはベストかもしれません。しかし，初学者への「招

待」「入門」にはどうでしょうか。それぞれの領域の専門家が，自分の研究成果と知識のうんちくを傾け，多くの理解と研究データを紹介してその最前線を究めて書こうとしている，そのことが「招待」「入門」には裏目に出てしまうのだと思います。

そこにしばしば現われる，"……理論によれば……" "……といわれている" "……とも考えられる" "……という指摘もある" "……が課題であろう"といった類の記述，また，次つぎに登場する術語，専門用語，さらに理論の名称や学者の名前のかずかず。それらは，日常の見聞や自分自身の体験から心理学に興味と期待とを抱いている学生たちをたじろがせ，がっくりさせてしまう。なんとか身につけたいと努力しても消化不良になる，あるいはそれ以前に食指が働かなくなるのでは，と思います。こうした諸説，諸議論は，専門書，専門領域のレビュウ論文に求められるものでしょう。また，専門用語，術語を知ることが，あたかも専門に入門する人にとって勉強に必須であるかのように用いられているのも，不要，濫用と私どもには思われるのでした。

そこで，発達心理学をはじめて学ぶ人のための教科書を作ることにしました。入門の講義の内容や方法について話し合っているなかで，以上の問題点を期せずして一致して認め合った３人で，分担ではなく協同で作りたいと思って，本書の初版を作ったのが1996年。私どもの意図と努力を認めて下さったのでしょうか。出版後，多くの大学で教科書として使われつづけています。私ども自身も，それぞれの大学で教科書として講義をしてまいりましたが，その体験から，トピックスの改訂，データの選定，補完，修正などをしたいと思うようになりました。初版時の時と同様に，本の構成，テーマの選定，研究例（データ）の選択，書き方，参考書などについて，３人で何度も話し合い論議を重ねました。それぞれの案を出し合い修正・補充を繰り返してでき上がったのが本書です。

私どもが本書で特に留意し，努力したのは，次の諸点です。

①日常の経験・見聞を大事にすること。発達は学生自身，また身近な人びと

に常に起こっている事柄です。しかし発達に限らず心理学は，どうもそこから遊離して狭いところに問題を限定してしまう傾向があります。専門の研究ではそれは必要・重要でも，初学者には不適当。自分自身がまさに経験し悩んでいる問題——自分の性格がどのように作られてきたか，またどう生き，何を生きがいとするか，職業と家族生活とをどう運営してゆくか，といった学生自身の成長と生とに深く結びついている問題を積極的に取り上げることを心がけました。また，昨今，身近に接することの少ない赤ちゃんや幼児の世話や遊び相手をする，高齢者と話したり一緒に過ごすなどの体験から学生自身が発見したこと，疑問に思ったことをいとぐちとして「発達する」ことを考えるようにしたい。この種の宿題をここ何年か出していますが，その体験から，講義で聞くこと以上に「発達する」ことの基本的な諸相を学生が自ら発見し，重要な理論的問題を提起しているからです。

②人間の発達を取り囲み，発達を規定し特徴づけている社会や文化，さらに歴史的状況に眼を開かせ視野を広げること。心理学が"科学"としての厳密さ，条件統制，分析的・客観的であることをめざすあまり，ごく狭く限定した事象に焦点づけた研究になってきている現状が，発達心理学の入門書にも反映しています。限定された実験室内での赤ちゃんの反応，特定の課題やテストでの子どもの成績，質問紙への青年の回答など，それら自体興味深いものもあります。しかし，いま問題としている子どもや青年たちが，人類の歴史のなかのどのような特異な時代に生をうけているのか，どのような社会，文化のなかで育ちつつあるのかの認識が，とかくなおざりにされていることが多いと思います。現実の世界に今まさに生きている人間の発達を理解する上で，心理学の狭い研究領域では不十分。生物学，脳科学，進化学，歴史学，文化・社会人類学，人口学，社会学，など隣接領域の知見を，積極的に取り入れたい。さらに，人が社会のなかで育ち生きるということの意味と問題とを，発達心理学以上に端的に鮮やかに描いて見せてくれている小説・評論の類も重視したい。それらは，厳密で分析的であろうとして"たこつぼ"に深くはまり込んでしまいがちな発達心理学者には，見えなくなってしまっていることをさし示してくれる貴重な文

献だと思うからです。

　③上述のように「発達」の基本的な性質・問題を，体験学習に準拠して考え理解させることをめざす上で，最適な研究例や考え方を絞って選び，日常経験が学問・研究としてどのように扱われるかを示すこと。

　このために逆に，最新の理論・研究を網羅することはあえてしませんでした。また学術専門用語も最小限に留めることにしました。これまでの多くの入門書が，各分野の専門家による分担執筆であった結果，新しい理論・概念，研究データの詳細な紹介，それらの考察や論争，問題提起が盛り沢山にちりばめられていて，初学者をうんざりさせ消化不良に終わらせてしまった難を避けたいからです。厳選したトピック，それも心と行動に関する身近な現象をとりあげて，それらを学問的に考えさらに解明することの面白さと有用さとを知って欲しい，その上で，"もっと！"と，さらにくわしく知りたい意欲が喚起できれば，と願っています。それが入門書の役割，それが果たせたそのとき，従来ある内容豊富な「入門」の出番となり，その懇切な力を発揮すると思うのです。

　④人の一生を考えること。生涯を見通すこと。「発達」といえば，一般にはつい，子どものことと考えられがちです。せいぜい青年までのことと思うのが普通でしょう。しかし，そうではないことは，本書で繰りかえし述べました。このことは専門家のあいだでは最近では常識になってきていますが，それでも「生涯発達心理学」とわざわざいうこともあるほど，まだ一般には浸透していないようです。本書で，おとなも，また高齢期にも"発達"することをとりあげ，そのことは"発達"ということそのものを再考させられるということを指摘しました。さらに，「生涯発達」ということは，発達が生涯続くということだけではなく，子どもであれ青年であれ，その現在の生と発達とは，その後に広がる長い生涯をその子ども・青年がどのように見通すかと密接に関わっていることでもあります。「生涯発達」の意味として，この「将来（未来）展望」は大変重要で，これは若い方がたには特に考えてほしいと願っています。それは，単に発達心理学を学ぶことを超えて，自分がこれまでどう生きてきたかを振り返りながら同時にこれからどう生き発達していくか，自身の将来を展望して考える

新版へのまえがき

ことになるからです。

　⑤本書は31章から成り立っています。とりあげるテーマを，"身近な心理学の問題を"，"現実の社会・文化・歴史のなかの人間を"，"生涯にわたる，また生涯を見通す"，といった視点から3人で討議して選定しました。一方，1年の講義回数を念頭に31のテーマとしました。最初に，人間発達の基本に関わるテーマを4篇，そのあとの27篇は，通常，発達心理学でとられている領域・時期・段階などの分類によらず，社会・文化・歴史のなかで人の生と発達とがどのように展開されているかがわかりやすくみられるように，工夫して配しました。

　いずれの章もいわば"読み切り"の形に書き，関心に応じて独立に読んでいただいてもよく，また配列にこだわらず順序不同に任意に取り上げていただいてもよいようにと心がけました。

　各章ごとに，「さらに知りたい人のために」3〜4の参考書を付しました。それらは，その章のテーマとその周辺の問題をもう少しくわしく扱った本を，日本語および翻訳書に限ってとりあげました。さらにより専門の勉強を進めるための文献は，それらの本の引用文献に見い出すことができるでしょう。また，上述した既存の発達心理学入門・招待の本が役にたつでしょう。

　既存の多くの類書に学びながらも，それらに不満・疑問を呈して，初版をつくり，その後の研究の進展や講義の体験から，それをさらに大幅に改訂したのが本書です。お読みいただき，あるいは教科書として使っていただき，率直なご意見，ご批判を，ぜひお寄せいただきたいと願っています。

　　2005年3月

柏木惠子
古澤賴雄
宮下孝広

も く じ

まえがき

I　人の発達の基本

1　発達心理学とは──序章 …………………………………………1
発達心理学と児童心理学　　1
"子どもの発見"と子どもへの関心・研究　　2
児童学から児童心理学へ　　5
生涯発達の心理学へ　　5

2　赤ちゃんの戦略──埋めこまれた生物学的制約 ……………8
生理的早産　　9
おとなの行動を導く　　11
赤ちゃんの有能さ　　13
人間への関心　　15

3　発達とは？──獲得と消失のダイナミックスそして質も量も変化する
……………………………………………………………………18
発達＝獲得・増大のプロセス？　　18
量の変化ではない，もう1つの発達　　19
関係の理解という言語発達　　20
数の概念の構造的変化　　20
発達するのは子どもだけではない　　22

もくじ

　　　　加齢＝老化・衰退か？　　23
　　　　高齢期の人格的成熟　　25
　　　　消失・喪失のプロセスとしての発達　　25

4　生涯発達にみられる一貫性と変化性 ·················29
　　　　パーソナリティの一貫性と変化性　　29
　　　　初期経験にみられる環境剥奪　　31
　　　　追跡研究を通して見えた一貫性と変化性　　33

II　歴史・社会・文化のなかの人間発達

5　胎児期の発達——人生のはじまり ·················37
　　　　受精によって何が決まるか　　37
　　　　胎児の発達　　39
　　　　胎内環境と胎児の発達　　41
　　　　低出生体重児・早産児　　42
　　　　胎児の感覚能力　　43

6　ヒトとして生まれて人間となる ·················47
　　　　赤ちゃんはいつも眠っている　　47
　　　　眠りのサイクルはどうしてつくられる　　49
　　　　いろいろある社会化のかたち　　50
　　　　日本の子どもの社会化は？　　52

7　新しい家族の諸相，家族を創る営み ·················54
　　　　里親として子どもを育てる家族　　54
　　　　　1　里親になるには　　2　親意識の成り立ち　　3　里親・里子関係の形成

vii

もくじ

養子縁組によって子どもを迎える家族　56
　1　養子を迎える決断　2　養子を迎えるに至る過程
　3　親子関係の成立　4　育て親・子どもそれぞれの発達
生殖補助技術がもたらす親子関係　61

8 親となること──養護性の発達と親の人格発達　64
子どもの誕生と親役割　64
妊娠・出産期の夫と妻の感情　65
父親と母親は違うのか？　66
母性・父性から養護性へ　67
養護性の発達　68
「親となる」ことによるおとなの人格発達　70

9 話せるようになること　72
ことばに開かれている人間　72
シンボルとしてのことば　75
ことばによる表現　76
言語環境の貧困　78

10 読み書きできるようになること　81
読み書きできることの意味　81
読み書きの発達　83
読むこと≠書くこと　86

11 対人ネットワークの形成・発達──人間の絆はどう育つか　88
赤ちゃんの愛着の対象は？　88
愛着の対象は１人ではない　89
文化によって違う愛着の発達　90

　　　　豊かな社会的ネットワークを　　　93

12　おとなの表情から子どもは何を知るか
　　　——**表情とコミュニケーション**……………………96
　　　表情と感情　　96
　　　子どもの行動に影響するおとなの表情　　97
　　　感情表出の社会的ルール　　100
　　　感情表出と文化　　102

13　他人の心がわかる……………………………………104
　　　他人の思いがわかる　　104
　　　思いやる心の形成　　106
　　　思いやる心を育てる背景　　108
　　　考えていることを考える　　110

14　子ども同士の人間関係……………………………114
　　　遊び心の発達　　114
　　　"見立て"と"ふり"　　115
　　　遊びと仲間関係　　117
　　　きょうだい同士の遊び　　119

15　想像力——象徴機能の発達………………………122
　　　幼児期の象徴機能の発達　　122
　　　ごっこ遊びとけんかの境目　　124
　　　表象の操作と思考　　125

もくじ

16 ことばと認識・行動──ことばや知識が課す制約 ……………129
　　サピア・ホワーフの仮説　　129
　　認識を枠づけることば・知識　　130
　　行動をコントロールすることば・知識　　133

17 記憶のメカニズムと発達 ……………………………………………135
　　記憶喪失　　135
　　記憶のメカニズム　　136
　　記憶のコントロール　　139

18 時代による社会の変化と人間の発達 ………………………………141
　　世代と生活経験　　141
　　1930年代の経済大恐慌の影響　　143
　　IT 時代に生きる　　145
　　　　1　テレビ視聴　　2　テレビゲーム　　3　インターネット・携帯電話
　　社会の変化を視野に入れた発達研究，コホート研究　　148

19 性格形成──つくられる／つくる性格 ……………………………151
　　乳児の生得的気質──はじめに個性ありき　　151
　　親との類似　"親そっくり" は，"親ゆずり"，遺伝か？　　152
　　遺伝は絶対ではない　　152
　　環境の影響もさまざま　　155
　　動機づけの強さと性質──達成動機づけと内発的動機　　156
　　主体的能動的自己形成としての性格発達　　157

20 Gender／性役割とその発達──男女平等のなかに潜む性差別
　　　　　　　　　　　　　　　　　　　　　　　　　　　　……………160
　　生物学的性と社会・心理学的性　　160

　　　　心理学的性差をつくるものは？　　162
　　　　日本の社会に潜む性別しつけ　　164

21　「自分」とは？ ……………………………………………………………167
　　　　自他の未分化から身体的物理的「自分・自己」の発見へ　　167
　　　　心理的自己の発現と強まり　　168
　　　　自己認識の広がりと深まり——私的自己から公的自己へ　　170
　　　　「自己」の発達をめぐる文化　　171

22　しつけと期待という育児文化 ……………………………………………176
　　　　親子（養育）関係の進化的基盤　　176
　　　　家族の養育の多様性　　177
　　　　誰が子どもを育てるか？　　177
　　　　いつ，どのようにしつけるのか？——子ども観の違い　　179
　　　　子どもになにをしこむか？——それぞれの文化での発達課題　　182
　　　　国・国内にも多様な下位文化　　183
　　　　初期環境の悪影響は回復できる　　184

23　発達と教育——日本の教育の文化的特質 ……………………………186
　　　　学校経験の意味　　186
　　　　受容的勤勉性——日本の教育の特質(1)　　189
　　　　周囲の人々との関係——日本の教育の特質(2)　　190

24　日常的な場面での学び・実験室での学習 ……………………………193
　　　　まねる　　193
　　　　自分で考えだす　　195
　　　　領域固有の知識　　196
　　　　実験室での学習(1)　古典的条件づけ　　197

もくじ

　　　　実験室での学習(2)　オペラント条件づけ　198

25　知的であることの意味——生涯発達の視点から……200
　　　知能とその発達　200
　　　ビネー検査　201
　　　流動性知能・結晶性知能　201
　　　知能の多様性　202
　　　社会のなかでの頭のよさ　203
　　　状況に依存した知性　204
　　　脳研究における知的活動の探求　207

26　生涯発達における大学生時代(1)——ものの考え方と時間的展望
　　　　　　　　　　　　　　　　　　　　　　　　　　　　　　……208
　　　青年期から成人期にかけての思考の発達　209
　　　大学生活がもたらす心理的影響　210
　　　時間的展望と就職活動　212

27　生涯発達における大学生時代(2)——アイデンティティの形成
　　　　　　　　　　　　　　　　　　　　　　　　　　　　　　……218
　　　人間形成の変容と拡大　218
　　　　1　親への批判から受容へ　　2　友人関係と自己の意識
　　　　3　異性とのつきあい
　　　アイデンティティの確立　222
　　　日米大学生にみられる文化差　225

28　"人口革命"という歴史的状況と女性／男性の発達　……228
　　　少子化と長寿命の時代：人口革命　228
　　　少子化時代の子どもの価値は？　229

　　　　親扶養の美徳をゆるがした長寿の社会　231
　　　　子どもの価値にもジェンダー問題　232
　　　　人口革命で（女性は）変わる　232
　　　　問われる男性の生き方　234

29　家族生活と職業生活――なぜ, "男女共同参画" か？ ……236
　　　　結婚をめぐる最近の動向　236
　　　　家族の機能の変化――家族の和と家族の個人化　238
　　　　家族の形態の変化――多様化と個人化　241

30　高齢期における体と心, そして, 死 ……245
　　　高齢期における体の変化　245
　　　高齢期における心の変化　247
　　　高齢期の死　249
　　　　　1　死を迎える　　2　死別について

31　ふたたび発達とは――発達研究事始め ……253
　　　発達研究の枠組み(1)　時間による理解　253
　　　発達研究の枠組み(2)　文脈による理解　254
　　　発達研究の枠組み(3)　文化による理解　255
　　　発達の理論　256
　　　　　1　生体に起こる成熟を主張する立場　　2　環境における学習を重視する立場
　　　　　3　心を構成する主体を重視する立場　　4　情報処理過程を重視する立場
　　　　　5　社会文化の文脈の働きを重視する立場
　　　　　6　進化に見られる環境適応を重視する立場

あとがき

もくじ

PICK UP

人の年齢と犬の年齢　　7
何でも学べるわけではない──進化的制約　　17
脳は衰えない　　28
赤ちゃんはよくみている　　53
実親は養子縁組をどう見ているか　　63
親となること：3つの自分　　71
先行逃げ切りはできるのか？　　80
ポーカーフェイスの日本人　　103
発達障害とは　　121
性格の5つの特徴　　159
自意識過剰　　175
子どもに求める生き方　　185
性差の隠れたカリキュラム　　192
高IQ児の生涯　　217
うつ病の誘因となったイベント　　235
日本の男性は……　　244
高齢期の人格発達　　252

I 人の発達の基本

1 発達心理学とは
序章

発達心理学と児童心理学

　発達心理学という名称は，一般的にはあまり耳慣れない名称かもしれません。児童心理学のこと？　青年心理学なら知っているけれどそれとはちがうの？という質問を受けることがよくあります。発達心理学という名称が心理学の一専門領域を示すものとして用いられるようになったのは，日本ではここ十数年前ぐらいのことですから，その疑問は無理もありません。それ以前は児童心理学，乳幼児心理学，青年心理学といった名称の本がほとんどでした。これなら，子どもやもう少し年上の青年のことを扱っている心理学だということがわかりやすいでしょう。これに対して，発達心理学というのは一体誰のことを研究する学問なのかがわかりにくいことは確かです。

　発達心理学と児童心理学は，密接に関係し合って発展してきた研究領域です。この2つがどのように関係してきたか，またどう分かれたかをみることによって，発達心理学という学問の性格や特徴を理解することができると思います。

　その前にまず，発達心理学の定義をみることにしましょう。

　「受胎から死に至るまでの生体の心身の形態や機能の成長・変化の過程，これに伴う行動の進化や体制化の様相，変化を支配する機制や条件などを解明し，発達法則の樹立を目指す心理学の1分野」これがもっとも代表的な定義です。この定義から，発達心理学の研究対象を簡略的に示すと，**図1-1**のようになります。

　「受胎から死まで」とされる発達心理学の対象範囲を表わしたこの図の中で，

―――― *Key word* ――――
受胎から死まで，子どもの発見，おとなの縮図，児童学，生涯発達

I 人の発達の基本

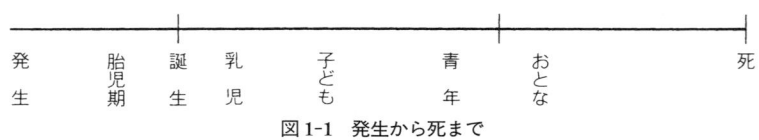

図1-1 発生から死まで

児童期はそのなかのごく限られた1時期です。児童心理学はこの時期に限って，子どもとはどのようなものか，子どもがどのようにおとなになるのかを扱っている学問です。さきの定義と関係づけてみますと，児童心理学は発達心理学の1部分ないし下位領域といえるでしょう。しかし，歴史的にみると，発達心理学という名称がごく最近のものであることからもわかるように，人間の心理・行動の発達への関心はまず子どもへの関心・研究，つまり児童心理学から始まりました。その意味で，児童心理学は，今日の発達心理学の先駆であり，母胎でもあります。

"子どもの発見"と子どもへの関心・研究

心理学は今から約100年余前に欧米で生まれた若い学問です。それまで主として哲学的思弁に基づいて扱われてきた人間の心を，客観的実証的に研究することを目指して実験心理学として成立しました。そこでの第1の研究関心は，人間(成人)の心と行動のメカニズムでした。そこで心理学の研究対象は，実験室での研究が中心だったこととあいまって，長いことおとな(厳密にいえば，大学に出入りしている男のインテリ)中心でした。そして子どもについての研究は，ごく1部の人びとによって細々とされていたにすぎませんでした。

しかし，これはなにも心理学という学問世界だけのことではありません。そもそも子どもは，おとなとは違った価値をもつユニークな存在として人びとの関心を引くほどの存在ではなかったのです。それどころか，子どもはおとなの1部のようなもの，せいぜいおとなの小型，まだ何もできないミニチュアだとみなされていました。そのような状況では，子どもがとりたてて研究の対象にならなかったのはごく自然のなりゆきでした。

このように長いこと子どもがおとなと本質的には違わない，縮図のようなも

I 発達心理学とは

図 1-2 王女マルガリータ

図 1-3 16世紀の子どもは，
父，母と同じ服装
（Harrison, 1996）

のとされていた事情を，アリエスという"日曜歴史家"は西欧絵画に描かれた子ども像を手がかりに論述しています。アリエスのあげている有名な例が，ヴェラスケスの『王女マルガリータ』です（図1-2）。

　まだ10歳そこそこの幼いマルガリータが，おとなの女性と同じプロポーションで，当時の最新流行の婦人服を着ている様は，子どもはおとなの単なる縮図とみられ，おとなとは異なる独自の存在とは認められていなかった1つの証左だと，アリエスは指摘しています。同様なことは，男の子の場合も，また一般庶民の子どもの絵でもみられます（図1-3）。これが17世紀の終りごろから，子どもは子どもらしいプロポーションで，子どもの服装で描かれる，（脇役ではなく）家族の中心に位置して描かれる，といった，それまでにない変遷をみせるようになっていったということです。

　こうした変化は，人びとが子どもがおとなの縮図でも添えものでもなく，独自の特徴と価値を備えた存在だと認識するようになったことの現われとみることができるでしょう。アリエスはこれを"子どもの発見"として強調しています。今日では，子どもはおとなのミニチュアだなどと考える人は誰もいないで

3

I 人の発達の基本

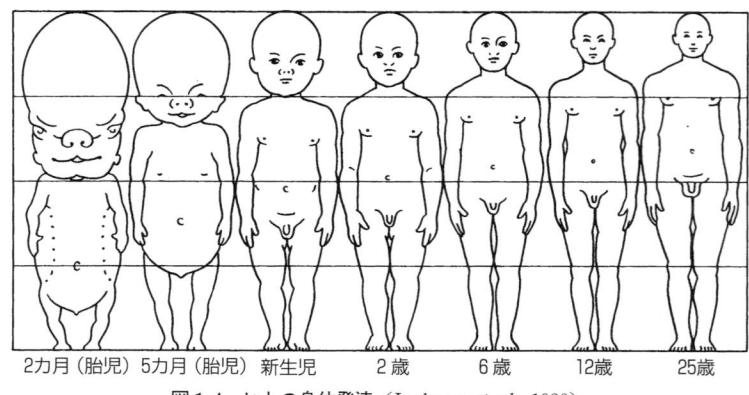

図1-4 ヒトの身体発達 (Jackson *et al*., 1928)

しょう。図1-4を見れば、それは一見して明らかです。

「子どもはおとなの縮図ではない」ということは、身体面のみならず心理的面についても、今日では誰もが認めています。おとなにはない子どもの独自性と価値を疑うことはなく、子どもの権利を当然とし、それを守ろうと考えています。

しかし、この"子どもの発見"は、ヨーロッパの歴史上画期的なことなのです。それ以前は、絵画に描かれた子ども像以上に、実生活では子どもに必要な保護が与えられないばかりか、おとななみの過酷な労働を強いられた現実があったのです。機械化が進む以前、（子どもの）"小さなよく動く手"が工場の重要な労働力となっていたことはよく知られています。このようななかで、ヒューマニズムの運動の流れと相まって、"子どもの発見"は、子どもの処遇、教育を大きく変える動きとなりました。思想家ルソーによると子どもの独自性の強調はその代表ですし、教育実践家ペスタロッチ、フレーベルなどは、それまでの教育を子どもに対する圧力であり子どもの独自性・自発性への抑圧でもあると批判して、子ども独自の価値を尊重した教育の必要性を強調し、それを実践しました。今日の幼稚園の源泉です。

I 発達心理学とは

児童学から児童心理学へ

　このようにヨーロッパに起こった"子どもの発見"の思潮はやがて海を渡ってフロンティアの国アメリカで実践活動として花開きます。"児童から"というスローガンのもとに，おとなの立場から子どもを理解し教育する従来の方式が見直され，子どもの独自性を認め尊重することが強調されました。そのためには，おとなの先入観によらずに子どもの側に立って子どもを理解することが最重要とされ，そのために，子どもをつぶさに観察し記述する研究がさかんになりました。これは児童学と呼ばれています。こうした"児童から"の活発な運動のゆえに，この時期は"児童の世紀"と呼ばれることになります。今日もアメリカ各地の大学にある児童研究センターは，この時期，児童研究運動の拠点として設立されたもので，今も，子どもだけではなく人間の発達全般の研究の拠点となっています。

　"発見"した子どもの理解を目指して子どもの観察・記述に力を注いだ児童研究＝児童学は，やがて，心理学からより精密な方法論を導入して児童心理学へと発展します。子どもの特徴をより分析的詳細に理解するには，ただ子どもを観察する素朴な方法では限界があり偏りも生ずるという反省から，心理学で開発されてきた実験的手法や組織的観察法やテスト，さらに数量的データの処理・分析の技法などが，子どもの研究に導入されることになったのです。こうして，長らくおとなを対象としてきた心理学で，子どもがはじめて座を得，研究の対象となったのです。子どもの独自な特徴はどのようなものか，その子どもがどのようなプロセスをたどっておとなになるのか，その変化＝発達のプロセスが心理学の研究課題となった，それが児童心理学です。

生涯発達の心理学へ

　長らくおとな一辺倒だった心理学のなかに子どもを研究対象とした心理学＝児童心理学が生まれ，発達という現象への関心は次第に強くなってゆきました。しかしこれは最近のこと。今から約30年程前には，日本の大学で発達の講義が設けられていたところはごく限られていました。ただ，幼児教育や小中高校の

I 人の発達の基本

教員資格取得のために幼児あるいは青年の心理学が必修とされたことから、児童・青年心理学の講義はありましたが……。

ところで、子どもの理解のために児童あるいは青年に焦点づけて研究することから、なぜ生涯にわたる発達過程が問われ、発達心理学となったのでしょうか。ここには、工業発展諸国に最近とみに著しい人口動態的状況の変化を無視することができません。とりわけ寿命の延長、長寿命化は、人びとの生きる時間を延ばしたことにとどまらず、生きることの意味を質的に変化させました。人生60年だった時代の子どもと、80年余の人生を予測している今日の子どもとでは、おとなになることの意味はまるで違ってきます。おとなになるのに以前より長期の教育も必要となりました。こうしたことを考えると、子どもの理解といえどもただ子どもだけに研究を限定していては不十分、社会の変化のなかで、また長い全生涯のなかで子どもが占めている位置と意味を明らかにすることは必須のこととなったのです。

もう1つ、従来の児童心理学は、"子どもがいかにおとなになるか"その発達過程の理解を目指してきたのですが、それではすまなくなりました。おとな、成人の心理・行動については、心理学の諸領域が明らかにしている、だから、未熟な子どもがそこにいたるまでの過程を研究すれば人間の一生を扱ったことになる。それがよいとみなしていたのでしょう。そこで子ども（あるいは青年）がどのようにしておとなになるか、その期間を研究対象とする児童（青年）心理学が生まれたのでした。

しかし人生60年から80年あまりにも延長した人生の後半の人びとの心と行動は、従来のおとなの心理学ではもはやカヴァーしきれません。おとな以降の心と行動の変化・発達を取り上げないわけにはゆかなくなりました。そして、急速な高齢人口の増加は、高齢者の福祉や労働などの条件を考える上でおとな以降の発達の解明を強く求めています。

さらに重要なことは、人間はおとな以降も高齢期も発達し続ける事実が明らかになったことです（これについては後の章で扱います）。発達するのは子どもだけではない、おとなも生涯にわたって発達する、この認識が、発達＝子どもが

おとなになる過程を扱う児童心理学を超えて，発達＝全生涯にわたる変化の過程という視点にたつ発達心理学が，今日，発達研究の主流となり，心理学の中でも大きな位置を占めるようになったのです。　　　　　　　（柏木惠子）

図や表・引用の出典

ハリスン，M. 藤森和子（訳）　1996　子どもの歴史　法政大学出版局
Jackson, C. M.　1928　Changes in form and proportion of the human body during fetal and postnatal life, in some aspects of form and growth In *Growth*, by W. J. Robbins et al. Yale Univ. Press. p. 118.

さらに知りたい人のために

藤永　保　1982　発達の心理学　岩波新書
波多野誼余夫・高橋惠子　1990　生涯発達の心理学　岩波新書
岡本夏木・浜田寿美男　1995　発達心理学入門　岩波書店
ショルシュ，A. 北本正章（訳）　1992　絵でよむ子どもの社会史　新曜社

（以下文献はアルファベット順）

PICK UP
人の年齢と犬の年齢

（目安）

人の年齢	1歳	10歳	17歳	20歳	24歳	36歳	56歳	76歳
犬の年齢	生後1カ月	生後6カ月	1歳	1歳半	2歳	5歳	10歳	15歳

　人間がほかの動物と比べて，おとな（一人前）になるのに格段に時間がかかることに注目してください。それは人間が動物とちがって，自分で歩ける／自食できるというだけでは「おとな」「一人前」ではないからです。そしてこのことは，人間の発達と教育――親の役割や学校／社会の役割を考える上で重要なことです。

I　人の発達の基本

2　赤ちゃんの戦略
埋めこまれた生物学的制約

　赤ちゃんは両親とその周囲の人びとの暖かい目に見守られながら生まれてきます。愛情にあふれた親子のやりとりの情景は誰の目にもほほえましく映るものです。しかし科学的に人間の発達について考える立場にたつとすると，そのようなほほえましさゆえに見えなくなってしまいがちなことがあります。

　その1つは，人間も動物と同様に生物学的なメカニズムに支配されているということです。動物が何億年もの進化の過程を経て地球上のそれぞれの環境に適応しているのと同様に，人間も分類学上哺乳類霊長類目の1種である以上，地球環境に適応する上で生物学的な制約を受けていると考えることには何の不思議もありません。

　セグロカモメについて調べた動物行動学の研究を紹介しましょう。親鳥が餌をもって巣に帰ると，巣につかまったその揺れでひなは親鳥に反応します。親鳥の黄色いくちばしの先には斑点がありますが，それをひながつつくと，親鳥は胃から餌を吐き出してひなの口に入れてやります。ひなは親鳥のくちばしを見て斑点をつつく行動を起こし，親鳥はその斑点をつつかれることによって胃から餌を吐き出し，ひなに与える行動をとるということですから，ほほえましいどころか，「愛情あふれた」親子のやりとりがなんとも機械的な行動の連鎖になっていることに驚かされるばかりです。

　ノーベル医学・生理学賞を受賞した動物行動学者のコンラート・ローレンツはがんの仲間の鳥類の観察からインプリンティング（刻印づけ）という現象を発見しました。この鳥たちは生まれて最初に見た動くものを自分の親だと心に刷

―――― *Key word* ――
生物学的な制約，動物行動学，インプリンティング（刻印づけ），二次的に巣に就くもの，生理的な早産

り込みます。この関係はたった1回限りの経験によって形成されるものですが、その後の生涯で失われることはありません。仮に最初に見たのが人間であった場合には、徹頭徹尾その人の後をついて回り世話を求める行動を取るそうです。親子関係でさえも言わば機械的に決定してしまうことがあるのです。もちろん自然界では通常、巣の中で卵から孵るひなたちにとって最初に目にする動くものは自分の親鳥ですから心配はいりません。むしろ孵化して間もなく歩き始める種類（あとで紹介する離巣性）の鳥たちにとって、親子の絆が機械的であっても固く結ばれて、どこへ行っても離れ離れになることがない方が生き延びる可能性を増すことになるのです。

　では人間の親子の場合はどうでしょうか。個人的な体験ですが、初めて私が父親になったとき、生まれてきた赤ん坊が自分の子どもだと頭ではよくわかっているのですが、なんとなく現実感がないと言えばいいでしょうか、親子の絆が確かにできあがったと心底まで感じられるまでにはしばらくの時間がかかったのを記憶しています。それは子どもを抱っこして話しかけたりあやしたりしていたときのことです。子どもが初めてそれに応答するかのように反応を返してくれたのです。以後、それまでとは打って変わって、わが子という実感が私の心に根づいたように感じられました。子どもが発達的に変化するのと同様、親も変化していきます。おとなも初めから親なのではなく、赤ちゃんと触れ合うことによって親になっていくという部分もあるのでしょう。最初期の親子の絆の形成には実際に赤ちゃんと触れ合うことによって引き起こされるなにか、理性や感情以前に親子の相互作用に向かわせるような、人間のなかに組み込まれたなにものかの影響があるのではないでしょうか。

生理的早産

　人間の赤ちゃんが他の哺乳類と違って、非常に特殊な存在であることも認識しておかなくてはなりません。ウマの赤ちゃんの出産シーンなどはテレビでも目にすることがありますが、生まれてほどなく自分の足で立ち上がり、自分の力で親のところに行って、乳を吸うことができます。このような動物を離巣性

I 人の発達の基本

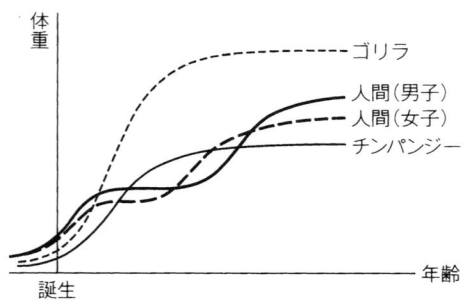

図2-1 体重の発達曲線の模式図（ポルトマンの図を改変。西野，1992）

の動物と呼びます。離巣性の動物は進化の上でかなり特殊化した身体の構造をもち，脳が発達し，長い妊娠期間で少数の子どもを生みます。反対に親の庇護がなければ1日として生きていけない頼りない状態で生まれてくるのは就巣性の動物と呼ばれます。人間は脳や妊娠期間，子どもの数などの上では離巣性の特徴をもちながら，生まれた直後の状態はまったく就巣性の動物としかいえません。同じ哺乳類でありながらその原則に合わないために，人間は「二次的に巣に就くもの」だと考えられています。高等なサルの仲間もこれに似た性質をもっているようですが，人間の赤ちゃんはきわだって無力無能な状態で生まれてくると考えられます。

　図2-1を見てください。人間の体重の増加は類人猿と違ったパターンを示します。まず生後1年間に急激な増加があり，その後は緩やかな増加に転じます。この間に他の類人猿に追い抜かれますが，思春期に至ってもう一度急激な増加が見られ，成人期に至って安定します。とくに生後1年間の急激な増加について，これは本来ならば胎児の時期に起こるべきものではなかったかという考え方から，人間は生理的な早産であるとか，生後1年間は胎外での妊娠期間であるとかいわれているのです。さらに人間の赤ちゃんが歩いたり，コミュニケーションの手段としての言語を発したりしはじめ，他の哺乳類と同じような発達の状態に達すると考えられるのは生後1年前後を経てからです。

おとなの行動を導く

　それでは人間がこのような特殊な生い立ちをたどるとして，そのことはなにか意味があるのか，また人間はどのように方向づけられているのかについて考えてみることにしましょう。

　生まれて間もない赤ちゃんは，歩くことはもちろん，首も座らない状態で，手足の動きもめちゃめちゃ，目はうつろ，話すことはもちろん，ただ泣くことぐらいしかできないようにみえます。人間はあまりにも無力無能な状態で生まれてくるもの，したがって生まれながらに身につけているものなどなにもないように思えます。じつは赤ちゃんは私たちが考えるよりも早くからさまざまな感覚器官を使って外界からいろいろな情報を取り入れる有能さを備えているのですが，少なくともおとなは，無力な乳児は自分から何かを起こすことなどできないと思いがちです。しかしそのように思い込ませることで逆におとなに働きかけているともいえるのです。泣くこと，ことばにならぬ声を発すること，微笑することなどは乳児の側から発せられるシグナルであり，それを受けて少なくとも乳児のまわりにいるおとなは赤ちゃんがなにを要求しているのかを読み取り，それに応えようとして行動します。つまり，このような場面では乳児はおとなの行動を起こさせていると考えることができます。

　こんなエピソードがありました。赤ちゃんを観察する課題を与えられた男子学生が，赤ちゃんを抱き上げたときに，じっと見つめられて目が離せなくなって困ったというのです。くもりのない目でじっと見つめられたら，誰でもじっと見つめ返すしかないかもしれません。あるいはかわいさ，いとおしさのあまり乳児に話しかけてみることもあるでしょう。それも赤ちゃんに話しかける独特の声の高さで，しかもゆっくりと，繰り返してです。いないいないばあなどをしてあやすときの大きな身振りや表情はおとながそれと意識しなくても自然に現われてくるもののようです。乳児はその様子を見つめ，声を発したり手足を動かしてそれに応えたり，表情をまねようとしたりします。おとなは自分が働きかけたことに応えてくれたかのように思い，さらに話しかけを返し，やりとりは続いていきます。ここでは乳児はおとなの行動を起こさせるだけでなく，

図2-2 動物と赤ちゃんのかわいらしさ（Lorenz, 1943）

それを持続させるきっかけをも与えていることになります。

　先ほどのローレンツは，赤ちゃんがもっているさまざまな身体的・行動的特徴が大人にかわいいという感情を引き起こし，子育てのさまざまな行動を導いているのだと考えました。具体的には，頭部と身体のプロポーション，頭と顔のバランス，目・鼻・口の大きさ，ぽっちゃりした手足，ぎこちない行動などで，おそらく想像することは難しくないことでしょう。ちなみに図2-2は頭部の形態的特徴を大人と比較したものですが，いかがでしょうか。皆さんも赤ちゃんの方が「かわいい」と感じるのではないでしょうか。

　たとえばことばの発達を考えるとき，ことばが話されている環境が必要です。しかも第三者的に自分とは関わりのないことが話されているのにくらべ，自分に対して話しかけられている方が，ことばの習得には有利でしょう。そのようなことばの環境をつくりだす1つの役割として，自分に関心をもってもらい，自分に話しかけてもらう，そしてできるだけ長く，多様なパターンが話される

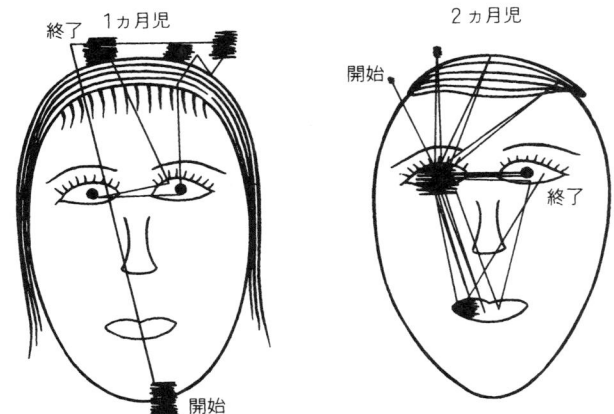

図2-3　1カ月児と2カ月児による人の顔の視覚的走査（Salapatek, 1975）

ように仕向けているのではないでしょうか。

　未熟な状態で生まれてくることも，周囲のおとなを，助けずにはいられないという姿勢で乳児に向かわせるのだと考えれば，後の適応的な行動を実現する1つの戦略と考えられるのです。

赤ちゃんの有能さ

　さて，自分の周囲で起きているさまざまなものごとを認識したり，自分に向けられた働きかけを受けとめたりする赤ちゃんの優れた能力についてご紹介しましょう。たとえば生まれて間もない赤ちゃんはあちこち見回したり，動くものを凝視したりします。とくにコントラストの強い部分や明るい部分をよく見るようです。図2-3は赤ちゃんが人の顔に向ける視線を表わしたものです。1カ月の乳児は顔の輪郭や髪の生え際などをとくによく見ているのですが，2カ月児はその注意を顔の内側，目・口・鼻により多く向けるようになります。なお視力は生後6カ月で0.2，12カ月で0.4程度になりますが，この程度でも，室内の手の届く範囲やその周辺にあるものを探るには十分といえるでしょう。

　新生児の聴覚はすでに活動しています。音源に顔を向けることができますが，

Ⅰ　人の発達の基本

この反応は生後約6週間でいったん消失し，月齢3～4カ月に再び現われます。このことは，最初は多分に反射的であったのが，月齢が経つにつれて随意的な反応になったと考えられます。また音の高さの弁別はとても鋭敏で，わずかに音階で1音しか違わない2つの音を新生児が聞き分けたという研究結果もあります。

　味の違いを識別するようになるのも生後まもなくです。新生児は甘み，塩辛味，酸味，苦味によって表情を変化させます。すでに胎児のときから甘みを好む傾向がみられることを証明した研究もみられます。

　新生児はにおいの識別もできます。甘い香りのする方には顔を向け，心拍数や呼吸数が減りますが，いやな臭いに対しては顔をそむけ，心拍数や呼吸数が上がります。他の母親の母乳を含ませたガーゼと自分の母親の母乳を含ませたガーゼを新生児の鼻を挟むように左右に吊り下げると，自分の母親の母乳を含んだガーゼの方に好んで顔を向けることがわかっています。

　次に新生児の記憶・学習についてですが，このことを調べるために生後数時間の時点で，トーン音が鳴ったときに，右を向けば甘い液体を吸うことができ，ブザー音が鳴ったときに左を向けば甘い液体を吸うことができる装置を用意してやると，新生児はたった数回の実行で，間違いなく行動するようになりました。さらに実験者はそのパターンを逆にして，新生児が今までとは逆の方向を向かなければならなくしても，難なくマスターできたのです。

　また，ベビーベッドの上にモビールを吊るして，それをひもで子どもの片方の足に結びつけておくと，3カ月の乳児はモビールを動かすには自分の足を動かせばいいことをすぐに発見しました。そして8日後にこの乳児を同じ状態に置くと自分の足を動かしてモビールを動かすことをすぐに思い出して実行しました。

　別の研究では，生後2，3日の新生児に，吸うスピードによって聞こえてくる音が流れたり，止まったりする装置のついたおしゃぶりをくわえさせました。その後，ある吸い方では自分の母親の声で語られている物語の録音を聞き，他の吸い方をすると知らない女性の声で語られている物語の録音が聞こえるよう

にしたところ，新生児は母親の声で語られる物語の録音が聞こえるスピードでおしゃぶりを吸うことを学習していくことが明らかになりました。胎内にいるときから母親の声に含まれるパターンやリズムに慣れていることも加わって，母親の声と知らない女性の声とを弁別し，自分にとって親しみのある声を聞くように自分の行動を操作していくことが，すでに生後すぐに可能になることを示しているといえます。

人間への関心

　乳児にいろいろなもの，実験では図形や絵，写真や映像を刺激として使いますが，それらを対にして見せて2つのうちどちらをより好んで見るか注視時間で比較してみると，新奇なもの，適度に複雑なパターンが好まれる傾向にあります。

　なにより重要なのは，人の顔と顔でないものを対にして提示すると，顔の方を好んで注視するという結果が出ていることです。音についても同様で，いろいろな音の刺激のなかでは，人の音声に対してよりよく反応する傾向があります。またより高い音声を好む傾向もあることがわかっています。つまり乳児はかなり早い段階から人間が発するさまざまな刺激に対してよく反応するいわば指向性を備えていると考えられるのです。

　乳児はよく微笑します。生後2カ月ごろはなにに対しても微笑が発せられますが，3カ月ごろには微笑の対象はだんだんと人の顔に限られてくるようです。乳児は顔らしさを認識できるのでしょうか。福笑いのような模型を使って，顔の輪郭だけのもの，両目，鼻，口がめちゃめちゃに並んだもの，顔らしい位置に並んだものを見せてくらべてみると，顔らしい配置のものに対する微笑がやはりもっとも多く観察されました。しかし模型に対する微笑はその後次第に減少します。いっぽう本物の顔に対する微笑は3カ月を過ぎてもあまり低下しません。しかもその顔が笑顔で，話しかけがともなっているときには，乳児はよく反応します（図2-4）。ところが，同じ顔であっても無表情な場合や，まったく応答がない場合には乳児も微笑しなくなってしまいます。さらに6カ月になる

I 人の発達の基本

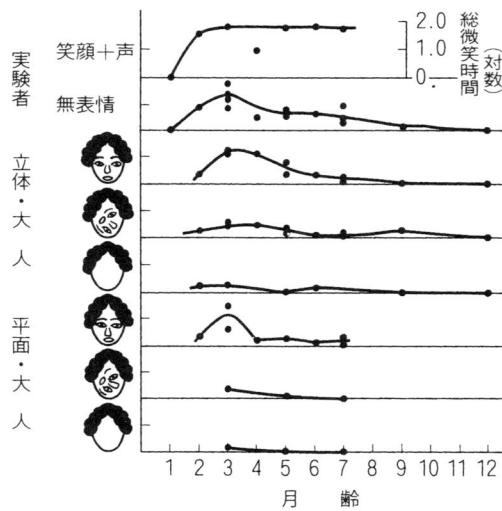

図2-4 顔らしさの要因を変化させたさまざまな模型に対する乳児の微笑（高橋，1990から改変）

と見慣れた顔だけに微笑するようになり，8カ月ごろにはいわゆる人見知りが起きるようになります。顔をそうでないものと区別するだけでなく，似たような顔の間でもきちんと区別がつけられるようになっているのです。

　高度の認知能力をもち，周囲の大人の反応を導くことによって，赤ちゃんはその後の急激な発達の基礎を固めていくといえるでしょう。　　　　（宮下孝広）

図や表・引用の出典

Lorenz, K., 1943 Die angeborenen Formen möglicher Erfahrung. *Zeitshrift für Tierpsychologie*, **5**, pp. 235-409.

西野泰広　1992　身体・運動　東　洋ほか（編）　発達心理学ハンドブック　福村出版

Salapatek, A., 1975 Pattern perception inearly infancy. In L. Cohen and P. Salapatek（Eds.）, *Infant Perception: From sensation to cognition*, Vol. 1. Basic Visual Processes. Academic Press, pp. 133-248.

高橋道子　1990　乳児の認知と社会化　無藤　隆ほか（編）　発達心理学入門 I

乳児・幼児・児童　東京大学出版会

さらに知りたい人のために

河合雅雄　1990　子どもと自然　岩波新書
無藤　隆　1994　赤ん坊から見た世界　講談社
ポルトマン，A.　高木正孝（訳）　1961　人間はどこまで動物か：新しい人間像のために　岩波新書
下條信輔　1988　まなざしの誕生：赤ちゃん学革命　新曜社

PICK UP
何でも学べるわけではない──進化的制約

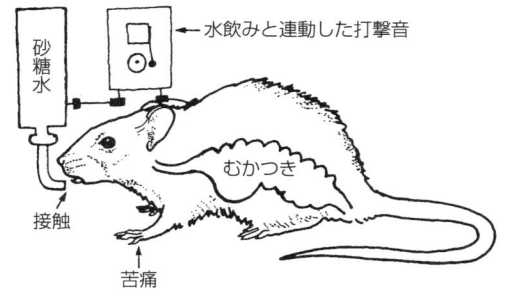

刺激		結果	
		むかつき	苦痛
刺激	砂糖水	回避	回避せず
	飲水時の打撃音	回避せず	回避

水飲み回避学習の結果(P. J. B. スレーター（日高敏隆・百瀬浩訳）1994　動物行動学入門　岩波書店）

　古典的条件づけ（第24章参照）の枠組みを用いてラットに水を飲むのを回避させる学習をさせます。X線をあててむかつきを起こさせる条件下では水に砂糖で甘い味をつけた場合には回避できましたが，打撃音を聞かせた場合には学習できませんでした。逆に電気ショックによる苦痛を与える条件下では味によっては学習できず，打撃音の場合にだけ回避できました。これは進化によって環境（よく起こる出来事）に適応してきたことの現われと考えられています。
　高度な認知能力を発揮する赤ちゃんですが，ラットの場合と同様，何でもかんでも学べるということではないと考えられます。人間も生物学的制約を背負って生きているのです。

I　人の発達の基本

3

発達とは？
獲得と消失のダイナミックスそして質も量も変化する

発達＝獲得・増大のプロセス？

　発達心理学というと，子どものこと？　児童心理学？　と質問されることを前に述べました。発達心理学という名称が新奇で，先発の児童心理学のほうがよく知られているからでしょうか。しかしそれ以上に，"発達"ということばから，まさに"発達"しつつあるのは子どもだ，と誰もがすぐ思いつくからではないでしょうか。

　では，人びとが，子どもは発達しつつあると思い浮かべるのは，どんなことでしょうか。たとえば，ただ泣いたり全身をばたばた動かして空腹やおむつの汚れを訴えていた赤ちゃんが，欲しいものを指さしたり，"うまうま"とか"しいしい"といったことばで伝えるようになる，さらにそのことばがみるみる増えてゆく様子，あるいは，目の前から母親がいなくなるとすぐ泣き出したのが，遠くから声をかけていれば大丈夫になったり，"ちょっと待っててね"と言われれば泣かずにいる，といった変化などでしょう。つまり，以前にはできなかったことを子どもができるようになる，またその力が増し，より強くなっていく，そのような変化をもって"発達"していると考えることが多いのではないでしょうか。

　子どもと生活をともにする人が眼を見張るような動き，感動，さらに希望を味わうのは，そうした"発達"しつつある子どもの姿です。人間の子どもは他の哺乳動物とくらべて，きわめて無力無能な状態で誕生します。それだけに，生後こうして新しい力が生まれ，それがどんどん強く充実してゆくのは，当然

Key word

発達曲線，数の概念，結晶性知能，流動性知能，獲得と消失，反射，言語発達，自発的微笑，社会的微笑

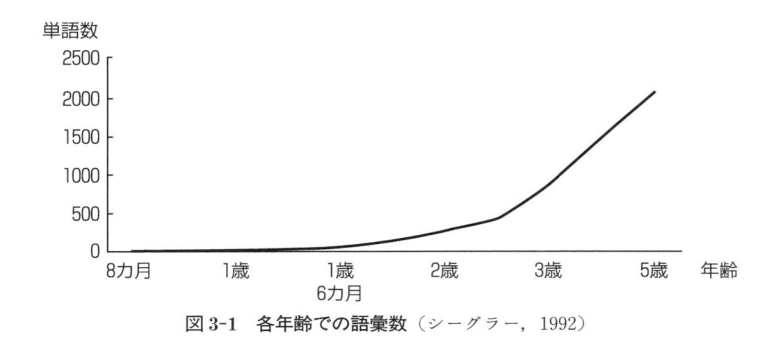

図3-1 各年齢での語彙数 (シーグラー，1992)

のことではあります。それなしには子どもが生きながらえることはおぼつかないのですから……。しかし，それにしても，1日とて同じ状態に留まってはいない子どもの日々の変化は，感動や驚きに値するすばらしい出来事です。だから，発達というと，こうした新しいことができるようになる，その能力が強まるといった子どもの変化を思い描くのはごく自然のことでしょう。

これはなにも親や一般の人びとに限ったことではありません。発達を専門とする研究者の間でも同様です。実際，"子どもの発達""子どもはどう発達するか"というふうに，発達と子どもとを結びつけたタイトルの発達心理学の本は少なくないのです。その限りでは，これまでの児童心理学と大差ない印象さえ受けるほどです。

また，子どもの発達の様相を示すのに，発達曲線がよく使われます。たとえば子どもの語彙数が年齢に伴ってどう増えてゆくかが図示されます。英語圏の研究例ですが，5歳時までにおよそ2000語の語彙を獲得することがみてとれます（図3-1）。ここではことばの発達を，語彙数の増加としてとらえています。

量の変化ではない，もう1つの発達

この種の発達曲線は，新しい能力の発現，その増加という変化を端的に伝えてくれます。しかし言語の発達は，単に語彙数が増えてゆくという量的変化だけではありません。語の羅列ではなく，ものごとの関係を表わす文法や対人関

係によって表現を柔軟に使い分けるといった質的構造的な変化が重要です。

関係の理解という言語発達

　"朝早く起きた""雨降りだ""傘さして幼稚園へ行った"と出来事を，対羅列的にいうのではなく，"朝早く起きた<u>ら</u>，雨が降っていた<u>から</u>（<u>ので</u>）傘さして幼稚園へ行った"という表現では，出来事の因果関係をきちんととらえられている点でずっと高度なものです。この変化は，単に「<u>ら</u>」「<u>から（ので）</u>」という語彙が増えたことではなく，子どもが関係の理解・表現という新しい機能を獲得したこと，つまり質的で画期的な変化です。

　お父さんと動物園へ行って，帰ってきた子どもが（一緒に行かなかった）お母さんに，「大きい象がいた<u>よ</u>」「りすが一杯いた<u>よ</u>」といい，お父さんには，「<u>ね</u>，象いた<u>ね</u>」「りすが一杯だった<u>ね</u>」と話します。この場合，子どもは同じ経験を共有した人にはその確認を，未経験の人には状況の伝達を，「ね」と「よ」を使い分けてやっているのです。これは，「ね」「よ」というたった2音が増えたという量的変化ではないことがわかるでしょう。

数の概念の構造的変化

　このような質的・構造的な変化は，数の発達ではさらに重要です。多くの人はお風呂に入ったときにお父さんに「10数えるまで浸かってからあがりなさい」などと言われた経験があるでしょう。数を数えることはみるみるできるようになっていきます。上の子どもやおとなのまねをして百くらいまで唱えることもそんなに難しいことではありません。けれども数が唱えられるからといってそれで数が理解できているかというと，かならずしもそうではありません。いくつかのものが並んでいる状況で，幼児に数えてごらんと言うと，1，2，3と唱えながら，1つのものを平気で2回数えたり，うまく数えられても，いくつあったと聞くととたんにわからなくなったりすることもあります。また小学校の低学年の子どもでも11という数字が1や2と同じように1つの数字であるかのように考えていることがあります。数をただ唱えることができることは，数

```
       第一相              第二相              第三相
     ● ● ● ● ● ●        ● ● ● ● ● ●        ● ● ● ● ● ●

     ● ● ● ● ● ●     ●   ●   ●   ●   ●   ●    ●   ●   ●   ●   ●   ●
```

「同じ数だけある？　　「じゃ,私がするのをよく見てて」「同じ数だけある？
それとも違ってる？」　　（ひろげながら）　　　それとも違ってる？」

図3-2　数の保存についての子どもの理解を調べるための手続き（シーグラー，1992）

の構造を理解していることではありません。それは数というものの性質——数概念を把握しているかどうか，という発達の質的変化の問題です。

　知的な発達に関して，膨大な独創的な実験によってそれを明らかにしてみせたスイスの発達心理学者ピアジェの実験のなかには保存課題と呼ばれるものがあります。手続きは単純で（図3-2），たとえば，まず実験者が1列に並べたおはじきに対して，それと同じ数のおはじきをもう1列平行に並べさせます。同じであることを子どもに確認した上で，次に子どもの見ている前で片方の列の長さを長くします。そして子どもに2列に並んだおはじきは同じだけあるか，どちらかが多いかとたずね，その理由も聞きます。もちろん長さが変わっただけでおはじきの数を増やしたり減らしたりしていないわけですから，答えは「同じ」となるはずで，列を長くする操作の前後で数は保存されるわけです。

　ピアジェはこの課題に対する答えから子どもの保存の概念が3段階の発達の経過をたどると考えました。第1段階は，はじめに同じ数のおはじきを並べることができない段階，第2段階は，はじめに同じ数だけ並べることができ，同じだけあると確かに答えることができるけれども，列の長さを変えると，長いほうが多いと答えてしまう段階，第3段階は列の長さを変えても同じだと答えられる段階です。

　第1段階はまだ発達が進んでいないのだなということで私たちも納得できるように思いますが，第2段階はまったく意外な結果です。どうして長さが変わるだけで数も変わってしまうのでしょうか。それもはじめに同じ数だけあるとちゃんと確認したのにです。この段階の子どもは列の長さという次元と列に含まれる数という次元が未分化の状態であるとピアジェは考えます。はじめに同

Ⅰ　人の発達の基本

じ数だけあると答えたときにはおはじきを1対1に対応づけることで「同じ」と考えることができますが，片方の列の長さを長くすることによってその対応づけが切れてしまうと，「長いほうが多い」という未分化な心性に従ってしまう，ということなのです。

　おとなの目からするとこのような考え方があるということからして信じられない感じがしますが，子どもはこのような段階を経て数というものが（足したり減らしたりなど）操作が加えられなければその関係は不変である，という考え方に到達してゆくのです。ここには，発達の質的な変容をみることができます。

　発達のことを話す際，「発達段階」という表現が使われます。これは，上述してきたような質的な変化の生起を基準に段階を区切るもので，先の発達曲線に示される量の漸進的増減ではない面に注目してのものです。

発達するのは子どもだけではない

　発達には，発達曲線で示される量的変化と質の変容という段階的なものとがあることをみてきました。いずれも，赤ちゃんが成長してゆく過程に，あげた2，3の例のほかにも多くの例を見出すことができます。

　このような"発達"しつつある子どもと対照的な存在と考えられるのが，高齢者です。視力や聴力の低下に代表されるように，加齢とともに身体面の機能の衰えは確かに無視できません。そこで心理的機能の面もそれと同様だとごく自然に考えがちです。けれども，そうではないのです。おとなになった後も，いや人間は死に到るまで心の働きは"発達"し続けることが，近年明らかにされてきました。そこで，発達の研究は児童中心から全生涯の問題へと展開し生涯発達心理学となったのです。中高年期は子ども期と同様，研究対象になったのです。でも，この時期に"発達"というのは奇異に思われる方も少なくないでしょう。

加齢＝老化・衰退か？

　高齢者についての研究は医学の研究からはじまり，そこでは身体面の機能の

低下＝老化現象が明らかにされました。身長が縮む，筋力が低下する，老眼になる，などなどです。このことから，高齢期は身体に限らず他の機能も衰退すると安易に考えられてしまったようです。しかし，おとな以降とくに高齢者についての心理学の研究が進むと，＜加齢＝老化・衰退＞とはいえない事実が次つぎに明らかにされてきました。

その１つが知的発達です。これまで，知能の発達は20歳ごろがピークでしばらくは同水準を保つが，その後ゆるやかに下降するとされてきました。つまり，中高年者は知能の面で青年に劣り，衰退・老化の時期だというのです。しかし，中高年期の知的機能に関する研究により，知能の発達は子どもの時期に限るというこれまでの古典的知能発達観を修正するデータが出されました。

知能検査の多くが従来時間制限課題であるため，加齢とともに作業のスピードは落ちるので中高年者の検査成績は悪くなります。しかし，これをもって知的発達の衰退・老化というのは誤りで，これはむしろ検査方法の限界を露呈しているのです。スピードでなく作業の質を問題にすれば，若い人よりも優れた成績を上げる，また言語的な理解や表現，社会知識など＜結晶性知能＞はむしろ豊かで優れたものになってゆくことが，実証的に明らかにされています（図3-3）。これまではスピードや作業の量を問題にする＜流動性知能＞に焦点が当てられていたといえるでしょう。

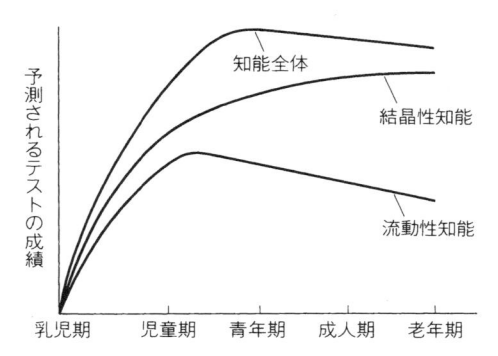

図 3-3　流動性知能と結晶性知能の発達的変化のモデル
（Horn，1970から一部改変）

Ⅰ　人の発達の基本

　このように知能の質的な発達に注目して，従来の知能ということばに代わって，"賢明さ"や"知恵"といった概念が登場しています。また，心理学の知能観の背景にあるギリシャ以来の欧米的志向を補うものとして，東洋思想における悟り・英知などの考え方が，最近注目されてもいます。

　さらに，加齢とともに知能検査成績が落ちるのは，そこで求められている能力が中高年になると使用する機会がなくなるからで，その機会をもつようにすると成績は上がることも確かめられています。つまり，不必要・不使用は能力を次第に弱め消失させる事実——これはなにも高齢者に限らないことなのですが——が看過されていたのです。さらに，そこには，加齢＝老化という身体の老化から導かれた固定観念と偏った発達観があることも無視できないでしょう。

　生涯発達心理学という文字どおり，人は生涯にわたって発達する，それは高齢期とて例外ではないのです。高齢期知能の研究は，人は生涯，発達し続けることに人びとの眼を開かせ，さらに高齢期＝老化・衰退・消失の時期という考えを否定しました。反応の早い，要領を得た作業力は確かに衰える，しかし，反面，若いときには乏しい個性的な味が深まり豊かな言語と社会的な経験の世界は広がってゆく，獲得・増大の時期でもあるのです。

高齢期の人格的成熟

　このことは，知的発達に限りません。人格・性格面ではおとな以降，とくに

表3-1　高齢期の人格的成熟（上位10項目）

人の立場や気持ちがよくわかるようになった
人に素直に感謝できるようになった
自然の草木，花などを愛するようになった
季節の移りかわりに敏感になった
角がとれて丸くなった
今が一番しあわせだと思えるようになった
いろいろな角度から物事をみられるようになった
人に対してやさしくなった
毎日落ち着いた気持ちで過ごせるようになった
人と違っていても，自分は自分だと思えるようになった

高齢期に大きな変化，発達を遂げます。75歳以上の高齢者が，若いときと比べて変わった点，以前と比べてできるようになったこと，としてあげたものが**表3-1**です。いずれも，人間的成長とか，円熟，といわれる変化で，長年の人生の体験のなかで培われるもの。さらに自分の人生の出来事を意味づけ，やがて来る死を受容するようになる老年期は，人の発達の"総決算のとき"（サートン，1998）といえましょう。

消失・喪失のプロセスとしての発達

　このように高齢期は，単純に老化の時期ではなく，獲得・増大してゆく機能もあるのですが，しかし同時に若いときにはあった能力が衰え消失してゆく事実も無視できません。このことは，発達とは単に新しいことができるようになる，それがどんどん強くなるという１方向的な単線過程ではなく，獲得・増大と消失・弱小化という相反する２つの過程がダイナミックに関係し合って展開する過程であることも意味しています。そして，これは高齢期に限らず，子ども期もまったく同様なのです。

　一見，獲得・増大のまっさかりと思える子どもの時期にも決して例外ではなく，それまであったものが消失・弱小化してゆくことなしに，新しいより高次の機能が現われることはない，前にあったものとちょうど入れ替わるように新しいより高い機能が生まれてくるものです。その１つが，胎児・新生児からみられる一連の反射の消長です（**図3-4**）。

　反射は胎児期からみられる乳児の特徴であり正常な発達の姿です。しかし，反射がいつまでも残っているのは，発達上問題で，ある時期までに消失してゆくことが正常の発達なのです。不随意的な反射の消失と入れ替わって，意思に基づいた，状況に応じた目的的適応的な行動が現われ強まってゆきます。把握反射の消失と入れ替わって自分の欲する対象に対して，その対象の大きさ・形などに応じて腕・手・指を使い分ける目的的・適応的把握が成立してゆきます。機械的な反射の消失はその前提として重要なのです。

　このほかにも，人間に特有の社会的・対人的笑いが成立してゆく過程にも，

I 人の発達の基本

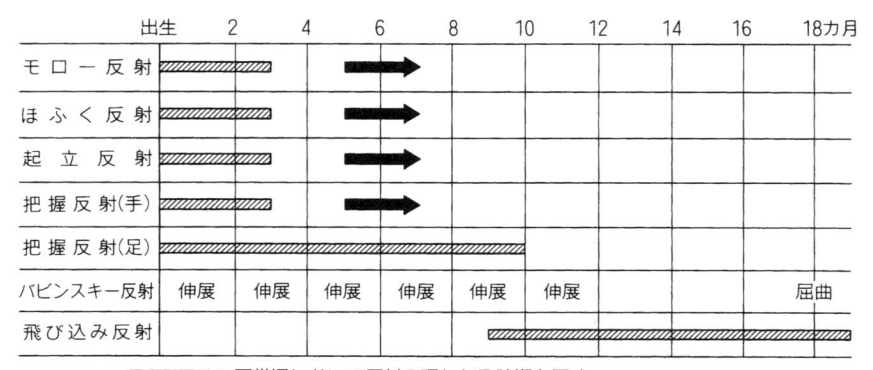

	出生	2	4	6	8	10	12	14	16	18カ月
モロー反射				→						
ほふく反射				→						
起立反射				→						
把握反射(手)				→						
把握反射(足)										
バビンスキー反射	伸展	伸展	伸展	伸展	伸展	伸展				屈曲
飛び込み反射										

▨▨▨▨ 正常児において反射の現われる時期を示す。
━━▶ この時期まで、その反射が現われるのは異常である

図3-4 反射の消長

消失と獲得のメカニズムをみることができます。外部からの刺激なしに自発的に起こる微笑は胎児期にすでにあり、誕生後も頻繁に観察されますが、誕生直後をピークにその後次第に消失し、5カ月以降はほとんど減退してしまいます。

この自発的微笑の消失と入れ替わるように、話しかけや笑いなど外からの社会的刺激に応じた社会的微笑が現われ、その機能は分化・強化されてゆきます。自発的微笑と社会的微笑との交替的過程は次のようなステップをたどります。

第1段階：眠っているときに自発的微笑と外部の音に誘発された微笑（社会的微笑の萌芽）が共存している。
第2段階：眠っているときと覚醒時とに、自発的、社会的微笑がほぼ同じ優勢度で共存している。
第3段階：自発的微笑の減少と社会的微笑の優勢。社会的微笑は、覚醒時により多くなり、微笑だけでなく声や喜びの表情を伴う、親や見知らぬ人の働きかけのたびごとに生じ応答性が強まる。
第4段階：社会的微笑の分化。親と見知らぬ人に対する微笑の仕方が分化する。親には笑いともいえる強い興奮と喜びの表現を、見知らぬ人にはじっと見つめた後で穏やかな微笑を、といった区別が生じる。自発的

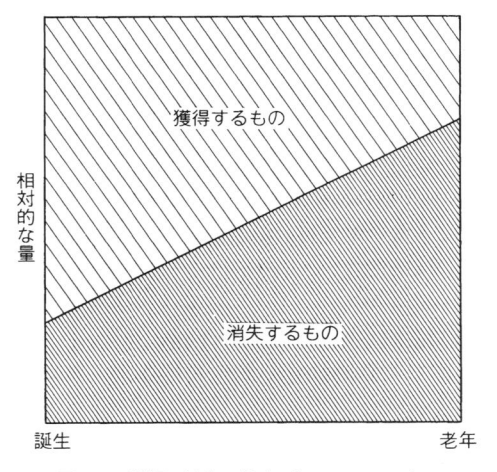

図3-5 獲得の消失の比率（Baltes, 1987）

微笑は（5〜7カ月ごろ）ほぼ消滅する。

　消失と獲得の交差し合う様相は，ほかにもさまざまな面でみられます。前述の知能の質的な変化もその1つとみることができるでしょう。さらに人格発達についても，若いときには自他間の小さな差異や自分の意見へのこだわりが強かったのが，長じるにしたがってそうしたこだわりや硬さから脱して，寛容さと柔軟さを獲得してゆくことも，消失や獲得の両プロセスのたまものといえるでしょう。

　消失とは，決して"できなくなる"という消極的なものではありません。そして，発達＝獲得・増大という従来の発達観は誤りです。子どもから高齢者まで人間は全生涯にわたって，相対的な比率に違いがあるにせよ獲得と消失の両面を含む過程（図3-5）が進行しています。発達は量と質両面にわたって獲得・増大と消失が織りなすダイナミックな変化なのです。

（柏木惠子）

図や表・引用の出典

Baltes, P. B. 1987 Theoretical propositions of life-span developmental psychology: On the dynamics between growth and decline. *Developmental Psychology*, **23**, **5**, 611-626.

Horn, J. L.　1970　Organization of date on life-span development of human abilities. In L. R. Goulet & P. B. Baltes（Eds.）, *Life span developmental psychology : Research and theory*. Academic Press.
柏木惠子　1999　エイジング調査　（未発表）
サートン・メイ　幾島幸子（訳）　1998　総決算のとき　みすず書房
シーグラー, R. S.　無藤　隆・日笠摩子（訳）　1992　子どもの思考　誠信書房
高橋道子　1995　自発的微笑から外発的・社会的微笑への発達：微笑の内的制御から外的制御への転換をめざして　文部省科研費重点領域研究「認知・言語の成立」乳幼児研究の現在と未来　44-67

さらに知りたい人のために

波多野誼余夫・稲垣佳世子　1977　知力の発達：乳幼児から老年まで　岩波新書
柏木惠子　1995　親の発達心理学：よい親とはなにか　岩波書店
ピアジェ, J.　波多野完治・滝沢武久（訳）　1989　知能の心理学　みすず書房
友定啓子　1993　幼児の笑いと発達　勁草書房

PICK UP
脳は衰えない

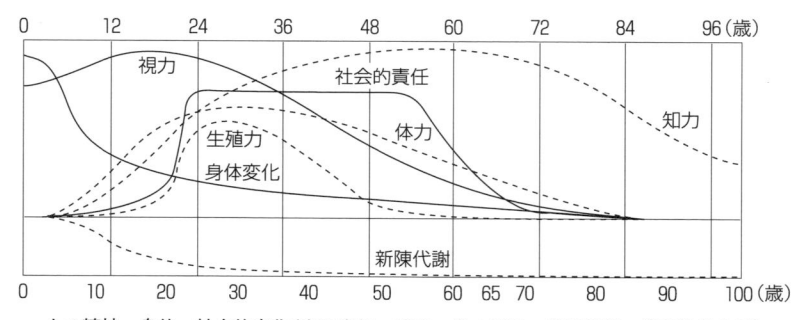

人の精神・身体・社会的変化（内田安信　1985　歯の病気　臨床栄養　第66巻第3号）

　人の能力は，一般に，誕生から爆発的に伸び，青年期に頂点を迎えて，その後ゆるやかな下降線を描きます。では，わたしたちにとって人生の後半は長い黄昏なのでしょうか。ほかの能力にくらべ，加齢しても長く高いレベルを保っているのが知力です。知力は，訓練し，よく使うことでさらに長く保つこともできます。そして，経験に支えられるものや知恵といったものは，加齢とともにさらに優れたものになっていくのです。文化や芸術の世界で優れた業績をあげる人たちの年齢を考えるとうなずけますね。

I 人の発達の基本

4 生涯発達にみられる一貫性と変化性

パーソナリティの一貫性と変化性

　幼いころには，"はやくおとなになりたい"と盛んに思いますが，おとなになると，年を取るのが早く感じられたり，"なんとなく年は取りたくない"と思うこともあるようになります。しかし，このような思いにもかかわらず，人は確実に年を取っていき，それに伴って，少なくとも外見的には大きく変化していきます。

　それでは，心についてはどうでしょうか。子ども時代の個人の特質は，おとなになるにつれて変わるのでしょうか，それとも変わらないのでしょうか。このような問題を発達心理学では，パーソナリティ（このことばは，ものの見方，考え方，気持ちの表わし方，態度などにみられる個人的特徴を意味します）の一貫性と変化性（可塑性ともいう）として取り扱っています。

　個人の特質がどのような筋道をたどるかは，その人がまわりの人とどのように関わるかによって方向づけられます。その様態については，次の3つを考えることができます。

　第1にあげられるのは，周囲に対する個人の反応の仕方です。それは，まわりの人からの影響というよりもその人が周囲をどのように受け取っているかによって引き起こされると考えられます。このことは"個人の特質は保持されていく"という理解を容易にします。たとえば，外向的な子どもと内向的な子どもとをくらべてみると，集団で遊ぶ同じような場面に出会っても，外向的な子どもは進んで遊びに参加していくでしょうし，内向的な子どもはどうしても躊

―――― *Key word* ――――
一貫性，変化性，初期経験，敏感性，転機

Ⅰ 人の発達の基本

踏してしまいます。外向的な子どもにとっては，多くの仲間と一緒にいることは，むしろ興味をそそられることにつながるでしょうし，そのなかに入っていくことは楽しいと感じられます。これに対して，内向的な子どもにとっては，すでに子どもたちがいることが，とても抵抗のあることと受け取れて，まして，そこに入っていくことは，なにが起こるかわからないとても不安なことと感じられてしまいます。こうしたことは，それぞれの子どもにとって，状況についての見え方とそこから引き起こされる心の動きが違っているからと考えられます。そして，このような周囲についての受け取り方は，ごく幼いころにそれぞれがもっている気質に端を発していると考えられますが，自分が出会った状況をそのようにみてしまう傾向としては，ともすると保持される可能性をもっていると考えてよいでしょう。

　ところが，このようにして示される子どもの行動も周囲の人にどのように受けとめられるかによって，変化していく可能性を生じます。それが第2にあげられる本人の特質を見越してなされるまわりの人の関わりです。

　前述の例をもとに考えるならば，たとえ外向的な子どもに出会っても，それをどのように受け取るかは人によってかなり異なってきます。ある人はその子どもの外向的な特質を助長するように関わるでしょうし，また，別の人はそれをむしろ押さえるような関わり方をしていくでしょう。内向的な子どもに出会った場合にも，まわりの人の関わり方は同じような2つの方向性を示すといえます。そして，このいずれの関わりが示されるかによって，子どもがそれまでもっていた特質は，維持もされ，変化も起こるのです。もちろん，物事はそう単純にいくものではないのですが，少なくともそれまで子どもが表わしていた特質がいつも維持される方向だけに終始しないことは確かです。

　第3にあげられるのは，自分の特質をふまえてなされる周囲への関わりです。人は自分の特質に合わせるように周囲を選択していくこともあるし，また，むしろ自分の特質を変えようとして周囲を選択していくこともあります。このことは年齢的に多少とも自分のあり方に気づくようになってから起こることです。

　たとえば，外向的な子どもが同じように外向的な子どもを友達にするばかり

ではありません。ある場合には，自分とは正反対の性質をもった子どもを友達としていることも見受けられます。人がかならずしも同質な仲間環境を求めるだけではなくて，意識的に自分とは性質の違った仲間環境を求めることによって，自分を変えていこうとする意図の表われと考えられます。

さらに，おとなの配慮が加わることもあります。親や先生がその子どもの性質を考えて，あえて異なった性質の友達を選んで接するように仕向ける場合などがあげられます。

このようにみてくると，個人の特質はそのまま継続することが起こることももちろんあるのですが，周囲との関わり合いを続けていくなかで，その特質が変わっていくことの方がよりしばしば起こるといえます。

昔からの"三つ子の魂百まで"という言い伝えは，ごく幼いときにみられる個人的な特質が，その人のその後の人生において一貫していく傾向にあることを表現しているのですが，実際にはそのことだけで人間の一生をみてしまうのは無理があるといえるでしょう。

それは，個体がごく幼い時期に特異な環境に出会うという経験―初期経験―をした場合においてすら，その後の発達にかなりの可塑性がみられるという実例からも明らかです。

初期経験にみられる環境剝奪

初期経験ということばは，単に人生初期における経験という意味ではなくて，人の一生においてより早い時期に出会う経験がその後に出会う経験よりも個人の発達に大きな影響を与えるという意味を含んで用いられています。さらに，初期経験を重視する立場にあっては，ある経験はある特定の時期においてこそ意味をもつものであり，ごく幼い時期に得る経験の後の時期においては取り返すことができないという"臨界期"の考えを含んでいます。そして，この臨界期という考えを支持する働きとして"刻印づけ"という機能が取り上げられています。

"刻印づけ"ということばは，比較行動学者ローレンツによって最初に用い

られたもので，動物が発達最初期にその母親に対して接近や追従を示す過程に代表されます。その後の研究において，孵化直後にすぐ巣を離れて自分で餌をとるようになる離巣性の鳥類の雛が，歩くことができるようになると最初に出会った動くものの後を追うようになることから，孵化後の限定された時期に形成され，その後も維持される行動の成立を示してこの言葉が用いられるようになりました。

さて，臨界期と刻印づけという概念を人間の初期経験に当てはめてみた場合に，その具体例として，「アベロンの野生児」や「狼に育てられた子ども」，そして，わが国では，1972年9月にある県の小さな町で保護され，その後の経過を藤永ら（1987）によって見守られた「F姉・G弟」などをあげることができます。

「アベロンの野生児」は，山野に遺棄されてほとんど独力で育ったところを発見されたと報告されています。また「狼に育てられた子ども」は，同じように遺棄された子どもが野生動物によって育てられていたところを発見されて，人間の社会に連れ戻されたと報告されています。

「F姉・G弟」の場合は，それぞれが6歳，5歳になるまで，きょうだいによる関わりこそあったものの，両親による養育はほとんど受けておらず，発見されるまでの1年9ヵ月間は戸外の小屋に放置されているという状態にありました。

救出された当時の2人の状態は，収容された乳児院において，発達の遅れた1歳すぎの子どもと識別がつかないほどであったようです。ちなみに，姉弟ともにつかまり立ちでの歩行はできず，発話は姉がクックー（靴）など3語程度，弟はゼロであり，衣服の着脱など生活習慣は皆無であったとのことです。

その後，この姉弟にはさまざまな環境改善や補償教育が乳児院・養護施設・学校の教職員の連携のなかで施されていったのですが，約16年間の経過においてみる限りでは，2人の初期経験が発達上に支障をもたらしていることはみあたらないといわれています。けれども，感覚・運動，身体，言語，認知，情緒・社会性など発達領域に分けて，年齢にそった経過をたどってみると，回復が著

しい領域がみられる反面，言語や認知領域においては，アンバランスな発達がみられたとのことです。

とくに，言語領域では，日常のコミュニケーションにおいてはなんの支障も起こさないものの，検査者からの発問による言語テストに対しては不合格の回答が後々までみられました。このことは，言語発達にあっては，「臨界期」というよりは「敏感期」と考えられる時期が存在していて，2人の場合には，その時期に言語環境が貧困であったことが後々までも影響を残したと考えられます。

もちろん，このような経過をすべて初期経験の影響として論ずることはできません。それらはあくまでもその後の環境要因との交互作用のなかで出現したものと考える必要があるでしょう。

追跡研究を通して見えた一貫性と変化性

ところで，パーソナリティの一貫性と変化性について取り上げた研究の1つに，カリフォルニア大学でなされた追跡研究があります。この研究では，中学校時代（13歳）と高校時代（16歳）と成人期（30歳または37歳）でのパーソナリティの類似性を調べました。自分の特徴について当てはまる程度を項目ごとに評定させる方法を用いて得た中学校時代と高校時代との相関は，女性では .75，男性では .77であったのですが，高校時代と成人期との相関では，女性では .54，男性では .56となってやや低くなったものの依然として有意でした。なかでも自分の知的活動に関する項目，たとえば，"自分の知能は高い"では，男性で .60，女性で .61,であり，"自分は知的な作業に価値を置いている"では，男性で .59，女性で .51 を示しました。その他に値としてはやや低くなっていますが，有意な相関を示した項目をあげてみると，**表4-1**に示すようなものがありました。

さて，研究への協力者同士で結婚した夫婦をパーソナリティの類似性の程度によって3群に分けて，10年後のパーソナリティの連続性を調べたところ，夫婦の類似性が相対的に低いグループでは，それぞれの連続性は .40であったのに対して，夫婦の類似性が相対的に高いグループでは，それぞれの連続性は .60

表 4-1　青年期以後におけるパーソナリティの相関（Atkinson *et al.*, 1993）

	質問項目	中学時代と高校時代との相関	高校時代と成人期との相関
男性	責任感が強く頼りになる	.58	.53
	欲求や衝動をコントロールできない：すぐに満足しないと気がすまない	.57	.59
	自暴自棄である	.50	.52
	美意識がある	.35	.58
女性	人に従いやすい	.50	.46
	社交的である	.39	.43
	反抗的である	.48	.49
	哲学的な問題（たとえば家族，価値，人生の意義）に関心がある	.45	.42

注：ここで，類似性を表わしている数値は相関係数といわれるもの。この数字は2時点間で示した傾向の類似度が高い人が多ければ多いほどに数値が1.0に近くなるように計算される。

を示すことが明らかにされました。このことは，自分のパーソナリティと同じような人を配偶者に選んだ場合には，夫婦で同じような活動や娯楽をして過ごすことがより多くなり，それぞれのパーソナリティをより持続していく傾向につながるとみなせます。

このような所見はいずれもパーソナリティの一貫性を支持しているように見受けられます。つまり，個人の特質は，多くの人の場合に一生を通じてあまり変化しないということに傾いているようです。

しかし，物事はそう簡単ではありません。たとえば，攻撃性や依存性のように性別によって社会の受け入れ方が違うような特質についてみると，攻撃性については，男性の場合はその後も持続していくのに対して，女性の場合には変化していく傾向がみられます。ところが，依存性については，男性の場合は変化していくのに対して，女性の場合はその後も持続していく傾向がみられます。このことは，社会が共有している性役割観に影響されやすいパーソナリティの特質は，性別によって一貫性と変化性が逆であることを示しています。

もう1つ，パーソナリティの一貫性よりは変化性を考えておく必要のある理

由は，人は自分の生き方を自分で決めて，そのことを実現していこうとする意志をもちうることです。このような人生に対する主体的な関わりを"投企"と表現することができますが，人が成長・発達していくことを"投企"の歩みとみなすならば，そこには私たち1人ひとりが自分自身を変化させる無限の力を保持していると認めることができるでしょう。

ところで，この"投企"の引き金になるものの1つに"転機"があります。転機というのは，それまでの自分の考え方や行動をがらりと変えるような経験や出来事と考えることができます。言い換えてみれば，「自分の人生を揺るがす（大）事件」ということができるでしょうが，人生においてもつその影響はさまざまです。清水（2002）によると，「好影響型」「試練型」「悪影響型」「無影響型」に分けられるとのことです。「好影響型」とは，転機となる出来事を経験することによって，自分の成長を実感する場合で，約50％の人の転機がこれに属するようです。「試練型」とは，その出来事を経験している最中は嫌だったが，それが後に成長を導くきっかけであったことを実感できる場合で，ほぼ30％の人の転機がこの型に属し，「悪影響型」とは，出来事によって自信を喪失したり，安定が崩されたと考える場合で，6％の人の転機が該当するようです。そして，最後の「無影響型」とは，自分を変えるような転機がなかったり，出会っても自分を変えるほどには至らなかった場合で，ほぼ10％の人がここに含まれるとのことです。

どのようなことが転機になるか，いつ転機はやってくるか，その答はありません。ある人にとっての転機が即，他の人にとっても転機になるわけがないのです。転機につながる出来事は多くの場合，自分の外側からやってきます。病気であったり，事故であったり，天災であったり，あるいは，身近な人の死であったり，人との出会いであったりといった具合です。もちろん，前述した"投企"のように，何の前触れもなく自分の安定や殻を打ち破って自分を変えたいという衝動が発端となることもあります。そして，いずれの場合にも共通なのは，自分が直面している"今"を大切にして，そこから人生につながる意味を見出していくことによって，はじめて"こころの転機"を手に入れることがで

きるのです。

　このような人生における変化性を明らかにした研究の1つに Kauai Study (Werner, 1982) があります。これは，人口移動の少ないハワイ諸島にあるカウアイ島を選んで，子どもが生まれる前からおよそ30年間にわたって行われた縦断研究です。情報は家族への聞き取りだけでなく，病院，保健所，就学前施設，学校，社会施設，裁判所，刑務所などを通して広範に収集されました。その目的の1つは，家庭環境に恵まれず，周産期に発育不良で生まれた子どもたちがそのような背景をどのように乗り越えて成人していくかを明らかにするものでした。そこで得られた結果は，どんなに劣悪な環境で育った子どもであっても，周囲に親身に本人を支援していくおとな（必ずしも実親ではない）が存在する限り，本人はりっぱな成人になっていくというものでした。　　　　　（古澤頼雄）

図や表・引用の出典

藤永　保・斎賀久敬・春日　喬・内田伸子　1987　人間発達と初期環境　有斐閣
Atkinson, R. Atkinson, R., Smith, E. and Bem, D.. 1993 *Introduction to Psychology*. (11thed.) Harcourt Brace College Publishers, p. 514.
清水弘司　2002　なにが子どもの転機になるか：自分なりの人生を生きる子どもたち　新曜社
Werner, E. and Smith, R. 1982 *Vulnerable but Invincible*. McGraw-Hill.

さらに知りたい人のために

イタール, J.　中野善達・松田　清訳　1978　新訳　アヴェロンの野生児：ヴィクトールの発達と教育　福村出版
藤永　保・斎賀久敬・春日　喬・内田伸子　1987　人間発達と初期環境　有斐閣
西平直喜　1990　成人になるということ　東京大学出版会
無藤　隆・やまだようこ（編著）　1995　講座　生涯発達心理学1　生涯発達心理学とは何か：理論と方法　金子書房
斎藤耕二・本田時雄（編著）　2001　ライフコースの心理学　金子書房
清水弘司　2002　なにが子どもの転機になるか：自分なりの人生を生きる子どもたち　新曜社

II 歴史・社会・文化のなかの人間発達

5 胎児期の発達
人生のはじまり

受精によって何が決まるか

　私たちの体を構成している細胞はその中心に核をもち，その中には図5-1に示すように46個（23対）の染色体があります。

　新しい細胞はもとの細胞が分裂してできるのですが，このとき，染色体を含んだ核も分裂して，新しい2つの細胞のなかにそっくり収まります。ところが，新しい個体を作る卵子と精子はそれぞれが1つの細胞であることには違いないのですが，その核に入っている染色体が23個しかありません。そして，精子では，性染色体といわれる23番目の染色体がその形状によって2種類に分かれます。つまり，X染色体をもった精子とY染色体をもった精子が出現するのです。一方，卵子の染色体はX染色体をもったものしかありませんので，卵子と精子が受精することによって，染色体の数は，普通の細胞の場合と同じ46個（23対）に

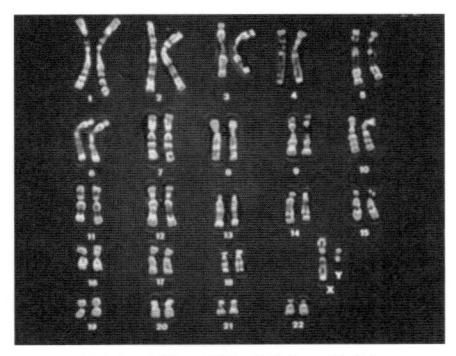

図 5-1　人間の46個（23対）の染色体

―― Key word ――
胎児期，染色体，双生児，胎内環境，低出生体重児

なるのですが，23番目の性染色体だけがXXとなるもの（女性）とXYになるもの（男性）とができるのです。こうして性別は卵子と精子が接合する瞬間に決まるのです。

　もう1つ卵子と精子が受精する時点で決まるものに人間の遺伝情報があります。性染色体以外の染色体（常染色体といいます）22個ずつは，受精によって44個（22対）になるのですが，このとき，単に対をなすだけでなく，それぞれの染色体を構成している遺伝子が入れ替わりを起こします。このようにして，きょうだいでもそれぞれの特徴がまったく同じにはならないのです。

　いくつかの疾病も遺伝によって規定されます。受精によって22対になった常染色体には，前述のように両親からの遺伝子が配列されているのですが，父親からの遺伝子と母親からの遺伝子が同じ性質をもっている場合には，子どもにその遺伝子に含まれる形質がそのまま現われます。たとえば，両親ともに髪が黒色である場合には，子どもの髪も黒色になるという具合です。ところが，両親の遺伝子が異なった性質をもっている場合には，子どもに現われる形質は遺伝子相互の関係によって変わってきます。このような遺伝の性質を優性―劣性遺伝と呼びます。そして，多くの遺伝性疾患はこの劣性遺伝によって子どもへと伝わります。劣性遺伝が発達障害につながる代表的な疾病には，フェニールケトン尿症があります。これは，体内のアミノ酸を処理する酵素が欠落しているために生ずるフェニールアラニンが中枢神経系に障害を与えるために起こる病気で，図5-2に示すような遺伝子の組合せによる劣性遺伝によって起こると考えられています。

　一方，染色体の異常によって起こる代表的な発達障害にダウン氏症候群（ダウン症）があります。この疾病は，21番目の常染色体が3つ存在している場合やその一部が欠損しているために生ずるものです。ダウン症児の出生頻度は，約1000分の1で，身体的にかなり共通の特徴をもつと同時に心疾患を伴うことが多く，発達遅滞のために社会生活において支援を必要とします。

　さらに，受精の瞬間に決まることに双子・三つ子……などの多胎児の形成があります。まず，双子のうち，一卵性双生児は，受精した接合子が二分割に分

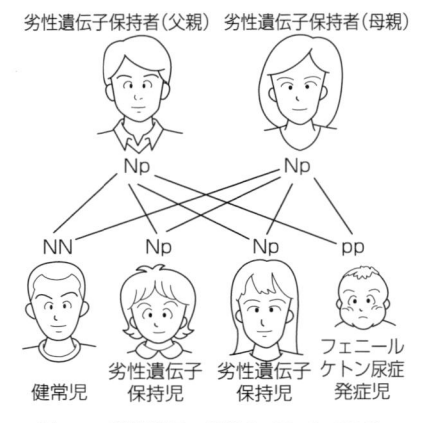

図5-2 劣性遺伝の仕組み（Berk, 2003）

裂した時点で，それぞれが2つの個体になり，そのまま細胞分裂を続けていくことによって生じます。この場合，二分割した細胞内の染色体はそれぞれまったく等しい遺伝子をもっているので，生まれる2人の子どもは遺伝的に同じ個体であることが特徴になります。これに対して，もう1つの双子である二卵性双生児は，ほとんど同時に精子と卵子の受精が2箇所で起こり，その後着床した受精卵が独立に発育することによって起こります。この場合，2つの受精卵は違った遺伝子をもっているので，生まれる2人の子どもはきょうだいと同じように遺伝的に異なった個体であることが特徴になります。また，一卵性双生児が誕生する割合は，世界中ほぼ同じで出産1000件に対してほぼ3組程度です。これに対して，二卵性双生児が誕生する割合は，民族によって異なり，アジア人では，1000件に対して4組，白人では，8組，黒人では，12～16組で，二卵性双生児が誕生する原因としては，母親の年齢，母体の栄養状態，妊娠回数，妊娠促進のための薬物などが影響していると考えられています。

胎児の発達

ところで，私たちは，人の一生は誕生によって始まると思いがちです。けれども，それは間違いです。人生は胎内から始まっているのです。五感を備えた

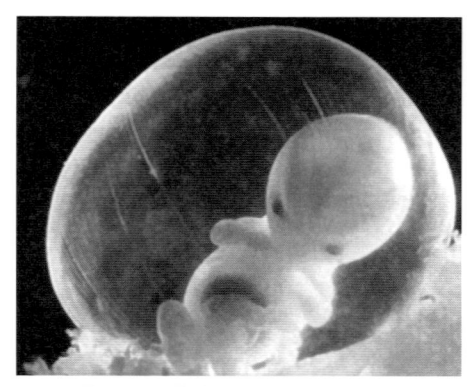

Ⅱ 歴史・社会・文化のなかの人間発達

図5-3 胎児（7週）(Nilsson, 1977)

人にまで胎児が成長するのは，意外に早いのです。生命を宿した個体として力強く変化していく姿を理解するとき，胎児期が出生後の人への重要な準備期間であることにあらためて気づかされます。

　大きさ180ミクロンの卵子と60ミクロンの精子との受精により新しい個体が生じてから出生までの38週間を出生前期と呼びますが，実際には，その形態によって，幼芽期，胚葉期，胎児期に分けられます。幼芽期というのは，受精卵が子宮の壁に着床するまでの10日間で，もっぱら有糸分裂が繰り返されて胚嚢が形成される時期です。ところが，次の3週から8週にわたる胚葉期において，胚嚢は3つの胚葉に分かれて，最初の3週間で，脳・心臓・眼・耳・消化器・脊髄・筋肉などが形成され，6週目には，頭と外耳がほぼ形をなし，7週目には，顔や首がはっきりとわかるようになり，さらには，内臓が膨らんで全体に丸みを帯びた形ができ上がり，周りからの刺激によって，体全体を動かしたり，口を開けたり，閉じたりするようになります（図5-3）。このころまでに胎児はすでに胚嚢の10倍の大きさになりますが，これから出生までの約30週にわたる胎児期において，個体の体は一層成長するとともに，さまざまな活動を示すようになります。10週目になると手のひらに刺激を受けると指を閉じたり，足の裏に刺激があるとひざを曲げたり，12週から16週ころには，手足を屈伸するようになります。しかし，これらの動きは，17週から18週にかけて弱まり，それ以

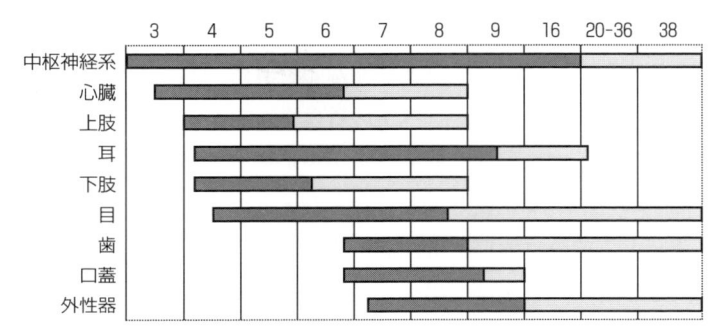

```
           3    4    5    6    7    8    9   16  20-36  38
中枢神経系
   心臓
   上肢
    耳
   下肢
    目
    歯
   口蓋
  外性器
```

図5-4　胎児期における発生異常（Berk, 2003から一部修正）
棒線の濃い部分は薄い部分よりも影響を受けやすいことを示す。

後は，これまでのような即発的な動きだけではなく，胎児自身の感覚器官の発達に伴う動きへと変化していきます。

ところで，このような胎児の体の動きは，母親には"胎動"として感じられます。母体が胎動を感ずるのは妊娠16週から20週ころといわれていますが，最初は胎児の動きを感ずるというよりは，"虫"や"腸"，あるいは，"モグラ"や"魚"などにたとえられるように"人間の赤ちゃん"とは思えないようですが，29，30週ころになると，胎児の足の動きを通してだんだんに"わが子"を感ずるようになるといわれます（岡本，2003）。

胎内環境と胎児の発達

胎児が発達していくためには胎内という環境が大きな影響をもたらします。胎内環境は通常，胎児に発達を促しながら，胎児の発達に対応して変化していくのですが，逆に胎児の発達を阻害してしまう場合もあります。胎児の発達を阻害する原因になる胎内環境をテラトゲン（teratogen）と総称しています。

テラトゲンには，母体が摂取した薬物・たばこ・アルコール，母体が被爆した放射線，母体が罹患した伝染病，母体が受けたストレスなどをあげることができます。これらのテラトゲンが母体を通していつ影響するかによって，胎児に起こる障害の性質が異なります。**図5-4**が示すように，胚葉期（3～8週）に

おいては，心臓・目・手足・耳・歯・口蓋などの形状に奇形が起こり，胎児期（8週〜出生）においては，脳・目・性器などに障害が起こります。

　妊婦の喫煙や飲酒が胎児におよぼす影響は確かです。このことを取り上げた研究によると，妊娠中に喫煙や飲酒の量が多い場合には，子どもの生下時体重が平均170グラム少なく，生後8カ月になったときの運動や発達テストの成績が低く，4歳時・7歳時においても注意の集中が低かったとのことです。もっとも，長期的な影響については，出生後の生育環境がそれ以前の状態を引き継いだために生じたと考えられます。

　妊婦が精神的なストレスにさらされることが，胎児に悪い影響を与えるという考えは広く受け入れられています。けれども，現在までに明らかにされているところでは，精神的ストレスが大きかったり，長くつづいたりすれば，長く残る影響を与えることはあるものの，通例の場合では，子宮の中の天候が悪くなるようなもので，一時的な風雨ですむとみなしてよいようです。何よりも大切なことは，精神的ストレスと胎児への影響ということが直線的に結びついているのではなくて，「精神的ストレスが契機となって起こる喫煙や飲酒などが重なり合って胎児に影響をおよぼしていく」と考えていくことが必要です。

低出生体重児・早産児

　近年，周産期・未熟児医療の進歩に伴って，胎児期に充分な発達を遂げないまま出生に至った個体が集中医療によって，人生を歩むことができるようになっています。このことは全国的な出生率の低下にもかかわらず，低体重出生児・早産児の出生率が増加している傾向に端的に現われています。

　胎児の発育状態は，生下時体重と在胎週数によって表わされます。生下時体重を指標にすると，2500グラム未満の赤ちゃんを"低出生体重児"と総称し，さらに，1500〜2499グラムの場合を"低出生体重児"，1000〜1499グラムの場合を"極小低出生体重児"，1000グラム未満の場合を"超低出生体重児"に区分します。出生してから後遺症もなく成長できる生下時体重は2000グラムとされています。しかし，極小低出生体重児，超低出生体重児であっても，保育器での

体温管理，人工呼吸器を用いた呼吸管理，栄養管理などがなされれば，後遺症もなく成長することができるといわれており，わが国では，300グラム台の赤ちゃんが大きくなっている例もあるそうです。

一方，在胎週数を指標にすると，22週未満を"流産"，22週〜37週を"早産"，37週〜42週を正期産，42週〜を"過期産"と呼びます。22週未満の出生では，体の機能が未熟すぎて成長することができません。胎児の呼吸機能は32週位で，子宮外に出ても自力で呼吸できるといわれています。したがって，32週以後の早産児は，保育器内で空気よりも少し高い濃度の酸素を与えることで，生命を維持できます。そして，37週を過ぎれば，体の機能はほぼ成熟しているので，特別な治療を施すこともなく生活することができます。

胎児の在胎週数と体重との関係は，28週で1150グラム，32週で1700グラム，36週で2660グラム，40週で3170グラムを基準と考えますが，在胎週数に比較して体重が少ない子（Small For Dates Infant（SFD児））は，胎内で成長できなかった原因が存在したためと判断され，さまざまな機能障害と後遺症を伴っている場合が多いと考えられます。

胎児の感覚能力

さて，胎内は深海のようなとても静かな環境のように思われがちですが，そうではなくて，さまざまな刺激に満ちた世界であることが明らかになっています。胎児はほぼ4カ月ころから盛んに音に反応します。そして，胎内の音環境は常時ほぼ75デシベル程度であるといわれています。

筆者が見た胎児についてのテレビ番組では，母親が静かな音楽を聞いているときとテレビで競馬放送を視聴しているときとでは，明らかに後者の方が胎児の動きが活発になるということから，胎児は子宮を通して聞こえてくる音に反応していると解説していました。

けれども，大きな音に対しては，母親自身が身体的に反応を起こすのでアドレナリンの分泌が増えて，それに影響されて胎児の動きが活発になったとも考えられます。つまり，胎児の動きの違いが，音に対する母親の反応のせいなの

か，それとも音を聞いて反応しているのかが，区別できないのです。そして，このことを解決するためには，母親には一切音が聞こえず，胎児だけに音が聞こえるような状態を作って検討する必要があります。

　この条件によってなされた研究では，母親にはイヤホンをつけて雑音を聞かせながら，母親の腹腔にじかに女性の声とほぼ同じ音域の音を体内の他の音と同じ強さにして送り込んでみました。その結果，妊娠後期の3ヵ月には，音を聞かせると胎児の脈拍が早くなることがわかったとのことです。

　もう1つ，胎児が音を聞いていることにつながるトピックは，母親の心臓の鼓動が胎児に与える影響です。それは，胎内で聞いていた母親の心臓の鼓動を胎児が記憶していて，出生後においても，子どもを安定させる働きをするというものです。たとえば，赤ちゃんが母親の胸に抱かれてすやすやと眠りに入るのは，胎児のときに聞いた母親の心臓の鼓動を耳にするからと考えます。このことを最初に主張したのは，ソークという心理学者ですが，彼の説は，病院の新生児室にいる赤ちゃんに，スピーカーを使って，四六時中大きな音（85デシベル）で心臓音を聞かせておくと泣き方が少なくなり，体重の増加が早いという観察をもとにしてなされました　（Salk, 1973）。

　ところが，ソークの研究には次のような問題がありました。それは，この研究がなされた病院はニューヨークのラガーディア空港の滑走路に近く，心臓音は外の飛行機の騒音と同じか，それを消すぐらいの大きさにセットされたものでした。飛行機の離着陸音はかなり大きいし不意に聞こえるので，赤ちゃんにはかなり不愉快な騒音と聞こえていたのでしょう。ですから，連続的な音が騒音をかき消すほどの強さで響いていれば，それがどんな音であれ，赤ちゃんの泣きを鎮める効果があったものと判断できます。

　このようなことで，ソークの説は現在では否定されています。むしろ，胎児にとっての母親の心臓の鼓動はちょうどバックグラウンド・ミュージックのようなものなので，あまり気づかれていないのではないかという主張もなされています。つまり，四六時中つねに聞こえている心臓音が胎児の聴覚をあらためて刺激するとは考えにくいというのです。

さらにもう1つ，胎児が聞いているものとして言及できるのは，母親の声です。胎児が聞き取ることのできる母親の声が，ふつうに聞く声とはまったく違っていることはいうまでもありません。多分それは低音で深い響きのある音として聞こえてくるものと考えられています。

　そして，子どもにとっては，誕生の前後で，聞こえる母親の声の性質がまったく異なったものであることは確かです。けれども，母親の話し声に含まれるリズムのようなものが，胎児に原初的記憶として残っていくと考えられています。このことを確かめた研究によると，16人の女性に妊娠後期の5～6週間にわたって毎日同じお話を2度，声を出して読んでもらっておいてから，生後3日後にその赤ちゃんたちにスピーカーからお話を聞かせたところ，聞こえてくるお話が胎内で読んでもらったものと同じだった場合に，16人中13人の赤ちゃんのおしゃぶりの吸いつきが子宮の中でくりかえし聞いたお話に反応して，強くなったとのことです。

　多分，響きはまったく違うものの，声に含まれるパターンやリズムが同じなので，胎内にいるときも，生まれた後でも子どもにとって母親の声というのはごく聞き慣れたものとなっているのでしょう。夫婦の会話の一方の主である父親の声も胎児にとっては聞きなれたものになっていることも事実です。

　また，胎児は，26週になると母親の腹部にあてたやや強い光に反応して，心拍が早くなったり，体を動かしたりしますが，これは，母親の腹壁を通して，外の光が見えることから起こっていると考えられます。

　ところで，最近は超音波診断装置によって，胎児の姿を目にすることが普通になっています。とくに，胎児の性別は10週前後になるとはっきりとわかります。胎児の性別を知ることによって両親が抱くイメージを調べた研究(Sweeney and Bradbard, 1988)によると，両親ともに胎児が女とわかると，柔らかい・小さい・静かな・弱い・繊細な・美しい・抱きやすいなどというイメージを抱く傾向があることがわかりました。相手は胎児なのに親はもう社会的期待の目をもってわが子を見ているのです。

〔古澤頼雄〕

II　歴史・社会・文化のなかの人間発達

図や表・引用の出典

NHK「人体」プロジェクト　1999　NHKスペシャル驚異の小宇宙・人体III遺伝子・DNA　第1巻　生命の暗号を解読せよ―ヒトの設計図　日本放送出版協会

Berk, L.　2003　*Development through the Lifespan*（3rded.）Allyn and Bacon

Nilsson, L.　1977　*A Child Is Born : New photographs of life before birth and up-to-date advice for expectant parents*. A Merloyd Lawrence Book

岡本依子　2003　コラム5　胎動　根ヶ山光一・川野健治（編著）　身体から発達を問う：衣食住のなかのからだとこころ　新曜社

Salk, L.　1973　The role of the heartbeat in the relationship between mother and infant. *Scientific American*, **228**（3）, 24-29.

Sweeney, J. and Bradbard, M. 1988　Mothers' and fathers' changing perceptions of their male and female infants over the course of pregnancy. *Journal of Genetic Psychology*, **149**（3）, 393-404.

さらに知りたい人のために

正高信男　1997　赤ちゃん誕生の科学　PHP研究所

シアラス, A. 古川奈々子訳　2002　こうして生まれる：受胎から誕生まで　ソニー・マガジンズ

池田清彦　2004　新しい生物学の教科書　新潮社

II 歴史・社会・文化のなかの人間発達

5 ヒトとして生まれて人間となる

赤ちゃんはいつも眠っている

　産院の新生児室で何人もの赤ちゃんをはじめてみた学生は，どの子も"眠っているか，泣いているか，お乳を飲んでいるだけ！"と第一印象を記しています。このほかに，学生には見る機会がなかったのか，排泄もするのですが，いずれにせよ，生きるための最低限の生理的活動で1日が終わってしまっている赤ちゃん，自分たちおとなの生活や行動とくらべて，ただ生きているだけにもみえる無能ぶりと生活の単純さに，学生は大変驚いたようです。ヒトとして生まれているけれども，人間ではないといっても過言ではない印象なのでしょう。

　この印象記は，人間の発達の特徴を的確にとらえています。9カ月という長い期間，安全な母体に単胎で保護されて過ごす，ところが誕生した児は上記のように無能未熟である，これは他の哺乳類にくらべて特異なことです。同様に妊娠期間が長く単胎である馬が，生後まもなく1人で走り餌を食べる姿を思い浮かべれば，人間の赤ちゃんの特異さは明らかでしょう。このように，動物のなかのヒトとして生まれた赤ちゃんが「人間」になってゆくプロセスが，まさに人間の発達だといえます。

　そのプロセスで，さまざまな面での変化，とりわけ新しいより高次な能力を獲得するめざましい変化が生じます（その諸相は，II部の各章でみることになります）。しかし同時に，赤ちゃんが生まれながらにしている，眠る，飲む，排泄する，泣くという生物体としての基本的な行動も変化します。生存に必要な生物体としてのヒトの行動が，人間としての行動，人間らしい行動になる変化なし

―――― Key word ――――
単相型，多相型，排泄の自立，社会化，眠りのサイクル

Ⅱ　歴史・社会・文化のなかの人間発達

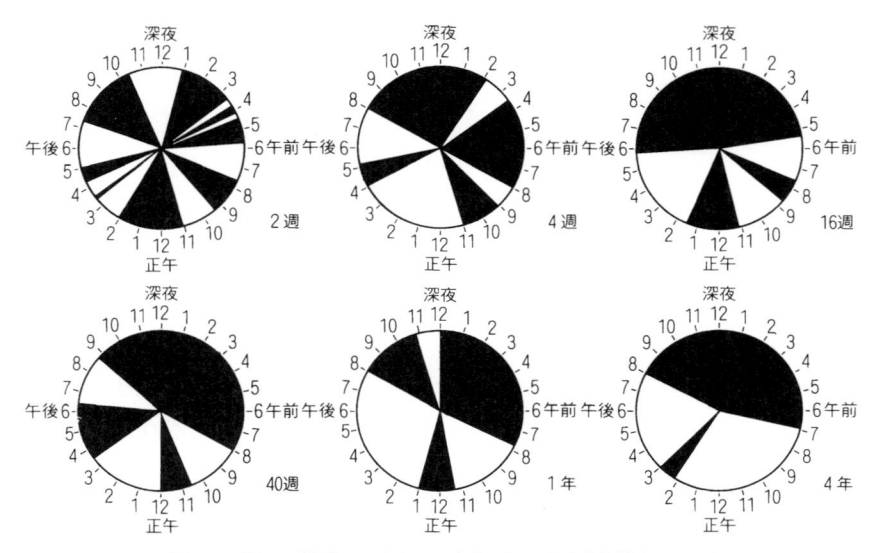

図 6-1　眠りと覚醒のサイクルの変化（婦人之友社編集部，1960）

に，ヒトとして生まれても人間とはいえないのです。

　その1例が，「眠る」ことの変化です。どの動物も，眠り＝休息と覚醒＝活動の2つの相をもっており，2つの相が1日の中にどのように現れるかは，動物の種によって決まっています。昼となく夜となくうとうとと眠っていてときどき起き出す猫，昼間は目覚めていてさえずったり飛んだりしているが，日が暮れると寝ぐらに帰って眠る鳥，を思い浮かべてください。概して，視覚の発達した動物は，夜＝暗くなると眠り，明るいとき＝昼間は目覚めて起きているタイプ（単相型という）のようです。野性の動物界では，弱い動物は長くぐっすりと寝込んでしまうのは襲われる危険があるため，短く何回も眠る（多相型）タイプだということです。

　ところで，人間だけは，この眠りと覚醒のサイクルが生まれたときとおとなとでは異なる唯一の動物です。おとなは通常，夜は寝，昼は起きて活動する単相型ですが，赤ちゃんはさきの“いつでも眠っている”（おとなの睡眠は24時間中7〜8時間であるのにくらべて24時間中20時間も眠っている）の印象どおり，始終眠

っている，しかも何度も眠ったり目覚めたりする，猫なみの多相型サイクルです。つまり，人間はほかの動物のように最初からその種特有の型を示さず，多相型から，単相型へ移行してゆくプロセスをたどるのです（図6-1）。

眠りのサイクルはどうしてつくられる

　このようなサイクルの変化が，赤ちゃんにはどうして生じるのでしょうか。ここには大別して2つの要因が働いています。まず第1は，身体的成熟，生理的基盤です。濃厚なものは消化できないので乳（ミルク）だけ，それも1度に大量の乳が飲めないので，すぐ空腹になって眼が覚めてしまうのも一因です。さらに，大脳の働きがまだ弱いために覚醒時の興奮を長い時間，支え維持しきれない，そこですぐ眠りに陥ってしまうのです。要は，大脳，食物の摂取および消化機能が十分発達していないことが，すぐ眠っては起き，またすぐ眠る多相型の原因です。これらの機能が強まり発達することが，長くぐっすり眠り，目覚めたら長く起きていられる，単相型を可能にする基盤なのです。

　こうした生理的基盤に加えて，社会的文化的な条件も単相型への変化を促進し，そのサイクルを確立する役割を果たします。多くの社会には，"昼間は目覚めていて活動する，夜は休息する""1日3食"という生活の約束があります。これが，社会のメンバーに単相型のサイクルをとらせるよう働いています。このような約束を必要としない社会では，おとなでも日に何度も眠ったり起きていたりという，多相型サイクルでいることもありうるのです。たとえば，常に昼は働くとは限らない季節労働の社会，あるいは食事が不定期だったり調理の必要がないものをそれぞれが空腹になったら任意で食事をするような食生活の社会などです。実際，そのような労働と食習慣のイヌイット（エキスモー）で，子どももおとなも多相型の生活をしている例が報告されています。また，日本の中世の下人たちは，寝場所も寝具もなく，ちょっと時間があればどこでもごろりと寝て，少しずつ睡眠をとっていたことが，絵巻物から示唆されています。夜はぐっすり休息・安眠できる身分でなかった人びとは，多相型でしのいでいたといえるでしょう。

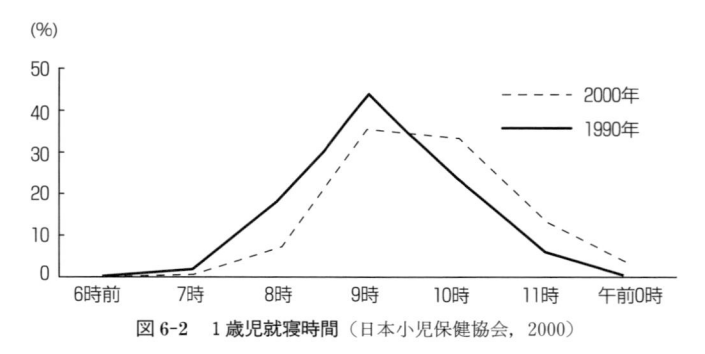

図6-2 1歳児就寝時間 (日本小児保健協会, 2000)

　このように生理的基盤が成熟しても，現実に単相型の生活を求められたり保証されなければ，かならずしもそうはならない，その意味で人間の眠りと覚醒のパターンは，社会的産物ともいえるでしょう。眠りというきわめて生理的基本的なことさえも，社会の産物＝社会化によるところに，人間の発達の特質があるのです。

　最近，調理技術の進歩や家事の社会化・外注化，またテレビの普及，夜間の娯楽や職業などの増加によって，人びとの食事行動や生活時間は大きく変化しつつあります。このような社会の変化のために人が多相型になってしまうことはないでしょうか。しかし個人ごとにかなり自由な生活パターンをとるようになってゆく可能性があるでしょう。

　このことは赤ちゃんの生活にもおよび，この10年間に1歳児の就寝時間は遅い方へズレていっています（図6-2）。

いろいろある社会化のかたち

　睡眠のほか，排泄，歩行など生理的基本的な行動も多分に社会化の産物です。子どもは排泄訓練（トイレットトレーニング）を受けて，排泄の自立を果たします。排泄の自立とは，単におむつがとれたというだけではありません。"どこで，いつ，どのような仕方（姿勢や手洗いなど）で排泄するか"について，社会ごとに一定のきまりがある，このきまりの伝達も排泄訓練には含まれています。排泄のきまりは，気候，衣服，住居形態（トイレが屋内か否か，床の材料）といっ

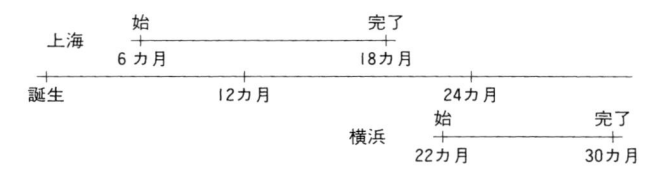

```
              始              完了
上海    ├──────┼──────────┼
        6カ月           18カ月
誕生────┼──────────┼──────────┼──────────┤
              12カ月        24カ月
                        横浜  始              完了
                              ├──────────┤
                            22カ月        30カ月
```

図6-3　日本と中国の排泄訓練の開始と完了の比較（依田・清水，1994）

た物理的条件によって当然違ってきますし，さらに衛生思想，清潔観，行儀といった価値観も関係しています。ポリネシアでは，おもらしも"雨が降った！"と笑って，親たちはスカートの裾でサッとふいてすませてしまうそうです。その気候風土に適した汚れのつきにくい床の家，濡れても乾きやすい軽い衣服などが，そうしたゆるやかな排泄訓練となっているのでしょう。加えて，ポリネシアの人びとの，外からは無頓着にみえるおおらかな性質，子どもはいずれできるようになるものだとする楽観的発達観も関係しているでしょう。

　日本は外国人から見ると，排泄訓練が厳しい文化だとされてきました。早くから排泄の訓練をはじめ，おもらしや夜尿は叱られたり恥ずかしい思いを味わわされる厳しさが注目されたものでした。そして日本の子どもたちは実際，かなり早くに（だいたい1歳までには）おむつがとれていたようです。日本人の清潔観，教育熱心さの表われとされてきました。

　ところが，これが近年変化し，排泄の自立がどんどん遅くなってきていると小児科医や乳幼児の相談に当たる人びとが指摘しています。これを裏づける資料が，日本と中国の子どもと親についての比較研究から提出されています。親がいつ排泄訓練を始め，いつそれが完了するかについての結果（**図6-3**）をみますと，日本の子どもの排泄の自立は大変遅く，中国の子どもたちはとうに自立ができてしまっている時期よりあとに，ようやく訓練が開始されるのです。

　排泄の自立が遅れてきているという実態がありありと示されていますが，かつての日本の子どもたちを考えると，どうしたことでしょう!?　中国との大差は何を意味しているのでしょうか。かつて親たちは，子どもを早くおむつの不快さから解放してやりたいとの親心から，訓練を早く厳しくしたのですが，その清潔観，また親心は，日本の親たちから失われてしまったからでしょうか？

日本の子どもの社会化は？

　"濡れてもサラサラ"と宣伝されている紙おむつの普及が，子どもの不快を追い払ってしまった，親の清潔観を満足させたのが一因でしょう。さらに，早くおむつをとろうと思う親の気持ちのなかには，1日とて休むことのないおむつ洗いという大しごとから解放されたいという思いもあった，それも紙おむつは解決してしまったのです。トイレットトレーニングはもうそう急いですることはなくなった，それよりもほかのことを優先して子どもに教えようとしているのです。水泳であり英語，ピアノといろいろですが，何を優先して訓練したいかが変化してきているといえましょう。最近の排泄訓練の遅れは，親の発達期待の重点の変化，しつけの重点目標の変化（学校関係の能力，知育偏重），を反映しているといえるでしょう。

　歩行も，ヒトに生まれればかならず同様に成立するとは限りません。極度な剥奪的条件下では2本足直立歩行は生じません。またハイハイ，つかまり立ちのあと9カ月から13カ月ころ1人歩き可能となるとされてきましたが，それよりずっと早く5～6カ月に歩けるようになる社会もあれば，ハイハイせずにいきなり歩き始める子どももいる，といった多様な発達の姿があります。子どもの環境内に，直立2本足で歩行しているモデル，子どもが歩くのを期待し歩けると喜んでくれる人，歩くのを助けるような遊びなど，歩行の成立を推進する刺激，逆に，歩行の必要がなかったり，ハイハイをいやがる潔癖な養育者など阻害要因の有無によって，歩行の成立は左右されるのです。人間の歩行は「一連の運動発達の序列を順次通過して，特定の時期に自生的に成立する」とされてきましたが，そうではありません。ヒトとしてもっている生理的基盤の上に，歩行を必要としそれを推進する社会環境のなかで，子どもは学び習得してゆくものです。日本人と欧米人の歩き方（もちろん，二足歩行ですが）は，少し注意してみると，違います。上体を真っすぐに（直立），脚だけをさっさと動かす歩き方は日本人には稀です。手と足を交互に動かす歩き方は日本には明治に軍隊，学校での体育とともに輸入されたもので，それ以前は手と足を同時に動かすすり足状の歩行「ナンバ」だったのです。歩き方も社会化の産物なのです。

歩行とならんで人間のしるしとされる音声言語の習得も，同様に大脳の発達という生理的基盤の上に，文化的・社会的働きかけがあって成立し方向づけられます。胎内にいるときから，母親の声を通じて母語のリズム・抑揚などを経験しており，それと同調して体を動かすようになっています。また，泣きに対して抱き上げるという関係がことばを発達させる基盤です。　　　（柏木惠子）

図や表・引用の出典

婦人之友社編集部　1960　睡眠と覚醒パターンの推多（婦人之友ホームライブラリ2　赤ちゃんの日課より）　婦人之友社
社団法人日本小児保健協会　2000　平成12年度幼児健康度調査報告書
依田　明・清水弘司　1994　日中比較研究　1994日本心理学会大会論文集

さらにくわしく知りたい人のために

青柳まちこ　1987　子育ての人類学　河出書房新社
柏木惠子　1978　子どもの発達・学習・社会化　有斐閣
新福尚武　1972　睡眠と人間　NHKブックス

PICK UP
赤ちゃんはよくみている

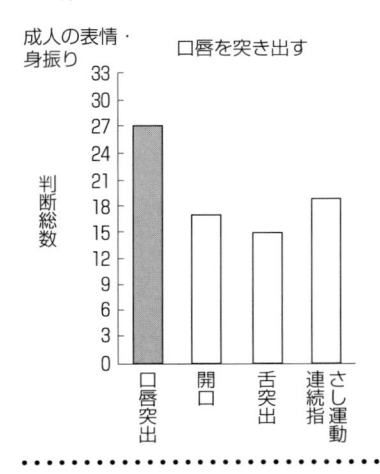

乳児の模倣反応（Moelzoff & Moore, 1977）
15秒間それぞれの表情・身振りを呈示，その後20秒間におこなった乳児（6人）の反応をVTRに記録した。乳児の反応を，判断した総数を棒グラフで示す。黒色の棒が，該当表情・身振りの模倣反応を示す。
乳児は，おとなの表情や身振りを模倣します。子どもは，おとなから教えられて育つだけではなく，自ら学びとってゆく主体的能動的な存在です。親の教育熱が高まる昨今，このことは銘記すべきでしょう。

II 歴史・社会・文化のなかの人間発達

7 新しい家族の諸相，家族を創る営み

　"家族"そして，"親子"とは何でしょうか。少なくともわが国では，家族・親子を規定する条件として"血縁"が重視されています。そして，血のつながりのある親子こそが"じつの親子"と呼ばれます。じつの親子であれば，愛情や養育も万全であり，相互のつながりも当たり前に備わっていると考えがちです。けれども，血縁のみが家族・親子を保証するものではないこと，血縁がなくても家族になれることは，多様な親子関係の現実によって，すでに証明されています。ここでは，非血縁家族の姿を通して，家族を創る営みを考えてみます。

里親として子どもを育てる家族

　親が子どもを育てられない場合に，社会が親に代って養育を引受ける，いわゆる社会的養護には，施設養護と家庭養護があります。施設養護は，乳児院・児童養護施設・短期治療施設などで子どもを養育していくものですが，家庭養護は，養子縁組里親と養育里親に分けられます。前者は養子縁組を目的とした里親による養育で，後者は養子縁組を目的としないで，あくまでも養育を目的とした里親のことで，都道府県知事から任命され，里子への生活費などの支給を受けながら，里子が18歳になるまでの間，養育が行われます（御園生，2001）。

　施設養護よりも家庭養護が子どもの発達のための養育環境としてより望ましいものであることが実証されるにつれて，欧米では施設養護から家庭養護へと

———————————— Key word ————
里親・里子関係，養子縁組，オープン養子制度，子ども観，子育て観

移行していますが，わが国では依然として施設養護が主流を占め，その割合は9：1であるといわれています。ここにも血縁を重視するわが国の家族観が影響しています。

1　里親になるには

里親とは，養護に欠ける子どもを自分の家庭に迎えて，深い愛情とおだやかな家庭的雰囲気のなかで養育することを希望する人であって，都道府県知事または指定都市の市長によって適当と認められた人をいいます。その認定を受けるためには，居住地を管轄する児童相談所に申請し，一定の研修を受けた後に適当と認められることが必要です。現在のところ，この制度には，養育里親，短期里親，親族里親，専門里親が含まれます。短期里親というのは，養育者が疾病による入院治療を受ける場合など，比較的短期間でも地域内の里親に養育を委託し，子どもの健康な発達をはかろうとするものです。また，専門里親は，増え続ける子ども虐待対策の一環として，親から虐待を受けた子どもを児童相談所や児童養護施設などで働いた経験をもつ専門家が一時的に引き取り，虐待によって傷ついた心のケアを行うものです。

2　親意識の成り立ち

里親がどのような過程で親意識を抱いていくかを取り上げた御園生（2001）によると，里子を迎えたかなり早くから「親だとの実感」がもてた場合から，1年以上経ってからもてた場合，年月が経っても容易に実感がもてない場合，さらには，親子の実感にこだわらない場合などが見られました。概して，迎えた里子の年齢が幼い（3歳未満）場合に子どもとの関係ができて，親となった実感が生まれる傾向にありますが，子ども自身やその成育史になんらかの問題がある場合には，親となる実感を抱きにくいといえます。

ここで注目されるのは，「親子の実感にこだわらない」と回答した人が里父の約26％，里母の約19％にみられたことです。この親たちは，里子を迎えた時点ですでに実子がいることが多く，「家庭に恵まれない子どものために」という動機をもっていました。このことは親としての実感をもっている，あるいは，もとうとしている里親たちが子どものいないことを理由に里子を迎えて育てい

る場合が多いのと対照的でした。

　読者の皆さんは,「親子の実感にこだわらないで, 子育てをする」ということに何か腑に落ちない気持ちを抱かれるかもしれませんが, 親子の実感とは「子どもを愛情の対象として思えるようになって抱く親意識」と置き換えてみるならば, 1人の人間として子どもを見つめつつ行う子育ての姿を端的に示した意識と受け取ることもできるのではないでしょうか。

3　里親・里子関係の形成

　里親が子どもを迎えるときの子どもの年齢は乳幼児期から児童期にわたっていて, それまでの間を施設で過ごしてきた子どももいれば, 児童相談所を通して委託されてきた子どももいます。一概には言えないところですが, それぞれの子どもがそれなりの外傷体験をもっている点で共通しています。「養護に欠ける」と前述しましたが, そのことの意味はじつに多様です。かなり共通していることは, 親身になって接してもらった体験が不足していたり, 親身になって接してもらっていた人と急に別れなくてはならなくなったり, あるいは, 虐待という辛い体験から人を信頼できなくなっているなどです。そして, このことが里子の年齢が上がるにつれて, 里親との親子関係の形成にさまざまな影響をもたらします。愛着対象との関係が形成される生後6, 7カ月以前に里子として迎えられる場合には, 新しい環境としての里親との人間関係も円滑に形成されますが, それ以後に里子として迎えられた場合には, 新しい親を試す行動としての退行, 反抗, 攻撃などが現われる経過を経て, 親子関係が形成されていきます。もちろん, 子どもの表わす行動を里親がどのように取り扱っていくかも大きく影響するところです（家庭養護促進協会, 2000）。

養子縁組によって子どもを迎える家族[1]

　養子縁組制度は, 人為的に親子関係をつくりあげる制度といわれます。わが国のような血縁関係を重視する社会においては, 非血縁はしばしば偏見に晒さ

---

[1] ここで取り上げる養子縁組は, 昔からわが国で行われてきた家系の継承や親の老後のための成人養子の慣行とは異なり, 家庭養育に恵まれない子どもの福祉のために行われるものです。

れるのですが，そのことに肯定的に対処し，血縁親子関係との相違を容認していくことで，養親子の絆が形成されると考えられています。

　近年，血縁がないことを事実として受け入れ，生みの親の存在を否定しないことが子どもの成長にとって有益であるという観点から，1980年代後半からアメリカを中心にオープン養子制度（Open Adoption）が急激に推進されています。これは，"育ての親と生みの親との間に何らかのコミュニケーションがある養子縁組"と定義されています。その過程は継続的で，実際のコミュニケーションの程度は三者（生みの親，育ての親，子ども）の要望によって決められていきます。その実態や有効性に関する調査研究も国外では数々積み重ねられてきていますが，わが国では，養子縁組斡旋機関の扱う縁組のほとんどが，秘密厳守と匿名性を強調する閉鎖的養子制度（Closed Adoption）で，血のつながりがないことを子どもにも周囲にも隠し続ける傾向が依然として強いと考えられます。

　さて，養子縁組家族はどのようにして成立するのでしょうか。オープン養子縁組によって，血縁のない乳幼児を養子に迎える場合に焦点を当てて，家族のライフサイクルにそって考えてみます。

1　養子を迎える決断

　結婚によって新しい家庭をもつところに家族のライフサイクルの第一段階があると考えるならば，夫婦の間に子どもが生まれることはその第二段階であり，夫婦は親になります。ところが，この同じ段階のあり方がここで取り上げる養子縁組家族では大きく異なります。すなわち，養子縁組家族では子どもは夫婦の間に生まれません。通常は一体である「生むこと」と「育てること」のうち，育てることのみを引き受ける決断をし，他人の生んだ子どもを迎えることによってはじめて夫婦は親になるのです。言い換えるならば，夫婦で「生む」部分を諦め，他者が生んだ子どもを「育てる」という決断を新たにし直すところに大きな特色があるのです。

　Daly（1990）は，養子を育てる親となる前に多くの夫婦は"生物学的親というアイデンティティ"から解放される必要があると述べていますが，このことは前述したように"血縁"を重んずる傾向にあるわが国においては，夫婦にとっ

て社会的スティグマ（偏見）との闘争のはじまりをも意味しています。なぜならば，社会の多くの目は，養子縁組をあくまでも"親になる第2の最良の選択肢（"second-best" route to parenthood）"（Miall, 1987）としてしか見ていないからです。

2　養子を迎えるに至る過程

辿り着いた夫婦の決断が養子を迎える実現に直ちに繋がるわけではありません。

未成年者の養子縁組制度には，普通養子縁組と特別養子縁組がありますが，いずれにおいても縁組成立のためには家庭裁判所の許可が必要とされています。なかでも特別養子縁組は，子どもと実親との親子関係を法的に終了させて，育て親を唯一の親と確定する制度であり，夫婦が育て親として相応しいかどうかが6ヵ月間の試験養育状況などを踏まえて審判されます。また，こうした手続きを支援する縁組斡旋団体も，それぞれに，縁組を斡旋する育て親の基準を設けています。たとえば，筆者が関係している特定非営利活動法人（NPO）団体では，育て親となることを希望する夫婦に対して数回にわたる面接を行い，夫婦の子ども・子育て観や夫婦関係など，さまざまな面から育て親としてふさわしいか否かを判断しています。そして，NPOの基準を通過した夫婦はさらに研修を受けてようやく育て親候補として登録されるのです。このように子どもを育てる親が第三者からその"相応しさ"を判断されることは，里親の場合と同じです。

3　親子関係の成立

前述したNPOでは，予期しない妊娠や出産に悩む人の相談を受け，生みの親がどうしても育てられない場合に，子どもの福祉を最優先とした養子縁組を仲介しています。したがって，縁組対象となる子どもの多くは出生後間もない新生児あるいは乳児です。育て親と子どもとの出会いは，子どもがもっとも幼い場合としては，生みの親が出産を終えてまだ在院している間に行われます。こうして夫婦は，妊娠・出産という過程を経ることなく，子どもを迎えた時点から親として子どもを育てていくことになるのです。

さて，このような変遷のなかで創られる家族が血縁家族とどのような違いをもっているのでしょうか。これまで筆者らが明らかにしたことをまとめると次のようになります（古澤ほか，1997, Kosawa and Tomita, 1999, 富田・古澤，2004）。

1）夫婦関係：不妊を知ったことを契機に，夫婦関係や生き方について共に悩み，真剣に話し合い，養子を迎えるという決断をしていく過程において，夫婦が問題を共有し，子育てについて考えあってきたという経過が血縁家族におけるそれよりもお互いのきずなを強めていました（図7-1）。

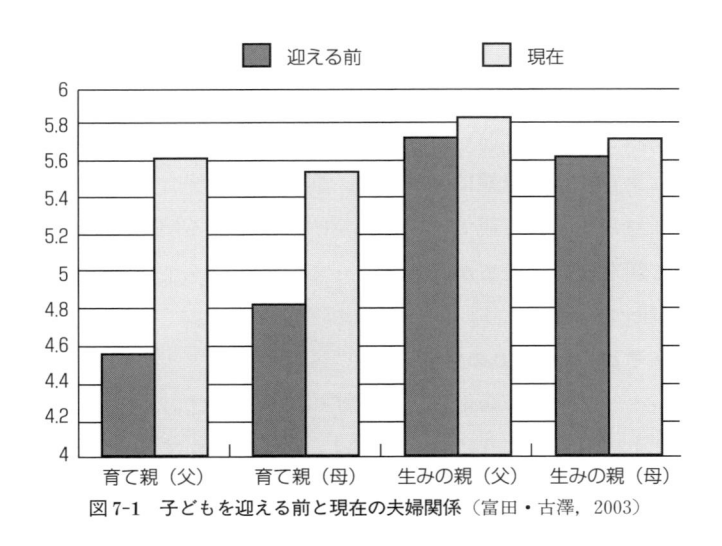

図7-1　子どもを迎える前と現在の夫婦関係（富田・古澤, 2003）

2）子ども観・子育て観：血縁家族の母親が子育てに負担感を抱いているのに対して，育て親では父母ともに子育てを負担とせず，自分の人生の中での幸せと感じている傾向がみられました（図7-2）。また，子どもを家系の存続のためとみなす傾向は血縁家族の父親において強く，育て親では子どもを社会の一員として育てているとみていることが伺えました。

Ⅱ 歴史・社会・文化のなかの人間発達

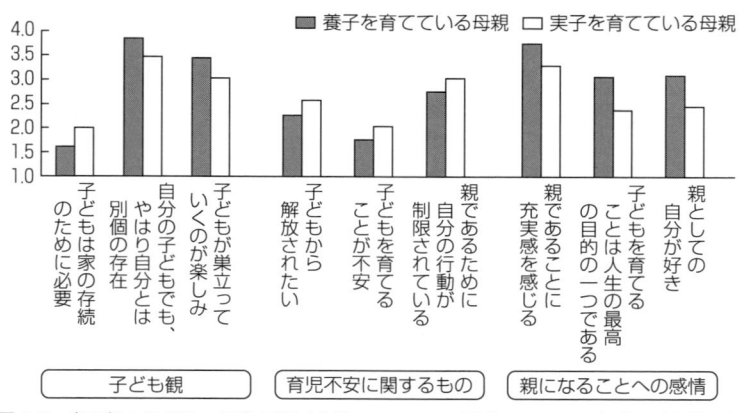

図7-2 育て親の子ども・子育て観（古澤ほか，1997（柏木，2003より転載。表題修正））

グラフ項目（左から）：
- 子ども観：子どもは家の存続のために必要／自分の子どもでも、やはり自分とは別個の存在／子どもが巣立っていくのが楽しみ
- 育児不安に関するもの：子どもから解放されたい／子どもを育てることが不安／親であるために自分の行動が制限されている
- 親になることへの感情：親であることに充実感を感じる／子どもを育てることは人生の最高の目的の一つである／親としての自分が好き

凡例：■養子を育てている母親　□実子を育てている母親

3）子育てについての評価：自分がしている子育てについては，父親においては，2つの群に違いはみられず，自分の子育てを認めている傾向がみられましたが，母親においては，血縁家族の場合には肯定的にみているのに対して，育て親ではやや否定的にみている傾向があり，このことは育て親なりに子育てがうまくいっているか悩んでいることを示していると判断できます。

4　育て親・子どもそれぞれの発達

ここでは，オープン養子縁組に限って述べていきます。もともとオープン養子縁組が取り上げられるようになったのは，養子にひたすらその過去を隠すいわゆる"confidential or closed adoption"の場合，子どもの成長につれて起こるアイデンティティの形成の中軸となる自分のルーツ（出自）を知りたいという要求への対処が不適切になりがちであるために，子どもが周囲に対する不信感や自分の心の動揺のためにさまざまな行動化を起こしがちになるのを防ぐことができると判断してのことです。そこで，より信頼感を持ち合える親子関係を形成するために，すべてをオープンにした養子縁組形態として，"open adoption"を推進する動きが国外で起こり，今日に至っています。

Grotevant, McRoy, Elde and Fravel（1994）は，養子縁組のオープン性と育て

親の心理状態を通して，家族成員間の結びつきとの関連を検討していますが，それによると，オープンな養子縁組であることが育て親に生みの親への共感を増し，情緒的安定感を強め，子どもが養子であることを理解するのを容易にしています。また，オープンな養子縁組が生みの親に及ぼす影響についても喪失感を低減し，現実を受け入れやすくしていることが明らかになっています。子どもが起こす児童期以後の問題行動についてもクローズな場合よりも件数が少ないとの報告もなされています（Wrobel, Ayers-Lopez, Grotevant, McRoy and Friedrick, 1996, Grotevant and McRoy, 1998）。

いくつかの縦断研究は，育て親が継続的にオープン性を維持し続けようとする熱意がこの生みの親・育て親・子どもという三者関係を良好にしていく決め手になっていることを明らかにしています（Siegel, 1993, 2003）。

しかし，現在のところこのような養子縁組が育て親，生みの親，そして，子どもにとって確定的に望ましい効果をもつものであるか検討の余地を残しています。

生殖補助技術がもたらす親子関係

血縁のある親子関係においては，子どもの身体を構成する1つひとつの細胞の核には，父親，母親から伝達された23個ずつの染色体が対となって配置されています（第5章参照）。しかし，最近の生殖補助技術の進歩は，対になる父親側（または，母親側）の23個の染色体が非配偶者のものであることによる子どもの出生を可能にしています。具体的にいえば，予め保存していた非配偶者の精子を母親の子宮内に挿入して卵子と受精させる方法や母親の卵子を一旦体外に摘出し，試験管の中で非配偶者の精子と受精させてから，母親の子宮に戻して着床させる方法などが行われています。

このような方法は不妊に悩む夫婦が子どもを迎えられる可能性を増加させて，わが国でも数万人にのぼる子どもがすでに生まれているといわれています。もちろん，夫婦の間に子どもが生まれることに変わりはなく，子どもも周囲から出自を知らされない限りは血縁のある親子関係を疑うこともありません。その

意味では,「新しい家族」に含めてこの章で論ずるのはやや見当違いかもしれません。

しかし,これまで論じてきた里親・里子,養子縁組による親子がいずれも血縁を越えて社会的に形成されている親子であると位置づけるならば,生殖補助技術によって形成された親子も社会的に形成されている親子ということができます。自分がこの生殖補助技術によって生まれた子どもであることをたまたまの機会に知り,親がなぜ今までそのことを自分に伝えてくれなかったのかに深い困惑感を感じているとともに"自分"がこの世の中に生き続けていることの不透明感に悩んでいる2人の青年の話を筆者は2日にわたって聞いたことがありますが,ここにも新しい家族が当面している大きな問題が存在しているといえます。

(古澤賴雄)

図や表・引用の出典

御園生直美　2001　里親の親意識の形成過程　白百合女子大学発達臨床センター紀要　第5号　37-48

家庭養護促進協会　2000　親子になろう！：あたらしいふれあい　第3編　晃洋書房

Daly, K. 1990 Infertility resolution and adoption readiness. *Families in Society : The Journal of Contemporary Human Services*, **71**, 483-492.

Miall, C. 1987 The stigma of adoptive parent status : Perceptions of community attitudes toward adoption and the experience of informal social sanctioning. *Journal of Applied Family and Child Studies*, **36**, 34-39.

古澤賴雄・富田庸子・鈴木乙史・横田和子・星野寛美　1997　養子・養親・生みの親関係に関する基礎的研究—開放的養子縁組（Open Adoption）によって子どもを迎えた父母—　安田生命社会事業団研究助成論文集, 33, 134-143

富田庸子・古澤賴雄　2004　Open Adoption 家族における育て親の態度：子ども・子育て観と夫婦関係　中京大学心理学研究科・心理学部紀要　3(2)　37-51

Grotevant, H., McRoy, R., Elde, C. and Fravel, D. 1994 Adoptive family system dynamics : Variations by level of openness in the adoption. *Family Process*, **33**, 125-146.

Wrobel, G., Ayers-Lopez, S., Grotevant, H., McRoy, R. and Friedrick, M. 1996 Openness in adoption and the level of child participation. *Child Development*, **67**, 2358-2374.

Grotevant, H. and McRoy, R. 1998 *Openness in adoption : Connecting families of birth and adoption*. Sage.

Siegel, D. 1993 Open adoption of infants : Adoptive parents' perceptions of advantages and disadvantages. *Social Work*, **38**, 15-23.

Siegel, D. 2003 Open adoption of Infants : Adoptive parents' Feelings Seven Years Later. *Social Work*, **48**, 409-419.

さらに知りたい人のために

シャファー, H. 無藤 隆・佐藤恵理子訳 2001 子どもの養育に心理学がいえること：発達と家族環境 新曜社

柏木惠子 2003 家族心理学 東京大学出版会

PICK UP

実親は養子縁組をどう見ているか

わが国では親子関係を血縁を暗黙の前提として考えます。血縁家族の両親を対象にした調査によると，図に示すように，血縁のない子どもを育てる親をすばらしいと賛美するものの，自分には養子を育てる意思は全くないこと，そもそも日本人は養子を受け入れることに積極性がなく，養子として成長する子どもも社会的に受け入れられないという判断が強く現れています。

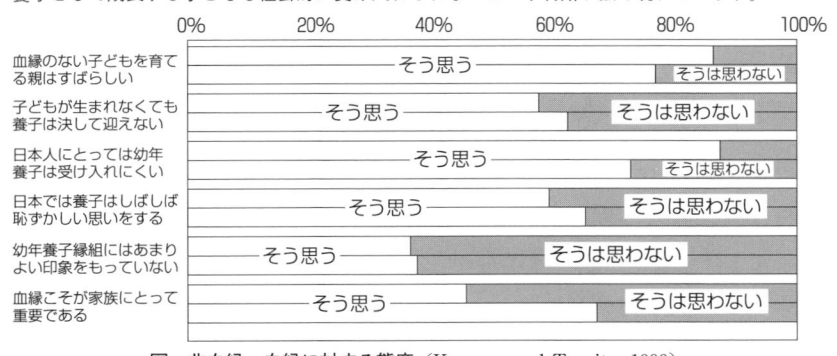

図 非血縁・血縁に対する態度 （Kosawa and Tomita, 1999）

(上段：母親／下段：父親)

参考文献：Kosawa, Y. and Tomita, Y. 1999 Biological parents' attitudes toward adoption and alternative fertilization techniques Science Reports of Tokyo Woman's Christian University Vol. 50 No. 3 1623-1631.

歴史・社会・文化のなかの人間発達 II

8 親となること
養護性の発達と親の人格発達

子どもの誕生と親役割

　子どもの誕生といえば，親にかわいがられ育てられて成長する子どもの姿をすぐ思い浮かべるでしょう。ここでは，その子どもよりも育てる側の，親であること，親になることの心理を考えます。普通，あまり取り上げられない父親にも焦点を当てたいと思います。

　子どもが生まれると，夫と妻は父親，母親となり，お母さん，お父さんと呼ばれるようになります。確かに，2人とも子どもの親になったのですが，その役割を果たすのは呼び名が変わるほど簡単なことではありません。まず，そこには家族の役割構造の変化が生じます。その変化の仕方は，欧米と日本とでは少し違い，それによって親の心理も違ってきます。

　欧米では，それまでの夫と妻という夫婦役割に，父親・母親という親役割が追加される形です。つまり，2つの役割を平行してもつことになります。そして，2つのうち親子関係よりも夫婦関係（パートナーシップ）のほうが強く，子どもはおとな（親）とは別な立場，上下の関係で，おとなとは別な処遇を受けることになります。これに対して日本では，子どもが生まれるとそれまでの夫妻の関係は後退して，親子関係の方が中心となります。しかも，親役割をとるのはほとんど母親で，父親は名ばかりでこちらは職業の方に比重を置くようになります。つまり，妻は母親として子どもとの生活，夫は職業人の生活へと，性別分業の生活となり，夫婦単位の生活，パートナーシップは希薄になるのです。

　このことは，就寝パターンや家族内呼称に端的に現われています。日本では

―― Key word ――

親役割，虐待，養護性，親となること，父親不在

学齢前の子どもは母親との同室就寝が普通ですし，父親は別室に移ることも稀ではありません。子どもは幼少時から親とは別室，夫婦はかならず同室という欧米とはずいぶん違います。また，結婚当初は，夫と妻はお互いをその名前や2人称（あなた，きみなど）で呼び合っていたのが，子どもが誕生したあとは"パパ""ママ""お母さん"といった，親としての呼称が圧倒的に多くなります。これが，子どもがいないときでも，さらにはもう子どもは巣立っていなくなったあとも続いている例は，よく見聞することでしょう。

妊娠・出産期の夫と妻の感情

　家族の役割構造の違いは，22章でみるしつけ文化を背景にしているのですが，これは夫婦間のまた父母の子どもへの感情を規定してゆくことになります。妻の妊娠は夫婦双方の心理に微妙な違いをみせて影響しますが，ここにも文化的な違いがあるようです。

　妊娠を知ったときから誕生後3カ月までの期間，夫は興奮・高揚から不安・孤立・無力まで情緒的に大きな揺れがあるということです（図8-1）。これはアメリカ人のデータですから，前述したようにアメリカでは夫と父親2つの役割を担うことになる役割拡張という課題のためでもあるでしょう。「子供をもつと

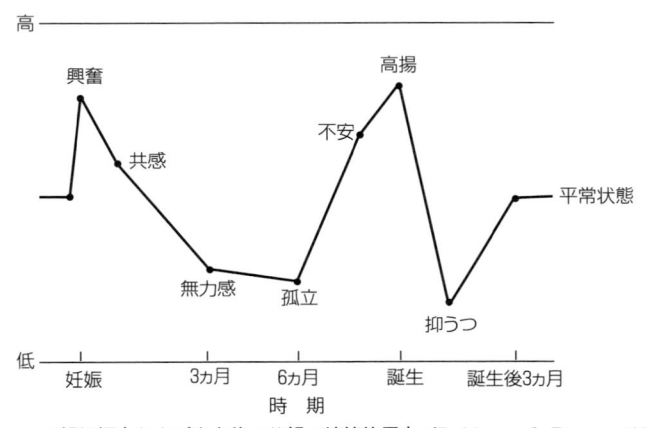

図 8-1　母親妊娠中および出産後の父親の情緒的反応（Robinson & Barret, 1986）

夫婦に何が起こるか」という本でも，アメリカでは子どもの誕生は一時的に夫婦間の絆や愛情を抱かせます。

　こうしたことは日本では必ずしも当てはまりません。親役割は主に妻で自分は職業へ，という日本の夫の場合には，子どもの誕生によるこれほどの動揺はないようです。夫は"しっかり妻子のために働くぞ"となり，妻のほうにも，以前より夫に親しみを感じるものの，子どものほうが夫より大切になった，夫への関心がなくなった，という気持ちも少なからずの人が抱くという日本の夫と妻についての研究報告があります。夫は職業に，妻は子どもとの関係を強め母親業にと，それぞれ専念するかたちで，安定した分業体制ができるからでしょう。「男はしごと，女は家」という規範，その結果として，母子の関係が強い日本の家族のしつけの文化的な特徴が反映されています。

　こうした文化による違いのほか，その妊娠が望んでのことか否かで，夫と妻の感情や妊娠によって生じる心身の不調や不便の受けとめ方が違うことはいうまでもありません。最初の受容的な気持ちは，のちのちの子どもへの愛情や関わり方にもつながってゆきます。この意味で，妊娠・出産の自己決定はきわめて重要で，少なくない"できちゃった"子のゆくえは虐待や育児放棄の温床となる危機を孕み，憂慮されるところです。

父親と母親は違うのか？

　父親は，9カ月もの期間，体内で子を育んできた，また授乳する母親とは決定的に違う，どうやっても母親にはかなわない，とよくいわれます。では，子どもとの関わり方は実際，どうなのでしょうか。心理学では長いこと親子研究＝母子研究だったのですが，"父親不在"の問題，父子家庭の増加，母親就労にともなう父親の育児参加など現実的状況に迫られて，父親研究がここ十数年前からようやく活発になってきました。そのなかで父親と母親の比較研究は，母親は授乳・衣服交換など養護が中心で，高い音声であやしたり笑うことが多いのが特徴，父親は遊び，それも体を使ったり活発な運動をともなって遊ぶことが多い，という差を見出しています。これは，身近かなケースにもよくみら

れるところでしょう。

母性・父性から養護性へ

　ところでこのような父母間の差は，絶対的なものなのでしょうか。男女という生物学的な差，つまり産む性か否かによる決定的な違いなのでしょうか。どうもそうではないようです。父子家庭はもちろんのこと，一般の家庭でも父親の育児参加が日本よりずっと多いアメリカでは，育児の主な担当者が（母親ではなく）父親である場合が少なくありません。そのような一次的養育者（主な養育担当者）となった父親と二次的養育役割をしている父親とが，子どもとどう関わるかを母親（一次的養育者）と比較した研究があります。それによりますと，父親も一次的な養育責任を負う立場におかれると，そうではないときとは違って母親に近い話しかけやあやし方をするようになっています（図8-2）。

　立場で変化するのは行動面ばかりではありません。子どもへの感情も，育児によく参加する父親は母親と類似したものになります。子どもの世話をしない父親ほど，子どもは自分の分身だという観念的な思いが強く，実際の育児をする父親ではそうした分身感は薄れるのです（図8-3）。

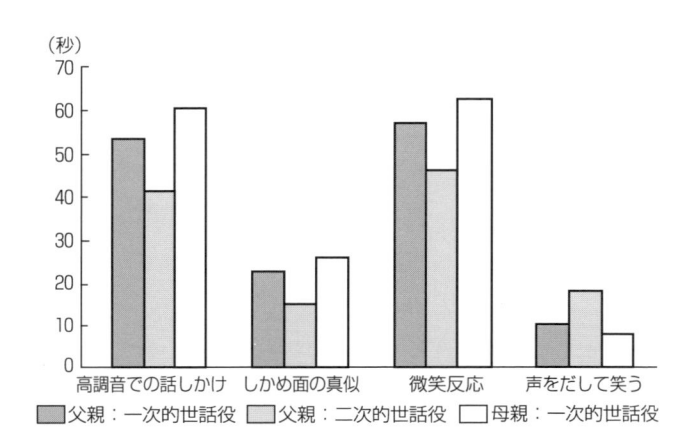

図8-2　父親の役割の違いによる関わり様式の差異（Field, 1978よりグラフ化）

II 歴史・社会・文化のなかの人間発達

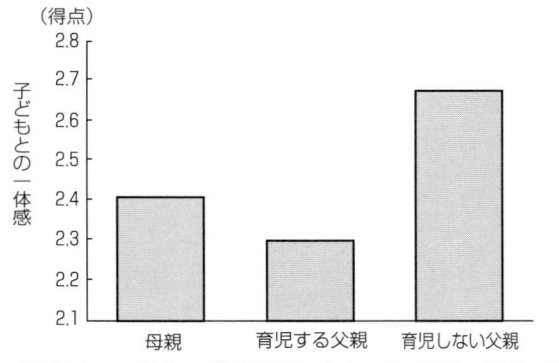

図8-3 子どもとの一体感——育児する父, しない父. (柏木・若松, 1994)

養護性の発達

このように, 子どもへの感情も行動も, 父親(男性)だから母親(女性, 産む性)だからと性別で決まっているものではありません。女性には本能として母性愛があるという言説は誤りです。子どもへの気持ちも育てる力も, 置かれた立場, 子どもとの具体的な生活, 育児の営みのなかで, 育まれ規定されるものであるといえましょう。このことから, 母性, 父性ということばに代わって, 親性さらに養護性(＝幼いもの, か弱いものを慈しみ育てる心と行動)という用語・概念が, 今日では広く用いられるようになってきています。

"厳父, 慈母"(父親は厳しく母親はやさしく)ということばがあり, 日本ではこれをよしとするものが多いのですが, アメリカではこれが理想とは考えません。父親の育児参加が多いアメリカの体験に基づいた実感なのでしょう。何であれ, 日本では性別で役割を区別して考える傾向が強いのですが, 親の場合にもっとも鮮明になり, 今もって"母の手"が最善とされる風潮は前述の事実に照らしても再考されるべきことでしょう。

幼児は男女児ともまったく変わりなく赤ちゃんに強い興味を示し, 赤ちゃんの相手や世話をしたがります。つまり養護の心に性差はないのです。それが長じるに従って, 女児には赤ちゃんへの関心が奨励されたり赤ちゃんの相手をする機会があるのに, 男児だと"男の子なのに赤ちゃん好き"といわれたり赤ち

表 8-1　子どもを生み育てる意識（牧野・中原, 1990）

	種族保存・繁栄	時代を担う世代	自分の成長	生きがい	人間・親の務め	その他	合計
父親	14.7	19.0	19.0	17.8	12.9	16.6	100.0
母親	5.5	11.7	39.3	24.5	8.6	10.4	100.0

表 8-2　親となることによる成長・発達（柏木・若松, 1994）

	例
柔軟性	考え方が柔軟になった 他人に対して寛大になった いろいろな角度から物事を見るようになった
自己抑制	他人の迷惑にならないように心がけるようになった 自分のほしいものなどが我慢できるようになった 自分の分をわきまえるようになった
視野の広がり	環境問題（大気汚染・食品公害など）に関心が増した 児童福祉や教育問題に関心をもつようになった 日本や世界の将来について関心が増した
運命と信仰の受容	人間の力を越えたものがあることを信じるようになった 信仰や宗教が身近になった 物事を運命だと受け入れるようになった
生きがい	生きている張りが増した 自分がなくてはならない存在だと思うようになった
自己の強さ	多少他の人と摩擦があっても自分の主義は通すようになった 自分の立場や考えはちゃんと主張しなければと思うようになった

ゃんの相手をする機会も男児にはなくなる，つまり1種の性的社会化がされるようになります．この性別による評価の違いや経験の多少が，概して女の子のほうに子ども好きな人，養護的な人が多い現実の背景です．大学生の子ども好きかどうかの違いは，男女間の差以上に，それまで子どもと遊んだり世話をした経験があるかどうかによっているという調査データもあります．これも，養護性が生物学的な性によらず，子どもとの経験のなかで育つものであることを物語っています．

「親となる」ことによるおとなの人格発達

親となり子どもと関わり育児することは、子どもへの愛情や子育てのスキルが育つばかりではありません。子どもを育てる意味を尋ねると、日本人は「自分が成長する」を大きく認めています。つまり育児は育自とみているのです（表8-1）。アメリカ、フランスなどでは高い「子育ては楽しい」が、日本では低いのは問題ですが……。

では、親は一体どのようなことをもって育児＝育自とみているのでしょうか。自分が親になる前と後とをくらべてどのような点で変化したかを回答したものを分析しますと、それは人格上の変化・成長といえるものです（表8-2）。

親として子どもと関わり育児をすることは、楽しみもあるが心身の苦労も少なくありません。「子育ては楽しい」とばかりはいえないのは確かです。子どものためと一生懸命努力したことや計画したことがただちにむくわれるとは限らず、それが徒労であることも少なくありません。しかもまったなしの要求に迫られて何とか対応しなければならないなど、職業や勉強とは違うなにかゴチャゴチャ、ベトベトしたもの。さらに、親のそれまでもってきた価値や生き方が根本的に揺さぶられるような問題を、子どもからつきつけられもします。育児や子どもがこのようなものであるからこそ、その経験をつぶさに体験することによって親は鍛えられ人間として育てられるのでしょう。

障害児の親たちが、健常児の親たち以上に精神的に強靭であると同時に、寛容で暖かな心、視野の広さと柔軟さとをもっていることに強く印象づけられることが少なくありません。予期しなかった子どもの障害に際し絶望や逃避しようとする初期の状態から、次第に子どもをありのままに受容してゆく、そして直面する多くの困難や課題に健常児の親とは比較にならない多大の根気、忍耐、工夫、労苦をもって立ち向かってゆかねばならない子どもとの生活が、その親たちを鍛え育てることになっていることを物語っています。

（柏木惠子）

図や表・引用の出典

ベルスキー，J. and ケリー，J（著）　安次嶺佳子（訳）　1995　子供をもつと夫婦に何が起こるか　草思社

Field, T.　1978　Interaction behaviors of primary versus secondary caretaker fathers. *Developmental Psychology*, **14**, 183-184.

柏木惠子・若松素子　1994　「親となる」ことによる人格発達：生涯発達的視点から親を研究する試み　発達心理学研究　**5**　72-83

牧野暢男・中原由里子　1990　子育てにともなう親の意識の形成と変容：調査研究　家庭教育研究所紀要　**12**　11-19

Robinson, B. E., and Barret, R, L.　1986　*The developing gather : Emerging roles in contemporary society*. The Guilford Press.

さらに知りたい人のために

土堤内昭雄　2004　父親が子育てに出会う時　筒井書房
舩橋惠子　1994　赤ちゃんを産むということ　NHKブックス
柏木惠子　2003　家族心理学　東京大学出版会
村上英治（監修）　1994　"いのち"ふれあう刻を：重度心身障害児との心理臨床　川島書店
大江健三郎（文）・大江ゆかり（絵）　1995　恢復する家族　講談社

PICK UP
親となること：3つの自分

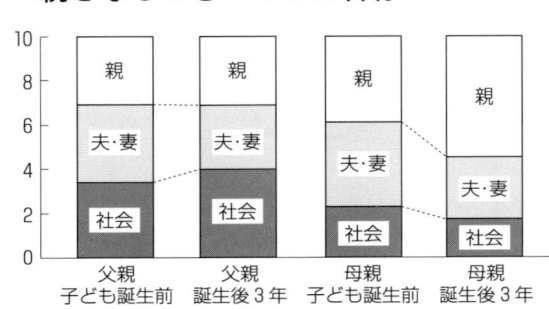

親となることは，自分の中に親役割を新たに担うことです。初めての子どもが生まれる前と誕生後3年で父親，母親の意識の変化を社会にかかわる自分，家庭にかかわる自分（夫・妻），親としての自分にどのような重みを持っているかを比較したところ，男性は職業（社会）へ，女性は親業へ移行している様相がみられます。（小野寺敦子・柏木惠子　1997　発達研究12）

Ⅱ 歴史・社会・文化のなかの人間発達

9 話せるようになること

　ことばを話すことは人間を特徴づける機能の1つです。人間は進化の過程を経て喉の周囲，いわゆる咽頭部が広く形成されるという骨格の構造を獲得しました（図9-1）。そのおかげで声帯の振動を共鳴させ，微妙にコントロールして自由に発声することが可能となり，話す機能を手に入れることができました。ここでは話せるようになる道筋と，ことばを話すということの意味について考えてみたいと思います。

ことばに開かれている人間

　人間がことばを話し始めるのはおよそ1歳6カ月ごろです。その後幼児期を

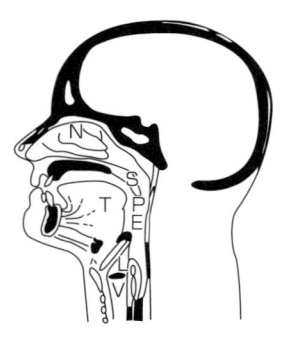

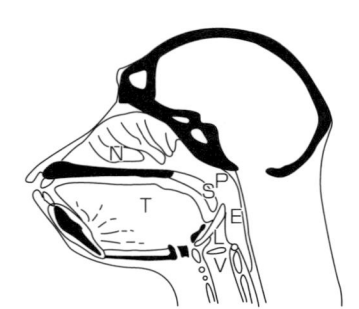

ヒトののどの横断面　　　チンパンジーののどの横断面
S：軟口蓋，N：鼻腔，P：咽頭，L：咽頭の喉頭への開口，E：喉頭蓋，
T：舌，V：声帯
図9-1　成人のヒトとチンパンジーの咽喉の形態（正高，1991）

―――― Key word ――――
母親語（育児語 matherese），喃語，シンボル，言語環境の貧困，普遍文法

通して話すことの発達は続き，小学校入学のころには大人と不自由なく会話を交わすことができるようになっています。とくに問題を抱えることのない限り，このプロセスは自然で，ひとりでに進むようにみえます。対照的に私たちが学校で外国語を学ぶときにはとても大きな困難に出会います。単語1つ覚えるのも，簡単な文法を正しく使えるようになるのも意識的に勉強する努力をしなければならず，同じ言語の習得なのに，どうしてこうも違うのだろうと思ってしまいます。なぜ神様は世界中同じことばを使うようにしてくださらなかったのだろう，多少の愚痴を含めての思いは生徒だけのものではないでしょう。それはともかく，学校での外国語習得に比べて母語の獲得過程は驚異的です。なぜこのように短期間で複雑な言語体系を獲得できるのでしょうか。

赤ちゃんは話されていることばのさまざまな特徴を聞き分けることに優れているようです。「ば，ば，ば」という音をスピーカーで流し続けてやりますと，赤ちゃんははじめ注意して聞いていますが，赤ちゃんの本性として次第に飽きてきます（馴化）。そこで頃合を見計らって「ば，ぱ，ぱ」という音に変えてやります。もし赤ちゃんが「ば」と「ぱ」の音韻を聞き分けることができなければ「ぱ」に変わっても相変わらず飽きているという状態が続くことでしょう。しかし聞き分けることができるのならば再び元のように注意して聞く反応が現われるはずです（脱馴化）。結果は見事に元のように注意して聞く反応に戻ってきました。したがって赤ちゃんは「ば」と「ぱ」のような微妙な音韻の違いをちゃんと聞き分けることができるということです。おとなが英語を勉強するときにはlとrの違いを聞き分けることはむずかしいのですが，赤ちゃんはそれすら聞き分けられることが同じような実験によって確かめられています。したがって赤ちゃんのもっている音韻弁別装置は全世界のどのようなことばに対しても対応することができるようなものなのでしょう。

音韻の弁別だけでなく，言語獲得には他に多くの難しい問題があります。たとえば皆さんはパソコンのワープロソフトをお使いになったことがあるでしょう。キーボードから入力されるのは句読点がない限り一続きの文字列です。ときどき変換キーを押して漢字かな混じりの文にしてみると，思わぬところで文

II 歴史・社会・文化のなかの人間発達

節が切られて,変な漢字やことばが出てきて,驚いたり笑ってしまったりという経験があるかと思います。赤ちゃんが聞くのは,この状況をさらにはなはだしくしたようなもので,周囲に洪水のようにあふれている言語音から意味のあることばを切り出してこなければならないのです。コンピュータならばあらかじめ辞書を記憶させておくこともできますが,赤ちゃんはそれすら自分でやらなければならないのです。いかに大変なことか,想像するに余りあるとはこのことです。

もう少し赤ちゃんの観察をみながら,言語獲得の様子をみてみることにしましょう。生まれつきことばに対して開かれている人間はまず周囲で交わされることばを聞くことからはじめます。その際に自分に向けられたことばからは自分とは関係なく交わされていることばからよりも多くの果実をもたらすことと推測されます。さらに一方的に自分に対してのことばかけを待ち受けているという受動的なあり方ではなく,赤ちゃんはたとえば抱いてくれているおとなに対して顔を注視したり,微笑することによって,自然におとなに話しかけさせるという相互交渉を導くような行動を行います。つまり赤ちゃんといえどもおとなと相互交渉をすることにおいて能動的な役割を果たすことができるということなのです。生後数時間の子どもでもおとなの話しかけに反応して,おとなの話すことばの語,音節,音素などの切れ目に同期するような身体行動をみせることが観察されています（第2章参照）。

ではおとなの側はというと,皆さんは母親語（育児語：motherese）ということばを聞いたことがあるでしょうか。おとなが赤ちゃんに話しかけるとき,特有の音の高さとイントネーションをもった話しかけ方をすることを指しています。ある観察によると,親が赤ちゃんに話しかけて反応がないと,2度3度と繰り返し話しかけますが,そのとき,母親語を用いる傾向が強まり,しかも同じことばを繰り返し繰り返し,大げさに抑揚をつけて話しかけます。しかもこのような話しかけは,自然に引き出されてくるのです（図9-2）。

数カ月を経てそのような能動的な働きかけには,喃語と呼ばれることばのような発声によってあたかもおとなに話しかけるような行動を起こすことも加わ

9　話せるようになること

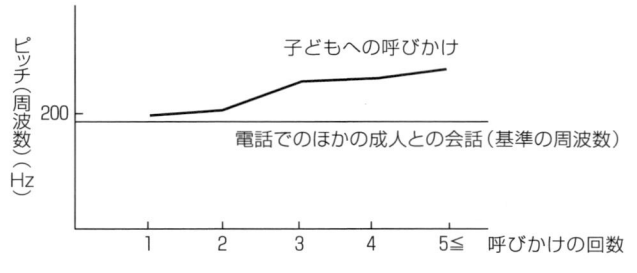

図9-2　母親の子どもへの呼びかけにおけるピッチの変化（正高，1991）

るようになります。喃語には複数の母音の音節を繰り返すものと母音と子音からなる複数の音節を繰り返し発するものとがあり，後者は基準喃語と呼ばれ，6カ月齢ころに現われます。同時に，それまでは1人で喃語を発して遊んでいるようにみえる場合が多いのに対して，それ以後は明らかに他者に対してコミュニケーションを図っているような発声が増えていきます。さらに，日本語ではないのだけれども日本語のイントネーションにそっくりの発声が聞かれるようになり，特定の状況・相手に対して特定の発声が現われるようになります。もはやこの状態になれば初語を待つばかりの状態といえるでしょう。

シンボルとしてのことば

　ことばはシンボルです。ものの名前を表わすことばを例にとると，たとえば「ほ」「ん」という2つの音を連ねて「ほん」ということばになり，本というものを表わしていることはことばを話すものなら皆知っています。しかしこのことを人間は生まれながらに知っているわけではありません。「ほん」という音は「ぶっく」という音でもよかったはずで，その意味で「ほん」がもともと本を表わすように仕向けられているということはないはずです。

　では意味されるところのものを意味するところのことばでもって表わすという関係がシンボルとしてのことばの本質なのだという概念についてはどうでしょうか。このことについて，まだことばが話せない子どもに木を指して「あれが木だよ」と教えようとしたときの経験を思い出します。その子は不思議そう

に指先を見るばかりでした。このときは指の先に直にものがあったわけではなく，人差し指の指し示す延長線上にそのものがあり，視線がその方向を見ていたということでいっそう複雑な状況となり，その子が理解できなかったのは当然といえば当然です。しかし私は教えたのにうまくいかなくてがっかりするどころか，何か妙に感心させられてしまいました。「き」ということばが発せられたとき指の先を，けげんそうにではありますが，じっと見ていたことは，発せられた音と，指ではありましたがものとを対応づけようとでもするかのような態度を示していると思われたからです。もちろん動いていた人差し指に注意が向けられただけという可能性も否定できませんが，3歳児で1つのものには1つの名前しかないという語彙獲得の制約があるという研究もあり，なにか意味あることに思えたのです。考えてみれば，ことばによってものを表わすとき，そのものはその場にある必要はないわけですし，抽象的なものになれば，もともと具体的なものを示してそのことを説明することもできないわけですから，ことばに習熟していくに従って，直接的な，ものとの関係はどんどん薄くなるのです。そのような意味するものとしてのことばと意味されるものとの関係の端緒がこの子どもの反応に含まれているように感じられたのです。

　まだことばが話せない段階でもことばのシンボルとしての意味を理解しているような行動はいくつもみられます。おとなの言いつけどおり行動したりおとなが頼んだものを持ってきたり，おとなを引っ張っていって指さしによってなにかを伝えたりといったようにです。この段階ではことばを自ら発するには至りませんが，聞くという点ではかなりことばを獲得しつつあるといえそうです。

ことばによる表現

　そしていよいよはじめてのことばを話します。もちろん急に正確な発音としてことばが話されるということではなく，発せられる音声のなかにおとなの側でことばを聞き分けるという色合いが強いと思いますが。
　ことばが話せるようになることはコミュニケーションのあり方が根本的に変わるということです。おとなの言うことは話す以前から理解することができる

わけですから，きわめて不完全ながら，ことばによっておとなの意思を伝えることはできます。しかし，子どもの意思は非言語的なコミュニケーションの範囲では言語的なものにくらべてひどく限定されたことしか伝えられません。それが，子どもが話しはじめることによって状況は一変します。非言語的な意思疎通に加えて言語による意思疎通ができるようになるからです。

　初語を話した子どもの言語発達は以後めざましい勢いで進みます。第3章でもふれたとおり，たとえば語彙の増加は驚異的に進みます。が，発達途上でまだ語彙が獲得されていないことばに対しても表現する必要がある場合は子どもなりの工夫が見られます。とくに1語文の時代にです。この場合よく見られるやり方は，4本足の動物をすべて「わんわん」で呼ぶ子どもの例にみられるように，語を本来の意味からかなり拡大して汎用的に用いるというものです。語彙の増加とともにこのような現象は消えていきますが，カテゴリーの違いにこだわるより，少ない語彙をカバーする方略と考えれば，幼児とはいえ侮れないものです。

　2歳ぐらいになるとそれまでの1語文から2語文を話すようになります。2語文はただ単語をつなげて言うようになるのではなく，ことばの構造からいえば文法的な構造が現われることになり，質的に大きく飛躍すると考えられます。たとえば「パパ，かいしゃ」という文には，「パパ」という主体が「かいしゃ」という目的地へ行ったという意味がこめられており，単に「パパ」と「かいしゃ」という名詞が並んでいるのではありません。また名詞や動詞といった品詞も分化していきます。このことは，ことばの文法構造が複雑になるだけではなく，当然物事を名前や動きなどに分節化する仕方も複雑になることをも意味しているわけです。したがって，外界のとらえ方を含めての大きな変化ということができそうです（第16章）。

　3歳ぐらいでさらに複雑なさまざまな構造が現われ，4歳後半から5歳ぐらいで，もはや日常的な事柄であれば，言語を介しておとなとコミュニケーションする上で不便はないといってよいでしょう。もちろんこの先も話すことは変化し続けます。相手と直接向き合って話す場面だけでなく，教室の中で意見を

発表するとか講堂で生徒会の選挙の演説をするとか結婚式のスピーチをするとか，いろいろな場面で話す行動を身につけていきます。また話すことは場面だけでなく相手との関係によっても変わってきます。目上の人に対する尊敬や謙譲の表現，若い人や子どもに対する親しみの表現，幼児に対することばづかいなど，経験やことばの環境に応じて幅広くことばに関する知識を身につけていくのです。

言語環境の貧困

　話しことばの発達についてごく簡単にみてきました。ここでもう一度人間はなぜ話すことができるようになるのかについて考えてみます。先に音韻弁別装置という言い方をしましたが，それを含めて，人間は生まれながらに言語獲得装置をもっているのだと主張したのはノーム・チョムスキーという言語学者です。その意味で言語能力は生得的に備わったものと考えられているのです。彼らが提起する問題は次のようなものです。母語は生後短期間のうちに獲得されます。その間に接することのできる言語環境はごく限られたものに過ぎません。まして赤ちゃんのときのように，意味のわからない音声が頭の上を飛び交っている状況から有用な情報が得られるとしてもごく限られたものに過ぎないでしょう。逆に生まれ育った言語環境は人それぞれで，家族間のコミュニケーションのスタイルもまちまちなものともいえます。あいまいな言い方や文法的に間違った言い回しも少なくありません。このような言語環境の貧困という現実があるにもかかわらず，獲得された言語の語彙や文法，また語用法は日本語なら日本語でかなり高度に複雑なものになっており，個人間での変異も大きくはありません。これを説明する鍵は生得説です。チョムスキーは生成文法という立場に立ち，人間は「普遍文法」をもって生まれてくるのだと主張しました。それが個別の言語環境，たとえば日本語の環境に入ることによって，日本語文法を獲得することができるのだとするのです。

　ここでいう文法とはどのようなものか，英語や国語の時間に習う文法のイメージを少し豊かにしてみたいと思います。たとえば次の文例AとBはミッキー

とドナルドの2人の人物のみが登場するお話の1部だとします（大津，1987）。

A　When he caught cold, Donald took some medicine.

B　He took some medicine when Donald caught cold.

　出てくる単語はA，Bともに同じです。でもそれぞれの文が意味する内容についてはどうでしょうか。たとえば he はなにを指すでしょうか。一読して思い浮かぶのは，Aの場合にはドナルド，Bの場合にはミッキーでしょう。そしてBの場合，意味が通じなくてちょっとおかしいと感じるのではないでしょうか。もちろんありえないことではありませんが。念のためにもう1組例をあげましょう。

A　When he got hungry, Donald ate doughnuts.

B　He ate doughnuts when Donald got hungry.

　同じようにBの方はなにかおかしい感じがします。語の順序が入れ換わるとその意味するところも変わってしまうのです。それは私たちの文の理解が文法にしたがっているからということによります。

　チョムスキーの生成文法の考え方によれば，「普遍文法」が内的な制約となって，少ない情報からでも正しい文法を身につけることができるというのです。母語の獲得は，実際に発話された文を模倣したり正しく発話された文が強化されるというやり方ではなく，普遍文法をもとに，母国語の個別文法としての特徴を当てはめていくというようなやり方でなされるのだと説明されています。

　英語の例ばかりで恐縮ですが，came, went, ateといった不規則動詞に対しても規則動詞の過去形と同じようにcomed, goed, eatedなどといった「間違った」変化をさせてしまうところにそれが現われています。これらのような表現は子どもの周囲ではめったに聞かれないわけですから，獲得した過去形に関するルールを，過度にではありますが，一般的に当てはめていこうとする普遍的な傾向の現われと解釈されます。

　だからといって子どもの経験および経験を与える環境を無視するわけにはいきません。「普遍文法」はそのまま母国語の文法というわけではありません。母国語の環境のなかで言語的な経験をすることはことばの獲得において不可欠で

す。また教室での発表やスピーチにおける話し方など，成長して後の言語的活動は経験や環境によるところが大きいといえましょう。言語的な環境を剝奪された野生児や遺棄児の例（第4章参照）もこの点に関して大きな示唆を与えています。

（宮下孝広）

図や表・引用の出典

正高信男　1991　ことばの誕生　紀伊國屋書店
大津由紀雄（編）　1987　ことばからみた心：生成文法と認知科学　東京大学出版会

さらに知りたい人のために

麻生　武　1992　身ぶりからことばへ：赤ちゃんに見る私たちの起源　新曜社
藤永　保　2001　ことばはどこで育つか　大修館書店
小林春美・佐々木正人（編著）　1997　子どもたちの言語獲得　大修館書店
やまだようこ　1987　ことばの前のことば：ことばが生まれるすじみちI　新曜社

PICK UP

		習得時期の早い子	習得時期の遅い子
	読字開始	3歳0カ月	3歳6カ月
	書字開始	3歳0カ月	4歳10カ月
年長組2月	文字作文	5文　110字	ほとんど書けない
	書字速度	1字あたり2.1秒	1字あたり10.2秒
	作文の書き方	黙ってスラスラ	1字ずつ声を出して
1年生9月	文字作文	5文　170字	6文　140字
	書字速度	1字あたり2.4秒	1字あたり2.1秒
	作文の書き方	黙ってスラスラ	黙ってスラスラ

読み書きの個人差

（内田伸子　1989　物語ることから文字作文へ　読書科学　**33**, 1, 10-24）

先行逃げきりはできるのか？
早期教育の可能性

幼稚園年長組の時点で，読み書きの早かった子と遅かった子のその後の追跡調査報告がありますが，小学校1年生9月になると差はなくなっていました。テクニックとしての「学習」の差は，わずかな月日で解消されてしまうのです。知識や技能を先取りすることより，その時期にしかできない経験を豊かにすることが大切だということでしょうか。

II 歴史・社会・文化のなかの人間発達

10 読み書きできるようになること

読み書きできることの意味

　現代の日本人のおとなは特別な事情がない限りほとんどすべての人が文字を読んだり書いたりすることができます。文字を習うのは学校でということですが，最近では小学校に入学する以前に平仮名の読み書きができることは珍しくなくなりました。このようなことから，文字の読み書きは誰でも大きくなればできる当たり前のこと，という感覚すらあるのではないでしょうか。しかしユネスコの統計（ユネスコ編，1998）によれば，1995年時点における2005年の推定成人識字率は，世界全体で81.4％（男性86.7％，女性76.1％），もっとも低い南アジア地域で57.2％（男性68.8％，女性44.9％）に過ぎません。世界的にみると日本のように誰でもが文字を読めるようになることは決して当たり前のことではないのです。

　時代劇や落語では長屋の八つぁんや熊さんが自分にきた手紙をご隠居に読んでもらうという場面が出てきますが，日本でもそんなに昔にさかのぼらなくても文字の読み書きができない人が少なからずいたというとこれも意外でしょうか。日本の教育の歴史をさかのぼってみると，近代的な学制が施行された以後の小学校への就学率は1890（明治23）年では48.9％にすぎません。それが1900（明治33）年には81.5％，そして1904（明治37）年にようやく97.2％になり，義務教育の体裁が整った感があります。ちなみに1890年には小学校は3〜4年，1900年には4年，1907（明治40）年の法改正でようやく6年の課程になりました。今から100年あまり前にはまだ日本人の約半数しか小学校に行かなかった状態であ

―― *Key word* ――
識字率，言葉遊び，音韻意識

Ⅱ　歴史・社会・文化のなかの人間発達

り，当然これよりもかなり多くのおとなは文字が読めなかったと考えられます。

　文字が読めないことはどんなことなのか，字が読めるのが当たり前の私たちにはあまり実感がわきませんが，たとえば外国に行ったときにそれと似た経験をすることがあります。私事で恐縮ですが，カナダのモントリオールというところに行ったときのことです。モントリオールはフランス以外でもっともフランス語が話されている大都市として有名ですが，その町の片隅のフランス語しかできない主人が経営しているベトナム料理店に入ったことがあります。こちらはたどたどしい英語しかできず，ことばが通じないために危うく追い返されそうになりましたが，ようやく入れてもらってメニューを見たところ，今度はなにが書いてあるかさっぱりわからず，適当に見当をつけて注文をするしかありませんでした。大学時代にまじめにフランス語を勉強しておけばと，後悔しきりでしたが，料理がおいしかったので今ではよい思い出です。

　日本語でも，活字に慣れた私たちが古典をひもとくと，すらすらとくずして書かれた文章だとまったく読めなくて戸惑うことも少なくありません（図10-1）。現代では稀になりましたが，達筆の手紙をいただいたときに面食らってしまうのも似たような経験かもしれません。

　文字で書いてある情報がまったく受け入れられない状態は，文字情報が氾濫

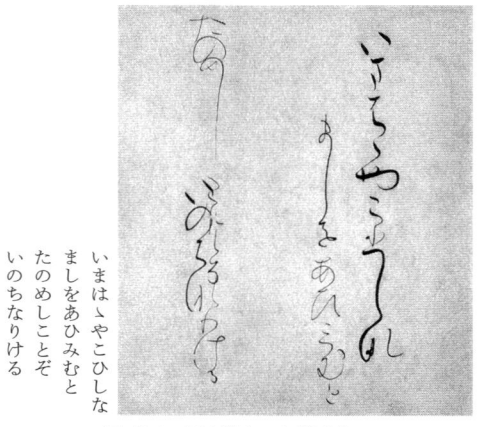

いまは〻やこひしな
ましをあひみむと
たのめしことぞ
いのちなりける

図10-1　日本語なのに読めない

する私たちの文化的状況においては大きなハンデであるといえます。文字が読めることは個人的に必要な情報が得られるという利点だけにとどまりません。話す聞くだけでは直接会うか，電話で話すなど直接コミュニケーションができる範囲でしか情報のやりとりはできません。それにくらべて文字情報は印刷された本という形態で広く普及し，時代を超えて名も知らぬさまざまな人から情報を得ることができます。最近のITの発展においては，eメールの普及やホームページによる情報の発信によって，文字によるコミュニケーションが新しい局面を迎えているといってもいいでしょう。そこでは文字だけでなくさまざまな記号や絵が自由な発想で使われ，文体も話しことばにより近いものになるなどの変化が現われています。

　また文字に書き表わすことにより，個人の情報を，時を超えて保存することができます。これは一面記憶の手段であり，人間は人間の外部に書き記された文字という高度で手軽な記憶装置をもつことによって，人間の能力を大幅に増幅していることになります。また文字に表わすことによって思考を客観化し，自分の考えたことを時間をおいて吟味することも可能になり，それによって思考がいっそう深まることもよく経験することです（第16章）。

　さらに文字で表わされた文章は現実の世界を離れ，架空の世界を表象することもできます。物語や小説は自由に人間の経験を超え，文字で表現された科学の世界は，現実に生きる私たちの想像を超えた世界の姿を垣間見せてくれます。読み書きという行動がこのように人間の可能性を大きく開いていることは，もっともっと強調されてもよいように思われます。

読み書きの発達

　読み書きの発達を考える上で子どものことば遊びが大切だといったら意外に聞こえるでしょうか。典型的なのは「しりとり」です。しりとりができるためには，ことばのはじめの音と終わりの音とを他から区別して認識する必要があります。それまでに獲得してきた話しことばでは，たとえば「りんご」は1つの言葉であり，一続きの音に過ぎなかったのが，「り」と「ん」と「ご」という

II 歴史・社会・文化のなかの人間発達

図10-2 音韻意識（音節分析）を調査する図版（天野, 1994）

音節からなることばであると理解することがその前提となります。このことを音韻意識といいます（**図10-2**）。この点で日本語は原則1音節に1つの仮名が対応するという単純な構造であるために音と文字との対応づけは比較的簡単といえましょう。もちろん「きんぎょ」のように特殊音節を含むものの理解は難しいですが、これも周囲の年長の子どもや大人に、「ぎ」「よ」だから「よ」で始まることばを次に言うのだと教えられて、これまたしりとり遊びのなかでひとりでに身につけていきます。

　このような遊びのなかで自然に書きことばに対する関心が養われていきますが、実際にひらがなが読めるようになる時期は子どもによって差が大きく、3歳代から5歳代に広がっています。特徴的なのは、何文字か読めるようになると一気に全部読めるようになることで、急激な変化が起こるといえます（**図10-3**）。

　文字が読めるようになった子どもが示す読み方はいわゆる拾い読みです。「りんご」と書いてあるのを読むときに、子どもは1つひとつの文字を「り」「ん」「ご」と読んだ後で「りんご」とつなげて発音し、「りんご」と理解するような様子を示します。この段階の子どもたちはもうことばを聞いて理解することはできるようになっているので、文字で書かれたことばを理解するのにも1度発音し、耳で聞いてから理解するという方法をとるのだと考えられます。絵本などをたどたどしく読むときもはじめはかならず声に出して読んでいるようすが

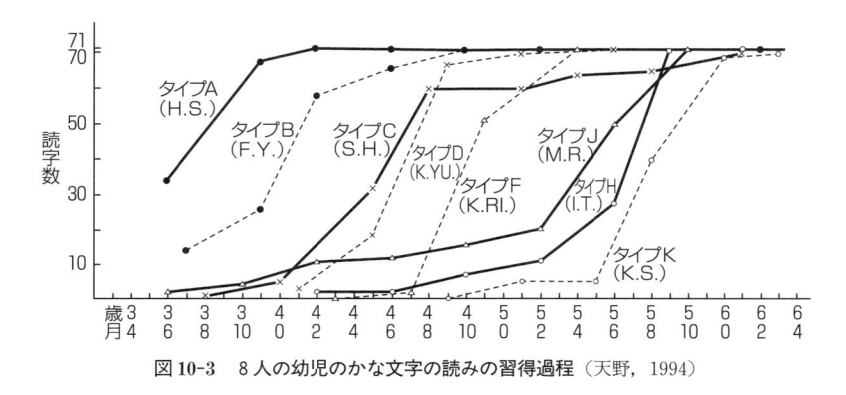

図10-3 8人の幼児のかな文字の読みの習得過程（天野，1994）

観察されます。大きくなるにしたがってだんだんといわゆる黙読ができるようになりますが，心の中で音声化している経験は誰にでもあることでしょう。他のやり方で認識している可能性は否定できませんが，認知のメカニズムにおいて処理されている言語情報が基本的に音声的であるという説もあり，1度音声化して情報を再度入力し，すでに貯えている語彙に関する情報と照合して単語を理解しているのだと考えることができます。

　次に現われてくるのが単語読み（または文節読み）です。そのためにはすでにお気づきのように，たとえばここに書いてある文章も，点や丸以外は文字が続くばかりで切れ目がありません。したがってどこからどこまでが1つの語なのかを識別しなければなりません。具体的にどうやって単語（文節）の切れ目を認識するのか確たることはいえませんが，基本的に先ほどの音声化した情報を再度入力し，すでにもっている情報と照合する方法をとっているのだろうと思われます。読みに遅れがみられる子どもたちがよくやることですが，2，3の文字を読みとってそのことばを推測したり，2，3のことばからその文の読みを推測したりすることがあります。もちろんうまくいくことも多いのですが，間違ってしまうこともあります。読みの過程で参照される情報は，ただ音韻と単語の対応が辞書のように並べられているようなものだけではありません。その語がおかれている文の文脈的情報や内容に関する情報をはじめ，その人がもっているあらゆる情報が関与する可能性があります。このような助けを得ながら

すでに貯えられた情報と照合する処理がうまくいき，単語の同定と語彙の検索ができるのでしょう。

そしてこの先に，単語どうしを関連させて意味の単位を形成して文として読むようになるいわゆるセンテンス読みの段階がきます。さらにその意味の単位をより大きな単位に統合し，それが表わしている内容と自分のもっている知識とを関係づけて理解する過程があると考えられますが，これらに関する研究は人間の知識や理解の研究とも関係が深く，ここでの考察の範囲を超えてしまうと考えられます。

なお，日本語では漢字が表記に使われます。仮名は表音文字，漢字は表意文字といわれるように，異なる性質をもつ2種類の文字が文章の表記に使われていることは読む過程に複雑さを加えます。漢字の読みには単純な規則はないといえましょう。とくに訓読みにはまったくといっていいくらい規則性がありません。したがって漢字の読み書きには多くの時間と努力を要します。しかし漢字仮名混じりで書かれた文章を読むのは，仮名ばかりで書かれた文章よりもやさしいという経験は誰でもおもちでしょう。慣れの問題もあるのでしょうが，単語の切れ目を知る上で漢字が一定の役割を果たしているのかもしれません。また漢字の読みは構成要素の認識と組み合わせによっており，仮名のパターン認知と基本的に同様と考えられますが，漢字の成り立ちには意味があり，読めない字もある程度は意味が推測できるという利点もしばしば経験します。したがって構成要素が意味をもつことが読みの過程に影響をもつと推測するのは不思議なことではないと思われます。

読むこと≠書くこと

これまで読みの過程のことを主に考えてきましたが，書くことの学習は小学校に入学した後，長い時間をかけて続けられます。書けるようになったら読むのは当然できるはずだと思い込んでいる人も多いでしょう。しかし，発達に問題を抱える子どものなかには，読めても書けない，書けても読めないという例がみられます。私が出会った小学校高学年の女児は，文章を書くことはある程

度できました．漢字仮名混じりで，内容的には幼さが残るとはいえ，作文を書くことはそんなに苦にしませんでした．しかし，その場で書いた自分の作文を声に出して読んでもらおうとすると，とたんに読めなくなるのです．1つひとつの文字を拾うようにして発音し，単語として読み直すという，上に述べたような行動を示します．なにが書いてあったか聞いても音読するのに精いっぱいで，とてもそんなところにまで気が回らないという様子でした．自分で書いた文章ならば内容の記憶が読みを改善しそうなものなのですが，そんな様子もみられませんでした．この事例は読みと書きが表裏一体の関係にはないことを深く認識させますし，読み書きの過程にはさまざまな基礎的な認知や記憶の過程が関与し，それらを高度に統合してはじめてできるのだということを考えさせます．難なくできる行動がじつはその背後にとてつもなく複雑な過程があるのだということです．

　さて，読み書きの教育は主に学校でなされます．学校で読む文章が個別的な状況に関わるものでなく，一般的・抽象的な価値をもつものとされていることは，そのような知識の形成や理解の経験を通して，個人の読み書きする文章が文脈から離れた文章になることを助長することになるでしょう．そのようなことを通して認知的な発達を方向づけることにもなるのです．　　　（宮下孝広）

図や表・引用の出典

ユネスコ（編）　1998　世界教育白書1998　東京書籍
天野　清　1994　幼児のことばと文字　岡本夏木ほか（編）　講座　幼児の生活と教育　4　岩波書店

さらに知りたい人のために

天野　清　1994　幼児のことばと文字　岡本夏木ほか（編）　講座　幼児の生活と教育　4　岩波書店
茂呂雄二　1988　なぜ人は書くのか　東京大学出版会
佐伯　胖ほか（編）　1995　言葉という絆　（シリーズ学びと文化2）　東京大学出版会
内田伸子　1990　子どもの文章：書くこと考えること　東京大学出版会

II 歴史・社会・文化のなかの人間発達

11 対人ネットワークの形成・発達
人間の絆はどう育つか

赤ちゃんの愛着の対象は？

　無力で生まれる人間の赤ちゃんは，授乳，衣服の交換など身体的な世話をしてくれる人に依存しなければ生きてゆけません。はじめのうちは，誰が世話をしても同じように満足しますが，次第に特定の人の世話を喜ぶようになっていきます。愛着の対象が焦点づけられてくるのです。

　その人は，授乳やおむつ・衣服の交換など赤ちゃんの生存に不可欠な世話をしてくれる人——母親にちがいないと思われるでしょう。ところが，かならずしもそうとは限らないのです。母親だけが授乳できる，育児専業でいるから，といって，母親が赤ちゃんの愛着の唯一の対象とはならないのです。またそれは1人とは限りません。それはどのような人でしょうか？

　赤ちゃんは空腹やおむつの濡れ，体の痛みなどを泣きやむずかり声，体の動きなどで訴えます。この赤ちゃんの信号に，タイミングよく敏感に反応する人，信号の意味を的確に解読してくれる人——〈応答性〉が重要なのです。それも人間の乳児に早くから成熟している視覚に豊富な刺激を送ってくれる人，また赤ちゃんの特性や状態に見合った刺激を与える，こうした人に，赤ちゃんの愛着は焦点づけられます。多くの母親は育児をするうちに，赤ちゃんの信号に敏感に的確に反応するようになってゆくものですが，これがうまくゆかないことも稀ではなく，母親だからできるようになるのが当たり前ではありません。

　赤ちゃんには生まれたときから個性——気質があります。外部の刺激に極度に鋭敏で，眠っていてもすぐ目覚めてしまう，すぐ泣く，いったん混乱すると

―― Key word ――
愛着，応答性，社会的ネットワーク，育児不安

なかなか収まらない赤ちゃんもいれば、眠りが深く規則的で、気分がおだやかで、泣いてもすぐなだめられる赤ちゃんもいます。このような気質の違いを考えずに、"赤ちゃんには刺激が必要、応答してやらねば、抱いてあげるのが一番"として相手をすると、あまり多くの刺激を求めない静かなタイプの赤ちゃんはかえって混乱してソッポを向いてしまいます。子どもの気質を見過ごしたばかりに、母親の熱意が、不幸にも子どもが母親との愛着を結べなくなってしまうケースは少なくないのです。

　これは、赤ちゃんが無力とはいえ無能ではないからです。自分の信号をよく読み取ってくれる人を識別し、自分の好みに見合った刺激、視覚の好奇心に訴える刺激を選ぶ点ではきわめて有能です。自分の周囲にいる人びとのなかから、そうした人をちゃんと選びます。したがって、愛着の対象はかならずしも母親ではなく、父親、祖父、保育士、5歳の兄、隣りに住む女の子、などいろいろですが、それは、赤ちゃんが適切な応答性を求め選択的に反応する力を備えているからです。

愛着の対象は1人ではない

　このことは、赤ちゃんが愛着の対象とするのは1人とは限らないことにもつながります。保育園に行っている赤ちゃんは、保育士さんに強く愛着していますが、だからといって母親には愛着を示さないとか愛着が弱いといったことはありません。朝は母親からすぐはなれて保育士さんにすっかり甘え、園の赤ちゃん仲間との生活を楽しんでいますが、母親や父親が夕方迎えに来ると飛びついて歓迎する様子はよくみられるところです。

　愛着は1人の人、それも母親への愛着からはじまる、それを基盤にほかの人びとへの愛着が派生してゆく、と考えられてきました。しかし、赤ちゃんは幼少期から周囲のいろいろな人びとに関心をもち、それぞれに異なった愛着や要求を求めて、それぞれの人と愛着関係を結んでいることが明らかになってきました。以前は、乳児は世話してくれるおとなとの関係はあっても、ほかの乳児には無関心で、一緒にいても相互交渉など生じない、とされてきました。しか

し，そうではありません。保育園の乳児室では，乳児同士，視線や声，笑いのやりとり，ほかの子のしていることの熱心な観察，模倣，など活発な交流があり，それをいきいきと楽しんでいる姿をみることができます。

家庭でも，食べさせてもらいたいのは母親，おふろは父親と入りたい，遊び相手は断然年長のきょうだいがいいという風に，複数の人にそれぞれ違ったことを求める分化した愛着関係を同時に作ってゆくのが通例です。特定個人への愛着というより，社会的なネットワークを形成しているといえましょう。たった１人にだけ愛着しているよりも相補的な支えと多様な刺激とが得られる点で，子どもにとってむしろ安定し，健全でもあるのです。

赤ちゃんの愛着は，単にその人びとからの世話・交流を喜ぶということだけではありません。安定した愛着ネットワークをもっていると，赤ちゃんは新しく出会う人びとや新しい経験に積極的・冒険的に関わることができます。その結果子どもは世界を広げ，力をつけることになります。対人場面であれ知的課題であれ，出会ったことのない課題に挑戦しようとするとき，愛着の対象は子どもの心理的なよりどころ＝安全の基地となる，その意味で重要なのです。

文化によって違う愛着の発達

ところで，母親に対していつごろどのような愛着を示すかを，ストレンジ・シチュエーション実験で検討した研究が内外で数多くなされています（**図11-1**）。

この場面で観察測定された結果には，かなりの文化差がみられます。**表11-1**は，アメリカ，ドイツ，日本の満１歳の子どもの愛着タイプを３つに分類した結果です。

日本の特徴は，母親に無関心あるいは回避的な子ども（A）がもっとも少なく，逆に母親に強い安定した愛着を示すタイプ（B）がもっとも多い，しかし，強い愛着はあるが母親の不在を経験するとその不安から回復できない両価値的タイプ（C）も少なくないことです。他の２国にくらべると，概して母親との愛着が強いといえましょう。ここから，欧米の赤ちゃんと母親との関係は冷たい，どうもしっくりいっていないケースが多いという印象を受けるかもしれません。

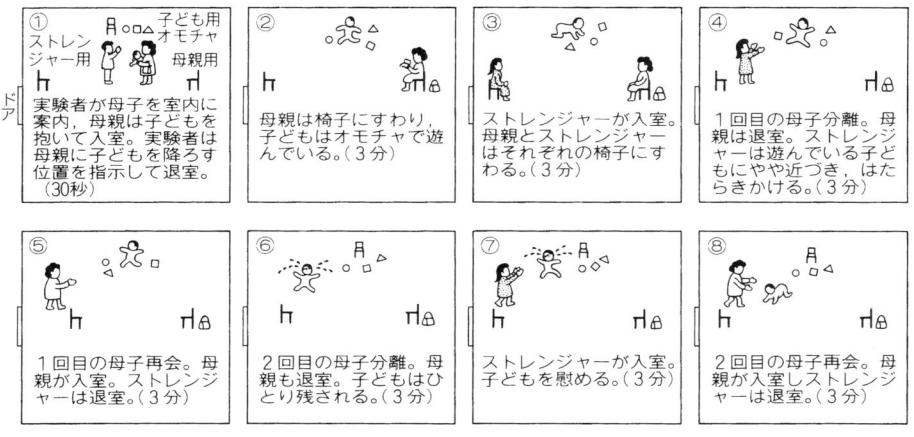

図11-1 ストレンジ・シチュエーションの8場面 (Ainsworth et al (1978) を繁多 (1987) が要約)

表11-1 愛着行動の出現率 (三宅, 1990から)

(%)

	A (回避型)	B (安定型)	C (両価値型)
アメリカ	23.0	62.0	15.0
西ドイツ	49.0	32.7	12.2
日本	0	74.0	26.0

けれども，どれが健全だとか冷たい親子関係だと簡単に決めつけることはできません。

　欧米では，乳児は早くから母親と別室で寝る，ベビーシッターに預けられるなど，早くから母親との分離を求められるしつけを受けます。自立・独立をなによりも重んじる，親と子はそれぞれ別人格，親子関係よりも夫婦関係のほうが家族の基本単位とする。そのため，おとな(親)と子どもの生活をはっきり分離すべきだとの考え方が背景にあるからです。日本には，子どもは長いこと(ほぼ学齢に達するくらいまで)母親と同室就寝する，父親は妻子とは別室で就寝したり食事や外出も別，といったことは，なんの不思議もないごく普通のことです。日本の親たちは，子の自立を期待しないわけではありません。しかしそれ

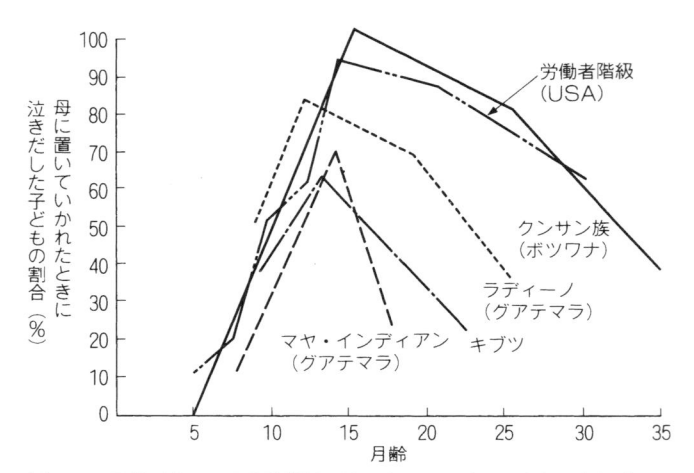

図11-2 母親が出ていく実験状況で泣き出した子どもの比率の文化グループ別月齢変化（Kagan が1976年に発表したものに Super & Harkness が手を加えたもの）

以上に，母親は子どもをできるだけ身近に置き，母と子は相互に一体感をもつような間柄——母と子の絆を作り上げることが大事だと考えてのことなのです。親からの分離も子育ての重要な面ですが，これをどの程度重視するかに文化差があるといえましょう。

このように，育児様式は人間や家族のあり方，さらに母親役割をどのように考えるかに深く根ざしています。そしてどのような様式で育てられしつけられたかによって，子どもと母親との関係は違ってきます。母親からの分離・自立を推進する育児文化と，母子との一体をよしとする文化，また，母親だけが子育ての責任を担っているところと，両親さらに近隣や親族のおとなたちなど複数多数の人びとから子どもが世話も愛情も受けるところとでも，母親への愛着の現われ方や強さ，さらにそれが弱まり分離してゆく親離れの時期などは異なる消長をみせます（図11-2）。幼少期，15～16ヵ月ころまでは，どの文化の子どもも母親の不在に不安を感じますが，それ以降は育児様式によって変わるものなのです。

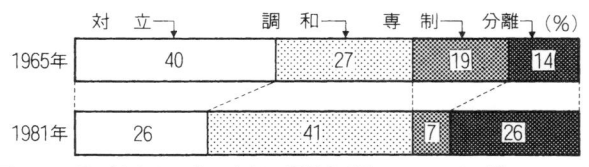

	対立→	調和→	専制	分離 (%)
1965年	40	27	19	14
1981年	26	41	7	26

図11-3　子どもたちはきょうだい関係をどうみているか（依田，1990）

豊かな社会的ネットワークを

　ここには日本のデータはありませんが，「3歳までは母の手で……」という考えが根強く浸透している日本のしつけ文化は，母親への愛着を強くしていると同時に，子どもの親離れを遅くしていることを十分想像させます。

　しかし，このような日本の母子関係は，同時に家庭や子どもの養育における"父親不在"を助長しました。諸外国に比べて日本の父親は，子どもの世話や遊び相手になる時間が圧倒的に短いのです。このことは次第に弊害をもたらしています。母親の育児不安は，父親不在の場合に強いこと，子どもの父親評価は低い，などです。

　もう一つ，留意すべきことは，母親との関係は男児と女児とでは異なることです。赤ちゃんが誕生の瞬間から，娘か息子かによって親から違った期待と愛情を受け，異なった経験をします。愛着の研究では考慮されていないこの性別化は，のちにジェンダーのところでみることにします。

　さて，家庭で経験する人間関係は，親との関係のほかきょうだいとの関係があります。親子関係が主として保護される縦，上下の関係であるのに対して，きょうだいは横あるいは斜めの関係で，親とは違った愛情，協力，また独立の関係を学ぶ場です。少子化は，この経験を少なくした点で子どもの発達環境を貧困なものにしていますが，現にいるきょうだい間の関係も以前のようなけんかやはだかのつきあいが減少し，おたがいに干渉しないクールなものになってきています（図11-3）。このようなきょうだい関係の希薄化は，少子化による親の保護が手厚く長期化する傾向，早くから個室が与えられることなどが相まって，子どもの社会性の発達にマイナスの影響が憂慮されています。

　さて，愛着し合う人間関係が重要なのは子どもばかりではありません。愛着

II　歴史・社会・文化のなかの人間発達

は人間関係のごく一部。人は幼少時から生涯にわたってさまざまな人と多様な関係を結び，与え・支えあってゆく重要なものです。もちろん，幼少児のように相手にただ依存し助力や保護を求めるものではありません。一緒にいたい，相談したい，理解してほしい，励ましてほしいといった心の支え，さらにその人の力になりたい，力になれるという相互に支え合う関係もあります。このように人間の絆，社会的ネットワークをどれほど豊富に多様にもっているかは，その人の人間関係を豊かにするばかりか，幸福感や生きがいにもつながっています。

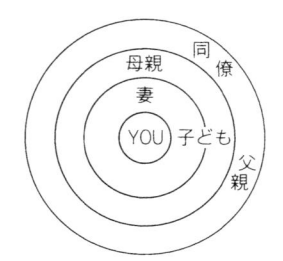

図11-4　身近な人・大切な人は誰か，どのくらい身近か（高橋，1992）

　図11-4のように，どのような人びととどれくらい親密な交流があるかを，日米の8歳から65歳までの男女について調べた結果が図11-5です。ネットワーク

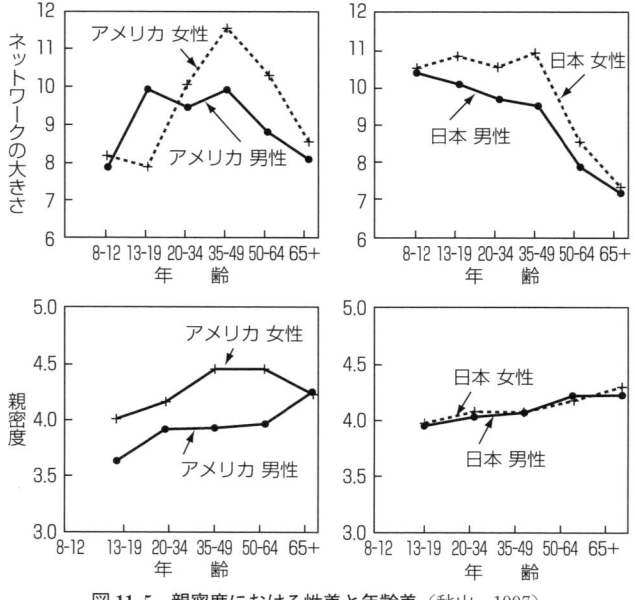

図11-5　親密度における性差と年齢差　（秋山，1997）

の大きさとは同心円に入れた人数ですが,アメリカの10代を除くといずれでも女性が男性より大きなネットワークを持っていること,とくに中年の女性でそれが最も多いことが認められます。しかし,その人びととどのくらい親密かを,どの円に入れたかを得点化しますと,アメリカでは概して成人期に親密度が高くなっていますが,日本では,年齢,性による差はありません。また,日本では家族や友人などのネットワークは支えになると同時に,ストレス源ともなっていることも報告されています。日本では和が大切とされていますが,そのことが対人関係を"つきあい"や気がねなどを生み,しがらみとなっている様相をうかがわせます。

(柏木惠子)

図や表・引用の出典

秋山弘子　1997　ジェンダーと文化　東　洋・北山　忍・柏木惠子(編)　文化心理学　東京大学出版会　220-238

繁多　進　1987　愛着の発達　大日本図書

Kagan, J.　1976　Emergent themes in human development. *American Scientist*, **64**, 186-196.

三宅和夫　1990　子どもの個性：生後2年間を中心に　東京大学出版会

Super, C. H. and Harkness, S.　1982　The development of affect in infancy and early childhood. In D. A. Wagner and H. W. Stevensan (Eds.) *Cultural perspectives on child development*. W. H. Freeman and Company.

高橋惠子　1992　「親と子」での発表資料　日本教育心理学会第34回大会シンポジウム　中年の心理

依田　明　1990　きょうだいの研究　大日本図書

さらに知りたい人のために

繁多　進　1987　愛着の発達　大日本図書

箕浦康子　1990　シリーズ人間の発達6　文化のなかの子ども　東京大学出版会

スターン,D.　岡村佳子(訳)　1979　母子関係の出発：誕生からの180日　サイエンス社

高橋惠子　1984　子どもと教育を考える9　自立への旅だち：ゼロ歳―二歳児を育てる　岩波書店

Ⅱ 歴史・社会・文化のなかの人間発達

12 おとなの表情から子どもは何を知るか
表情とコミュニケーション

表情と感情

　喜怒哀楽を表わす表情それぞれが人類固有のものあることは，さまざまな表情の写真を異なった人種の人びとに見せて判定してもらっても，**表12-1**にみられるように，その結果がほとんど変わりのないことからわかるところです。このことは，表情が単に感情を表わす手段であるばかりではなくて，他の人へ自分の感情を伝えるコミュニケーションの道具になっていること，しかも表情が意味するところがおおむね人類共通であることを示しています。つまり，相手が抱いている感情はその人の表情によって，こちらに伝えられるのです。

　ところで，生まれたばかりの赤ちゃんは，快と不快を微笑と泣きという表情で表わします。それぞれはまわりの人を子どもへと引きつける働きをしています。微笑はごく初期にはまだまったく生理的なものにすぎないのですが，それ

表12-1　5つの文化における感情の判定の正答率（Ekman, 1971 から修正）

(%)

感情表現	アメリカ	ブラジル	チ　リ	アルゼンチン	日　本
喜　び	100	97	93	96	97
恐　れ	91	87	88	82	76
嫌　悪	94	82	76	68	69
怒　り	95	97	75	81	90
驚　き	95	87	93	95	100
悲しみ	97	87	94	84	97

―― Key word ――
表情，感情，社会的参照，行動の調整，感情表出

だからといってまわりの人はそっけなく扱ったりはしません。それどころかたとえ反射の1つにすぎない微笑でも周囲の人はとても肯定的に受けとめます。

たとえば、"あっ，笑った，笑った"というようにです。そして、まわりの人も自分の喜びを笑いにして、子どもへと投げ返していくのです。このようにまわりの人が子どもの微笑に応えていくことが子どもの微笑をだんだんと社会的なものへと変化させることにつなげていくと考えられます。

一方、泣きもはじめは生理的なものであるといえます。不快や痛みなどはすべて泣きによって表わされますが、一口に泣きといってもその強さや音の高さによってそれが何を表わしているのかまわりの人が区別できるようにできているようです。緊急な泣きはより強く、より高い音から構成されています。

けれども、このような泣きの性質もまわりの人の関わりによってだんだんと変化していきます。甘え泣きは、より社会的な意味を伴った表現とみることができます。相手の自分に対する関わりを見定めながら、泣き声を微妙に変化させていくのはまさしくことばを用いてこそいませんが、立派な対話とみなすことができます。

子どもの行動に影響するおとなの表情

乳児にかかわるおとなは、このように子どもの表情の意味をくみとりながら働きかけを変えていくのですが、それでは、乳児はおとなの表情にみられる違いをどれだけ区別しているのでしょうか。このことを確かめるためには、乳児にある表情を凝視させてから、乳児が飽きてきたと判断される時点で、別の表情を示しても凝視するかどうかを調べる方法が用いられます。もしも、2つの表情に対して同じように凝視が成立したならば、乳児はそれぞれを区別したと判断できます。

それでは、乳児はどのような表情を区別できるようになるのでしょうか。山口（2003）は、国外での先行研究をもとに表情の区別は、図12-1に示すように、快・不快と覚醒・眠りの2つの次元に分けられて考えられると述べています。それによると、生後3カ月の乳児を例に考えるならば、区別できる表情の対は、

Ⅱ　歴史・社会・文化のなかの人間発達

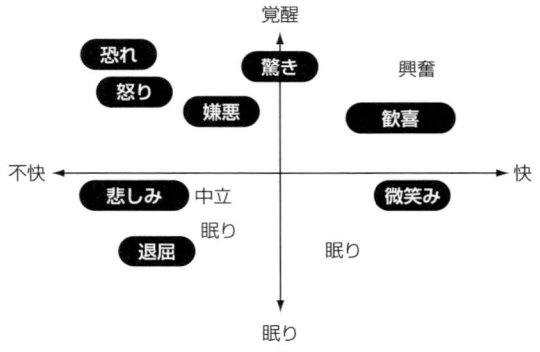

```
          覚醒
           │
   恐れ    │  驚き      興奮
   怒り  嫌悪│
        　  │        歓喜
不快 ───────┼─────────── 快
        　  │中立
   悲しみ   │眠り
           │      眠り
     退屈   │
           │
          眠り
```

図 12-1　表情の意味次元（山口，2003）

覚醒と眠りの軸をもとにして始まるとみなされます。なぜならば，この軸は，眠りのほうが表情の動きが小さく，覚醒のほうが大きいので，この動きの大小の違いがはっきりしている微笑みと怒り，微笑みと驚き，驚きと悲しみなどが区別しやすいのに対して，悲しみと微笑みの対は，両方ともに眠りの側にあって，見た目の違いが区別しにくいものと判断できるというのです。

　さらに，表情を区別できることは，子どもにそれぞれに対応した違った影響を与えます。このことを子どもの側からみると，相手の表情に表われた感情を参照しながら，自分の行動が形成されることになります。この現象は，一般に「社会的参照（行動）(social referencing)」と呼ばれています。

　それをとてもはっきりと示すのは，乳児がおとなの表情によって自分の行動を変化させる次のような実験です。まず，実験室に図12-2のような断崖の上に強化ガラスをのせた装置を作ります。実際は平面ですが，子どもは視覚的に断崖を経験することになります。そして，這い這いする6,8カ月の子どもを台に乗せて，その上を渡らせるのですが，その際に，子どもが進んでいく方向におとながいていろいろな表情を子どもに示します。その結果，おとなが楽しそうな表情を示していると，子どもはものおじもせずにその上を渡ったのですが，おとなが怖そうな表情を示していると，子どもは尻ごみしてしまって，その上を渡ろうとしません。つまり，子どもは自分のいる状況を理解するのに，おとな

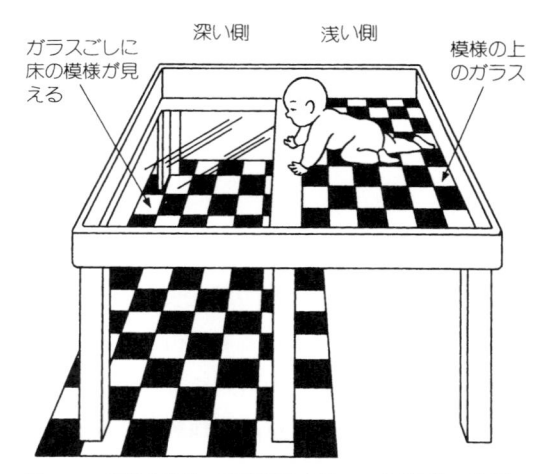

図12-2 視覚的断崖の実験装置（Gibson & Walk, 1960）

の表情という情報を取り入れて，自分の行動を調整するものといえます。

さらに考えてみると，次のようにいうことができます。

乳児がどう行動するか判断に迷うような場合——ここでは，なんとなく怖そうだと思える——に，周囲の頼りになる人からの判断を求めます。その判断が，「大丈夫，やってごらん」というものであるならば，子どもは安心して行為を続けるでしょうし，「だめだめ，とても怖いよ」というものであるならば，子どもはそれに逆らって，行為を続けるわけにはいかなくなるのです。ですから，前述の実験では，表情という信号を用いているのですが，実はそれはことばで言われているのと同じものと考えることができます。

「おとなの顔色をうかがう」という子どもの行為もこの延長線上にあることと理解できます。子どもがおとなからの禁止や抑制にさらされることが多く，自分でのびのびと振る舞うことができない状況にいる場合には，おとなの表情という命令がなによりもその場で適切とされる行動を起こすための手がかりとなるわけです。

表情の区別が日常の生活経験に影響されるのは，養育を放棄された子どもがひとの表情を"悲しい"と判断しがちであることや，虐待を受けた子どもがひ

との表情を"怒り"と判断しがちで悲しみや嫌悪といった表情と区別するのが難しいことから明らかです。そこでは、目にする機会がより多い表情に子どもの判断が引きずられる傾向にあることを示しています（山口，2003）。

感情表出の社会的ルール

　社会生活においては、人はかならずしも、内面に生じている感情をそのまま表情に表わすとは限りません。"人から贈り物を受けたときには、たとえその物が自分にとって気に入らないものであっても、相手の気持ちを考えるならば、がっかりした表情をしてはいけない"と自分に言い聞かせる場合があります。

　この種の感情表出の社会的ルールには、4種類をあげることができます。その1つは、感情の表出が強調される場合です。たとえば、自分としてはあまり気乗りのしないことでも、相手の期待を考えて、社会的に望ましいとされる程度にまで感情表出を強めて行うのがそれです。感情を努めて誇張した表情で表わすことが当てはまります。2つ目は、感情の表出を可能な限り控えてしまう場合です。これは、前の例とは逆に、控えることが社会的に望ましいとする判断に基づいて行われるといえます。人前をはばかって、感情を押し殺すことになります。そして、3つ目は、感情の表出をぐっと押さえることによって、相手に本当の感情を悟られないようにする場合が当てはまります。たとえば、無表情になってしまえば、相手からは当人の本当の感情を理解しにくくなりますので、差し障りなくその場をしのげるわけです。さらに、4つ目は、他の感情表出に置き換えることによって、ある状況に対する自分の感情を隠してしまう場合です。たとえば、本当は怒っているのに、そのように表わさない代わりに、苦笑いをする場合などがそれです。

　さて、子どもは2〜3歳になると、自分に生じる生理的な意識状態（たとえば、眠い、退屈、疲れた）や身体感覚（快−不快、痛み、熱っぽい）を他の人に伝達して、手助けを求めようとしますが、さらに、3〜4歳になると、他の人が出会っていることについて、その人がどのような感情を抱いているかをも理解できるようになります。そこでは、同じことに出会っても、自分が抱く感情の

あり方だけがすべてではなくて、他の人は自分とは違った感情を抱くことを知っていきます。このことを表わすぴったりした例ではありませんが、最近の研究によると、1歳半の子どもでも、他のひとの食べ物の好みが自分とは違うということを理解しているという報告があります。それは、2つのお皿にブロッコリーとクラッカーがのっていて、大人が「うわ、まずい」と言いながらクラッカーを食べる場面と、「ブロッコリー」では「おいしい」と言いながら食べる場面を作ると、子どもは、大人にはブロッコリーを差し出し、自分はクラッカーを食べたというものです（Repacholi and Gopnik, 1997）。

そもそも他の人の見かけの感情（表情）から抱いている感情を推察するためには、子どもが目の前にしている表情からその人の抱いている感情を同定できることが必要ですし、その人がいる状況や文脈から、当人が本当に抱いている感情を推し量ることができることも必要となります。さらに、抱いている感情をそのまま表わそうとしないのはなぜかという当人の動機を理解できることも必要です。

これだけのことが可能になる年齢について調べた研究があります。この研究では4～8歳児を対象にして、「主人公が誕生日のプレゼントをもらい、箱を開けてみたところ、赤ちゃんのおもちゃだったのですが、本人は贈り主の気持ちを傷つけたくなかったので、自分が抱いた本当の気持ちを知らせないようにしました」と伝えて、主人公のそのときの表情を表わす写真をあらかじめ用意してある何枚かの写真から選んでもらうという課題を与えました。その結果、子どもは6～7歳になるとそのことが理解できていることがわかりました。

ところで、子どもがこのような感情表出の社会的ルールを知っていくのは、おとなのこのような表出に実際に触れることによると考えられます。そして、いったんこのような社会的ルールを身につけると、単に感情表出の仕方だけではなくて、さまざまな社会的行動に結びつけていきます。たとえば、感情をそのまま外に表わさないことは、それだけ自分の行動を抑制する方向づけを促していくでしょうし、自分のあり方についての自己理解――自分はこのような人間だという見方――にもつながっていくと考えられます。

さらにいうならば，子どもが日常的に触れるおとなが示す感情表出のルールは，子どもがおとなの人柄を理解することにつながるとみることができます。たとえば，いろいろな場面で，抱いている感情とは違った感情を表わしていくおとなについて，子どもは「見かけの表情が，いつも本当の気持ちとはいえない人だ」という相手像を形成していくと考えられます。さらに，抱いている感情と表わされる感情とのつながりが，子どもにとってくみ取りにくいほどに矛盾しているおとなに触れている場合に，子どもはおとなとの感情のコミュニケーションに混乱を起こしてしまうことも報告されています。

感情表出と文化

　ところで，前述した感情表出の社会的ルールという問題は，わが国の文化のもとでは格別に大きな意味をもっています。なぜならば，日本人は自分の気持ちを顔に表わさないことをよしとする習慣を持ち合わせているからです。このことは最近では通用しないようにも思えますが，実は日常生活において依然として生きているといえます。

　表情そのものに言及したものではないのですが，東（1994）が指摘しているところでは，子どもが食事に出された野菜をきらいで食べない場合の母親の働きかけについて尋ねたところ，アメリカの母親は権威的に従わせようとする方略が大半であるのに対して，日本の母親は「農家のおじさんにわるいよ」「せっかく作ったのにお母さん悲しいわ」など気持ちに訴えて，子どもを説得しようとする方略がかなり多くみられたとのことです。このように言っている母親をイメージしてみると，本当ならば，怖い顔をして子どもを強制したいところを，あえて優しい顔をして子どもをなだめようとしている姿を浮かべることができます。そして，そのような母親の心の動きにはあえて子どもとの対立を避けながら，それでいて子どもを納得させたい気持ちが働いているものと考えることができるでしょう。

〔古澤頼雄〕

図や表・引用の出典

Ekman, P. 1971 Universals and culture differences in facial expressions of emotion. In J. Cole (Ed.), *Nebraska Symposium on Motivation*. University of Nebraska Press. 264-263.

山口真美 2003 赤ちゃんは顔をよむ：視覚と心の発達学 紀伊国屋書店

Gibson, J. and Walk, R. 1960 The "visual cliff" *Scientific American*, **202**, 64-71.

Repacholi, B. and Gopnik A. 1997 Early reasoning about desires : Evience form 14- and 18- month - olds. *Developmental Psychology*, **33**, 12-21.

東 洋 1994 日本人のしつけと教育 東京大学出版会

さらに知りたい人のために

吉川左紀子・益谷 真・中村 貢（編著） 1993 顔と心：顔の心理学入門 サイエンス社

東 洋 1994 日本人のしつけと教育 東京大学出版会

山口真美 2003 赤ちゃんは顔をよむ：視覚と心の発達学 紀伊国屋書店

竹原卓真・野村理朗 2004 「顔」研究の最前線 北大路書房

PICK UP
ポーカーフェイスの日本人

喜びや驚きなどの感情を表現している表情を見て，その意味をあてる実験をしたところ，日本人の表情はイギリス人やイタリア人の表情に比べて判断しにくく，同じ日本人同士でも判断に誤りがおこる傾向があることが分かりました。

		表出者			平均値
		イギリス人	イタリア人	日本人	
判断者	イギリス人	60.5%	55%	35.5%	50.3%
	イタリア人	52%	61.5%	28.7%	47.4%
	日本人	53.8%	55.6%	43.3%	51.0%
	平均値	55.6%	57.3%	36%	

(Shimoda, K. *et al.* 1978. *Europian Journal of Social Psychology*, 8, 169-179.：荘厳舜哉 1986 ヒトの行動とコミュニケーション 福村出版より引用)

II 歴史・社会・文化のなかの人間発達

13 他人の心がわかる

他人の思いがわかる

　皆さんは病院の産科にある新生児室をガラス窓越しにのぞいた経験をもっているでしょうか。しばらく見ていると，不思議な光景に出会います。それは，1人の赤ちゃんが泣きはじめるとまるでコーラスでもはじまるかのように他の赤ちゃんも少しずつ時間がずれて泣き出すのです。もちろん，そのなかですやすやと眠っている赤ちゃんもいるので全員が異口同音にというわけではありません。それにしても，1人の赤ちゃんの泣き声に誘われるようにして他の赤ちゃんが泣くのは確かなことのようです。

　さらにもう1つ興味深い現象があります。それは，おとなが赤ちゃんと対面して舌を突き出していると，しばらくして赤ちゃんも自分の舌を動かして口から出してくるというものです。相手の動作に引き入れられるようにして起こるこのような赤ちゃんの反応は，共鳴動作（コアクション）と呼ばれています。

　舌出し模倣について，あらかじめ用意した幾種類かの絵に描いた顔を用いて調べた研究（池上，1984）によると，生後1カ月で模倣が出現し，2カ月でもっともさかんに現われるようになり，3カ月以後では目・鼻・口が定位置にある人らしい顔に対してのみ模倣が成立し，さらに，6カ月以後では人工顔には反応が起こらなかったといわれています（図13-1）。

　同様なことは，おとなが驚きや喜びや悲しみの表情を示すと，赤ちゃんも同じような表情をすることにもみられます。これらの現象は，単に目に入る相手の顔の模倣をしているというのではなくて，そのような表情につながる相手の

Key word

共鳴動作（コアクション），エントレイメント，思いやり，共有体験，心の理論，誤信念課題

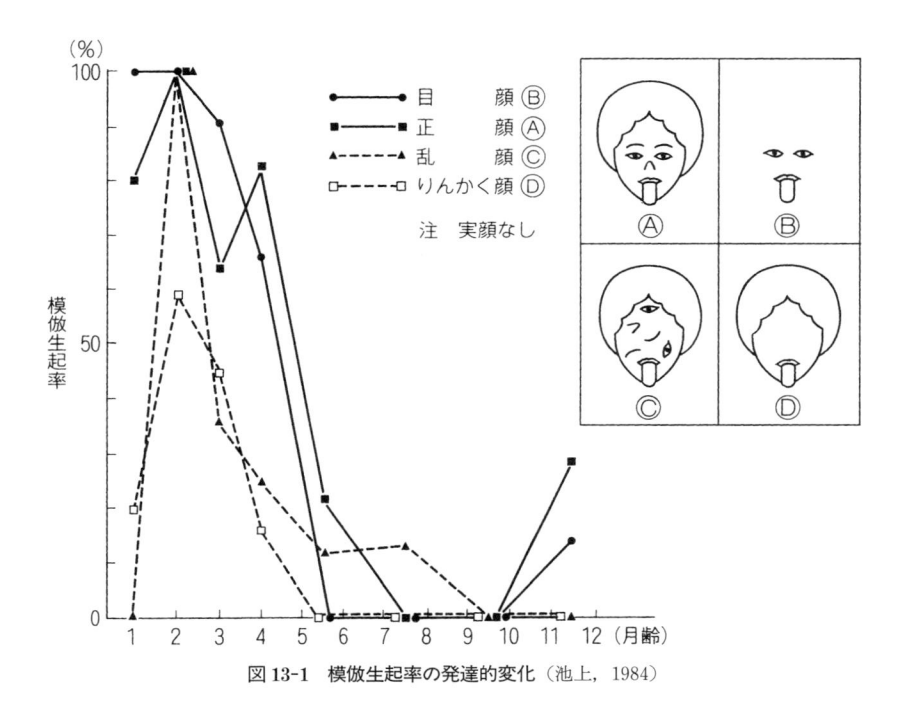

図13-1 模倣生起率の発達的変化（池上，1984）

　感情の動きをも含むすべてに，赤ちゃんが全身感覚的に共鳴している結果によると理解できます。周囲の赤ちゃんの泣きにつられて泣き出すのも聞こえてくる泣き声と泣きにつながる他の赤ちゃんの感情の動きを体全体で感じ共鳴している姿です。

　ところで，このような共鳴を成り立ちやすくする赤ちゃんのもつ特徴として，次の3つをあげることができます。1つは，視・聴・触・味・嗅覚などの感覚のうちで，視覚と触覚，聴覚と嗅覚などが互いに結びついて経験されることです。たとえば，普通のおしゃぶりと表面にいぼいぼをつけたおしゃぶりを目隠しした赤ちゃんに吸わせた後で，今度は同じ赤ちゃんに目隠しを取った状態でそれぞれのおしゃぶりを与えたところ，吸う直前の唇の形が普通のおしゃぶりの場合よりも小さな突起がついたおしゃぶりの場合の方がより大きめに開いていることが証明されました。このことは，舌触りによって触覚的に得られ経験

が同時に視覚的な経験にも結びついた結果，その後の視覚的な経験への導入を容易にしたものと考えることができます。このような感覚の相互作用が全身感覚的な共鳴につながるといえます。

もう1つは，エントレインメントといわれている現象です。これは，周囲からの話しかけや動作による働きかけに反応して，赤ちゃんが表情を変えたり，手足や胴体を動かす現象で，その動きは働きかけに含まれているリズムや強弱に共鳴してなされます。たとえば，目を覚ましている赤ちゃんの名前を呼ぶと，「○○ちゃん」という呼びかけに呼応した手や足の動きが現われます。

さらに，赤ちゃんは他の人の表情を知覚すると，その様相だけではなくて，表情に表われるその人の感情をも知覚していきます。前に述べたおとなの表情を見て，赤ちゃんがそれととても似た表情をしていくのは，このような感情の伝達によって起こることと考えられています。

思いやる心の形成

さて，赤ちゃんが周囲に対して起こすさまざまな共鳴動作に共通しているのは，それらがいずれも人からの働きかけに対応して生じていることです。このことは，ごく幼いときから，人が他の人からの働きかけに関心を示しているからこそ，それに対応して共鳴していくとみることができます。

そのなかでも，思いやりの心の発達につながると考えられるのが，相手の感情の理解です。これまでの研究によると，表情による喜び，怒り，驚き，悲しみという基本的な感情表現については，生後半年くらいでほぼ区別することができるといわれています。もちろん，他の人の感情を理解するのは，表情のみを用いているわけではありません。子どもがごく幼いときには，確かに表情が有力な手がかりとなっていますが，年齢が進むにつれて，相手がおかれている状況や自分が出会ってきたその人との経験なども手がかりとなって，相手の感情を理解していくようになります。

ところで，相手の感情の理解は生後7〜9カ月ごろから新しい展開につながります。それは，体験の共有と呼ばれる子どもの心の動きです。そこには，注

意，意図，情動という3つの共有が含まれます。

　注意の共有というのは，たとえば，おとなが離れたところにある事物を指さすと指先に目をやるのではなくて，その指さしている先にある事物に注意を向けるといった子どものしぐさです。これは，おとなが示している注意という目に見えない行為を理解するからこそ成り立つものと考えられます。意図の共有というのは，たとえば，おとなが子どもに向かってまりを転がすとそれを転がし返すというしぐさです。これもおとなが示している意図という目に見えない行為を理解することによって成り立つものと考えられます。さらに，情動の共有は，おとなが表わす気持ちに合わせるかのように，子どもがそこに含まれるリズムや強さに呼応して，同じ気持ちを表わすしぐさにみられます。おとなが喜びを感嘆の声で表わすと子どもが体をリズミカルに上下させて喜ぶというような具合いです。

　このような共有体験ができるようになることも，相手の気持ちに感じ入ったり，くみ取ったりすることの前提といえます。

　さて，1歳を過ぎるとさまざまな形で思いやり行動を示します。たとえば，泣いている赤ちゃんがいると慰めるように軽くたたいてあげたり，機嫌を損ねている子どもを見ると，ぬいぐるみをもっていき，それでも機嫌が直らないと別のおもちゃをもっていってあげたりします。

　また，2，3歳になると，友達だけではなく，見知らぬおとなにまでごく身近なものをあげたりしますが，これは他の人との関わりを保つための手だてとも考えられます。思いやる心をもとに成り立つとみられる援助行動もこのころには現われます。自分のしていることを一時止めて，他の人のすることを手伝ったり，一緒に片づけに参加することもみられます。

　これまで述べたような他者への同情，援助，協調行動などの頻度は，幼児期以後さらに増加していくものの，小学校高学年になると減少していくことが明らかにされています。しかし，そのことは，思いやりの心が衰退していくのではなくて，成長するにつれて共感に重きをおいた思いやりから価値や責任に裏づけられたより認知的な行為として，場合によっては自己犠牲をも含む判断へ

II 歴史・社会・文化のなかの人間発達

表13-1 思いやる心の発達段階（中里，1987）

> 第1段階：生後1～2歳くらいの間に主に親との情緒的つながりを通して共感性が活性化していく。これがその後の愛他行動の発達の基本になる。
> 第2段階：2～6歳ころまでに共感性により喚起される愛他動機が発達する。愛他動機は愛他行動を生起するエネルギーになる。後の認知的発達がなくても愛他行動は生起するが，自己犠牲行動のような高次な愛他行動とはなりにくい。
> 第3段階：6～10歳ころまでに愛他的規範認知（互恵性，社会的責任）を学習し，愛他行動はさらに内面化し，安定する。
> 第4段階：10歳以上になると広い意味での道徳的判断力が増し，愛他行動はより内在化し，より高次なものへと発達する。この段階は14～15歳まで急激に発達し，その後発達はゆるやかになる。

と移行していくことによるものと考えられます。

そこで，思いやる心の情緒，認知，行動の各側面を発達段階として示したのが，**表13-1**です。

思いやる心を育てる背景

人に思いやる心が生まれる過程に社会的要因が大きな影響をもつことは論をまたないところですが，具体的にどのようなことが重要であるかについては大きく分けて3つの考えが提示されています。

その1つは，子どもが思いやり行動をとったときに，周囲のおとながそれを褒めたり，励ましたりすることが重要なこととする考え方です。いわゆる社会的強化によって思いやる心は育てられるというわけです。そして，このような繰り返しによって，子どもはそのような行為を快いことと感ずるようになり，内発的に動機づけられるようになるのです。

2つ目は，ごく幼いころに他の人に対して十分な信頼感を抱くことができると，子どもが他の人の要求を知り，心理的に余裕をもって他の人と関わることができるようになるという考え方です。つまり，社会的経験を楽しむことによって，他の人への気配りも生まれるようになると考えます。

3つ目は，子どもが役割取得能力を身につけていくことが，他者に対する思

13　他人の心がわかる

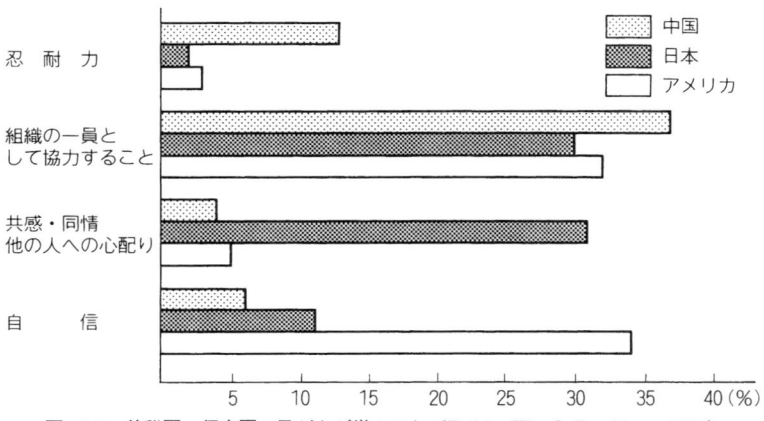

図13-2　幼稚園・保育園で子どもが学ぶこと（Tobin, Wu & Davidson, 1989）

いやり行動を成立させるのに重要なこととみる考え方です。役割取得能力というのは，自他の心理的視点を分化して，他者の視点に立つことによって他者の思考を推論することができる能力を意味しますが，子どもが文字どおり相手の立場になって，相手の示している行動の理由を判断できるようになるに伴って，相手を思いやることができるようになると考えます。

　これら3つの考えのどれもが，現実生活では思いやり心の形成に影響しているというべきでしょう。これらを通していえることは，おとなからの励ましや賞賛であったり，子どもとの呼応的な関係であったり，おとなから相手の立場や気持ちを指摘されたり，理由を述べるようなしつけを受けたり，仲間との接触による体験などであるとまとめることができます。

　ところで，**図13-2**は，「園で子どもが学ぶもっとも大切なことは何でしょうか」と中国・日本・アメリカの幼稚園・保育園の先生，保護者に尋ねたところ，回答として1位にあげられた事柄を百分率で示したものです。

　わが国の幼児教育では，共感・同情・他の人への気配りなどが中国やアメリカと比べて目立って重視されていることがわかります。このことは，思いやる心を育てることによって，人と人との協調を養おうとする日本の文化的特質の現われとみることができます。

109

図13-3　子どもは他の人が自分とは違った考えをすると思うでしょうか
（Schickedonz *et al*., 1998）

考えていることを考える

　私たちは，自分が何を考えているか，今考えていることがいままで考えていたこととどのように違うかを自分で理解することができます。そして，自分のことだけではなくて，他の人が何を考えているか，その人がどのように考えを変えたか，その人が考えていることは間違っているなどまでも理解できます。さらには，知ったり，感じたりしていることでも同様です。ここでは，子どもはいつごろからこのようなことを理解できるようになるか，いわゆる"心の理論"を取り上げます。

　図13-3に示す6枚つづきの絵は，子どもが自分とは違う考えを他の人はするかを確かめるために，Schickedanzら（1998）によって用いられたものです。絵は，次のようなお話によって構成されていました。

　（1）トムという男の子がキャンデーを持っていました。

　（2）トムは仕事をしているお母さんの後ろにある机の上に並べて置いて

ある2つの箱の左側の箱にキャンデーを入れて，その場を立ち去りました。
（3）お母さんは，トムが見ていないうちに，その箱からキャンデーを取り出しました。
（4）お母さんは，「さて，キャンデーをどこに入れようかな」と考えました。
（5）お母さんは，キャンデーをトムが入れた箱の右隣の箱に入れました。
（6）お母さんが立ち去った後で，トムがキャンデーを取りに来ました。

ここまで，子どもに伝えて，「さて，キャンデーはどこにあるとトムは思っているでしょうか」と尋ねます。

3歳未満の子どもたちは，お母さんが入れた箱にあると答えます。なぜならば，子どもたちはお話の中で起こったことこそが自分が理解していることだからです。ところが，4歳過ぎの子どもたちの答えはトムが思っているのは，トムが入れた箱であると答えます。子どもたちは，自分の目ではなくて，トムの目になって，トムが考えていることを推察できるからです。子どもは4歳を過ぎると絵に登場したトムが「何を考えているか」を理解していくのです。

ところが，もう少し幼い子どもも他人の考えていることを理解できることを子どもが表わす非言語行動を通して確かめた研究があります。Leeら（1998）は，道化師が登場する次のような4つのテレビ画面を2歳児と3歳児に見せて，道化師が何を欲しがっているかを尋ねました。

第1画面　道化師がコップ，人形，ボールのうちの1つを見て，指さして，"ほしいのはそれだ"と言い，さらに，数秒経ってから，それを手に持って，"ほしいのはこれだった"と言いました。

第2画面　道化師の頭と目の動きだけが画面に現われていますが，手の動作は見えません。

第3画面　道化師は顔をそちらに向けないでほしいものに目だけを向けています。

第4画面　道化師はほしいものを見ないまま，"それがほしい"と言いなが

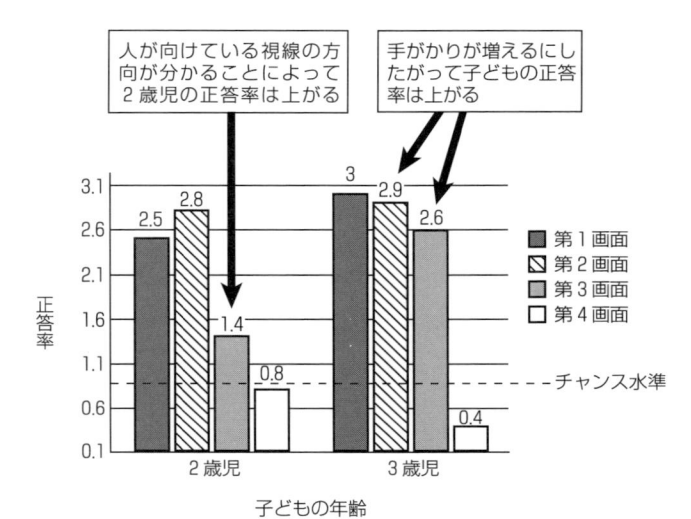

Ⅱ　歴史・社会・文化のなかの人間発達

図13-4　他のひとの願望についての子どもの理解（Lee *et al*., 1998）

（グラフ注釈：人が向けている視線の方向が分かることによって2歳児の正答率は上がる／手がかりが増えるにしたがって子どもの正答率は上がる）

（2歳児：第1画面2.5、第2画面2.8、第3画面1.4、第4画面0.8／3歳児：第1画面3、第2画面2.9、第3画面2.6、第4画面0.4／チャンス水準）

ら，指でさします。

　それぞれ画面に対する年齢別正答率は，図13-4のようになりました。第4画面についての正答率は2歳児・3歳児ともにきわめて低いものの，第1・第2画面に対しては，両群ともにほぼ同じ正答率を示しており，子どもがかなり幼いときから他者の考えを理解していることが示されたといえます。

　ところで，このように他人が考えたり，知ったり，感じたりしていること，すなわち，他人の心を子どもが理解できるようになるには，生活の中での経験が大きな影響をもつと考えられます。年上のきょうだいがいる子どもは，誤信念課題（相手が理解している判断が間違っていると見極められる課題）に気づくのが早いといわれています。よく考えてみると，図13-3に示した6枚つづきの絵のような場面は，親子やきょうだい間でのからかいや冗談半分のだましといったやりとりのなかで起こりがちなことです。そして，このような場面で子どもは試行錯誤を繰り返しながら，相手の示す行動を通して，相手の意図や感情を理解しようとしていきます。

（古澤頼雄）

図や表・引用の出典

池上貴美子　1984　乳児期初期における舌出し模倣に関する刺激要因の検討　教育心理学研究　**32**　117-127

中里至正　1987　援助行動の発達　中村陽吉・高木　修（編著）　他者を助ける行動の心理学　光正館

Tobin, J., Wu, D. and Davidson, D.　1987　How three key countries shape their children.（Steinberg, L. Belsky, J. and Meyer, R.　1995　*Infancy, Childhood and Adolescence : Development in Context*. McGraw-Hill より引用）

Schickedanz, J., Schickedanz, D., Forsyth, F. and Forsyth, G.　1998　*Understanding children and adolescents*. (3rd ed.) Allyn and Bacon. (Baron, R. 2001 *Psychology*. (5th ed.) Allyn and Baconより引用)

Lee, K., Eskritt, M., Symons, A. and Muir, D. 1998 Children's use of triadic eye gaze information of "mind reading". *Developmental Psychology*, **34**, 525-539（Baron, R. 2001 *Psychology*（5th ed.）Allyn and Bacon より引用）

さらに知りたい人のために

沢田瑞也　1992　共感の心理学　世界思想社

アイゼンバーグ，N.　二宮克美訳　1995　思いやりのある子どもたち：向社会的行動の発達心理　北大路書房

子安増生　2000　心の理論：心を読む心の科学　岩波書店

ミッチェル，P.　菊野春雄・橋本祐子訳　2000　心の理論への招待　ミネルヴァ書房

II 歴史・社会・文化のなかの人間発達

14 子ども同士の人間関係

遊び心の発達

　私たちは,「遊びは子ども時代の仕事である」という表現をしばしば耳にします。このことは,子どもにとって遊びが本業であることを意味していると理解できますが,それほどまでに,遊びを通してさまざまなことを生み出していくのが子どもの姿といえます。もちろん,子どもは自分のしていることが遊びとは思っていないでしょう。おとなからみるとなんの報酬も生産物も残さずにとめどもなく続けられる行為は遊びにしかみえないところから,子どもがすることはすべて遊びであるとみてしまっているのかも知れません。

　遊びということばは,おとなにとっては仕事に対比して用いられます。いわば,本業をはずしてなされる気晴らし（余暇）の行為と理解することができます。けれども,子どもの場合には,さまざまなことを学んでいく一連の行為とみるのが当を得ているでしょう。たとえば,生まれて間もない赤ちゃんが,お乳を飲むのを途中で止めて,さかんに声を出したり,乳房や哺乳びんに手を伸ばしたり,相手に微笑みかけたりしていると,養育者は,「さあ,遊ばないでお乳を飲みましょう」と促します。この場合,おとなにとっては,本筋をはずれた余計な行為なので,それを遊びととらえて,ついそのように言っているのでしょうが,子どもにとっては興味をもって周囲を探索している真剣な姿なのです。

　このような周囲の世界への積極的探索は,生まれて間もなくから出現する赤ちゃんの行動です。

　対象をじっと見つめるだけでなく,それに手を伸ばして,つかんだり,さか

Key word

見立て,ふり遊び,ごっこ遊び,きょうだい,向社会的行動

んにそれを口に入れて，その感触を味わったりします。また，音が出たり，形が変わることに対する興味から同じ動作を繰り返したりします。その上，これらのことが大部分周囲の人の関わりのもとでなされることから，いきおい人との関わりへの興味をも育てることに繋がっていきます。その典型的な交流が"いないいないばぁ"にみられます。これはおとなからなされる子どもの興味をひく働きかけに，子どもが喜んで応じるというものですが，繰り返し経験していくうちに，だんだんと子どもがイニシアティブをとって，おとなが遊ばれることまでも起こるようになっていきます。

　ここで，子どもが獲得していくことは，ターン・テーキング（順番取得）です。それは相手がこちらに働きかけているときには，こちらからの働きかけを控えていて，もっぱら，応ずる側に終始し，相手の働きかけが終わるタイミングでこちらからの働きかけが始まるという具合です。たとえば，おとなと子どもとの間でのボールの"転がしっこ"は，子どもが"働きかけ"と"待ちうけ"とを交互にこなせるようになって可能になります。同じようなことは子どもの発声とおとなの話しかけとの間にもみられます。母親は乳児の発声にタイミングを合わせながら，重ならないように話しかけていきます。

　このようにして，子どもは直接出会っている人や物との間でさまざまな形のやりとりを展開していくのですが，過去の経験についての記憶が成立し，そのことがもととなって予期ができるようになり，事物の名称・性質や用い方を習得するにつれて，子どもに本当の意味での"遊び心"が芽生えてきます。その顕著な現われが"ふり遊び"といわれる行為の出現にみられます。

"見立て"と"ふり"

　生活のなかで，それこそ毎日ごく当たり前のこととして，繰り返していることは数多くあります。そのなかには，いわゆる生活の習慣として，子どもでもおとなでも変わりなく行っていることがある一方，ことの性質から子どもにはまかせられずに，おとなだけがもっぱらその任に当たっている仕事があります。ところが，このような制約を超えて，子どもがすべての事柄を実行する手段が

Ⅱ　歴史・社会・文化のなかの人間発達

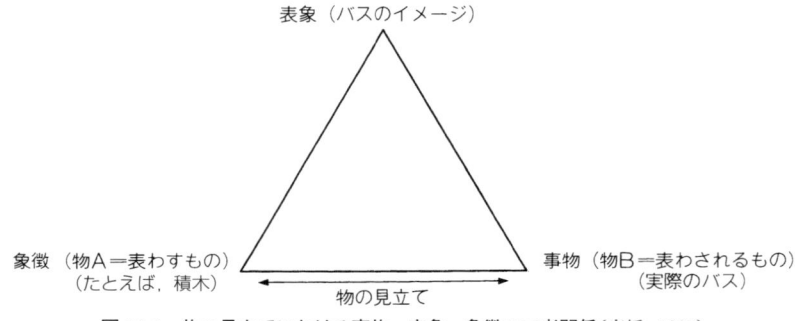

```
              表象（バスのイメージ）
                   △
象徴（物A＝表わすもの）          事物（物B＝表わされるもの）
  （たとえば，積木）                （実際のバス）
           ←――― 物の見立て ―――→
```

図14-1　物の見立てにおける事物－表象－象徴の三者関係（高橋，1991）

あります。それが，"するマネをする"，あるいは，"するふりをする"ことです。

そして，このふりをすることに伴って起こすのが，物や人の"見立て"です。物の見立てとは，対象となる事物（本物）をシンボル化する代用物として，子どもにとって身近な事物を用いることです。たとえば，本物のバスを表わすのに，積み木を用いるという具合です。この場合に，子どもは積み木がバスではないことを承知しているのですが，その上で子どもの描いた遊びの世界では，積み木は立派にバスとして扱われていくのです。この際，両者を結びつけていくのが，子どもの心に描かれている本物についてのイメージにあると考えられます（図14-1）。

一方，人の見立ては，あたかも誰々さんであるかのように振る舞うことにみられます。いわゆる"ものまね"は，落語や漫才の世界で笑いの種になるところですが，子どものものまねも見ている人にとっては滑稽に思えます。

人の見立ては，最初は，ボールを口にもっていって食べるふりをしたり，寝たふり，泣くふり（泣きまね）をしたりという具合に，もっぱら自分のしている動作に限られて起こるのですが，後には，人形を用いて，おとながしていることを表現したり，架空の人物になりきるというように，他の人の役割を模倣する方向へと移行していきます。

このようにさまざまな見立てによって，子どもはいわゆる"ふり遊び"を組み立てていきますが，ここで，重要な役割をしているのが，他の人とのコミュ

ニケーションです。そのことは、それまでもっぱら相手からの働きかけによって動かされていた子どもが、自分の働きかけが相手を動かすことができることに気づいてきたことによるとみることができます。たとえば、生後7，8ヵ月ごろになると、子どもはおとなの事情によって、遊びが中断すると、自分のしていたことを繰り返して、おとなの注意を引こうとして催促したり、あるいは、おとなの意図をそらしてしまったりします。後者は、明らかにおとなをからかっていると判断されるもので、それだけ子どもが複雑なコミュニケーションをとれるようになったことを表わしています。

　結局のところ、子どもが起こした行為に対するおとなの反応を通して、自分の行為になんらかの意味があることを子どもが発見することによって、動作による表象や象徴的行為としての"ふり"が成立すると考えることができます。そして、子どもは、このようなふりを用いて、仲間との遊びを展開するまでに変化していきます。

遊びと仲間関係

　子どもの仲間遊びについての古典的研究によると、遊びの形態は平行遊び、連合遊び、協調遊びの3つに分類することができます。平行遊びは、主に3歳未満の子どもたちの遊びにみられる形態で、それぞれがごく近くにいながら、別々のことをしており、それぞれが話しているのですが、それは集合的モノローグといわれるような独り言の集まりにすぎません。連合遊びは、3歳代の子どもたちの遊びにしばしばみられる形態です。そこでは、おもちゃを渡したり、受け取ったりするときには確かに相互の交流が起こるのですが、遊びの関心はあくまでもそれぞれが抱いている範囲を越えることはありません。これに対して、協調遊びは、4歳以後の子どもたちの遊びにしばしばみられる形態です。

　文字どおりにお互いが共通の話題のもとに協調し、物を受け渡し、会話を共有することによって遊びが進展していきます。グループの人数はさまざまですが、みんなで"ごっこの世界"に没頭していきます。

　このような仲間遊びにみられる形態の変化は、1人ひとりの子どもが周囲の

人や事物をどのように見立てながら，自分の遊びを展開していくかを示すものと考えられます。平行遊びにあっては，子どもは1人ひとりが別々の自分の見立てを成り立たせています。同じボール箱でも，Aちゃんにとっては，電車をイメージしているのに，Bちゃんにとっては，テレビをイメージしているという具合です。この状態ではたとえ，お互いにごく近くにいても，描いている世界がまるで違うので，交流はまず起こらないのです。ところが，子どもが相互に描くイメージを調整して，共通のシンボルを操作しようとするにつれて，次第に，遊びの形態は過渡的な段階としての連合遊びを通して，協調遊びへと移行していきます。そのことは，1人遊びにおいて，習得した見立てのスキルを，仲間関係にもちこむことによって，そこに居合わせた子どもたちの共通項が得られていく所産を示していると考えることができます。

　さて，ごっこ遊びを成り立たせる有力な手段は，子ども同士が発する会話ですが，それを通して，仲間遊びの性質とその年齢的変化を吟味してみると，前述のことが一層明瞭になってきます。これまでなされてきた研究によると，仲間遊びにみられる子どもの発話には，①相手を誘う，②物に対する主張，③計画，④変換，⑤受容，⑥否認，⑦終結などが含まれるといわれています。そして，圧倒的に頻繁に現われるのが，擬人化，置き換えが含まれる"変換"すなわち，見立てやイメージによる表現です。ここで，"擬人化"というのは，無生物を人間や動物に見立てる発話（例，人形を赤ちゃんとみなして話しかける）を意味しており，"置き換え"というのは，対象物にまったく新しい特徴を与える発話（例，粘土を固めて食物として，自分で食べるまねをしたり，相手にサービスしたりする）を意味しています（図14-2）。

　仲間遊びにみられる「変換」は，自分と相手の遊びイメージを共有する働きをしているので，このことがさらにお互いが協力して，その場を展開していくのに役立っていると考えることができます。このことは，図14-3にみられるように年齢とともに，相手に対する提案や説明と変換の出現率が同じ傾向をもつようになることからも知ることができます。

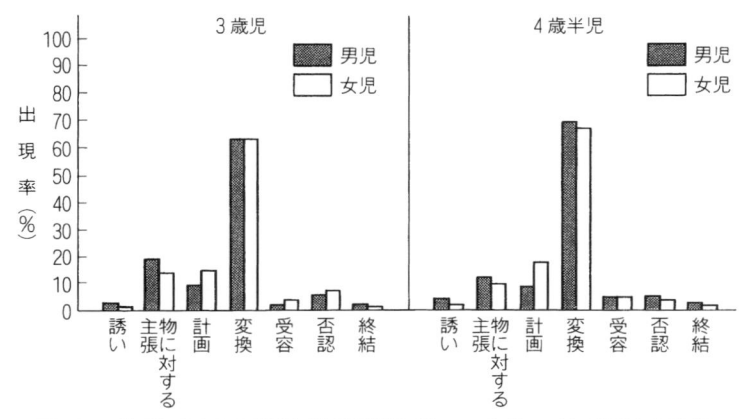

図14-2 遊びにみられる発話内容の出現率（Goneu & Kesself, 1988より作成）

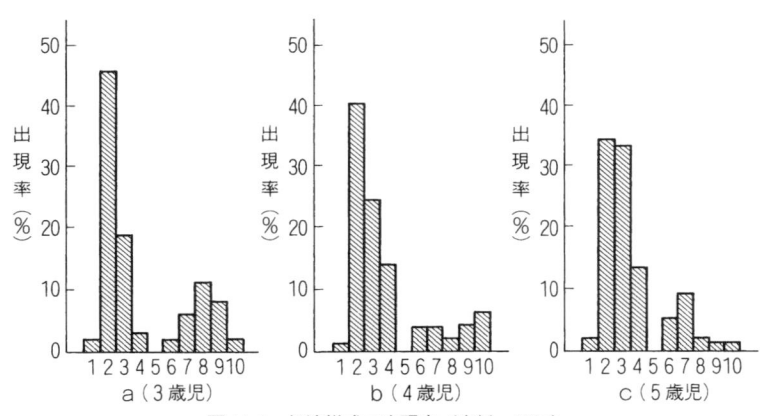

図14-3 伝達様式の出現率（高橋, 1991）

横軸の数字は，伝達型の各カテゴリーを示す。
1-呼びかけ　2-提案・説明　3-変換　4-承認　5-否認　6-要求・命令・禁止
7-質問　8-繰り返し　9-模倣　10-無関連

きょうだい同士の遊び

　これまでのところでは，仲間遊びに焦点を当てて話を進めてきましたが，最後に，家庭内での子ども集団であるきょうだい関係について考えてみます。最近では，きょうだいといってもせいぜい2人きょうだいが大部分で，それ以上

のきょうだい数は希になっています。それでも，一人っ子の場合とは異なる特徴をもつ人間関係が展開します。その特徴とは，きょうだい喧嘩や親の愛情をめぐる嫉妬，相手に対する競争心などに代表されるきょうだい間の"葛藤"というネガティブな面と上の子が下の子をかわいがったり，下の子が上の子の助けをするなどの"向社会的行動"というポジティブな面をもっている点です。もちろん，このような特徴は，友達関係においても往々にして見出されるところですが，その性質が家族全員の相互関係のあり方に大きく影響されているところに違いがあります。

　たとえば，きょうだい関係に夫婦関係や家庭の雰囲気がどのように関連しているかを検討した研究（菅原，2003）によると，夫婦関係の良好さが家庭の雰囲気に影響し，家庭の雰囲気が暖かく居心地の良いものであるほどに，上の子はときには下の子をいじめもするものの，よくかわいがったり，面倒をみたりする傾向がみられました。逆に，"いじめるだけでかわいがらない"傾向の強い子どもの家庭は，その雰囲気が暗く，妻は夫に愛情が感じられないし，自分も愛されていないと感じる傾向が顕著に高いことが見出されています。

　きょうだいというと，共通の親をもつ異年齢集団を想定しますが必ずしもそれだけではありません。共通の親をもつ同年齢集団の場合もあります。双子，三つ子，四つ子などの多胎児もきょうだいです。ここでは双子間のきょうだい関係（以下，双子関係）に限って述べておきます。

　1歳5カ月の双子関係を2歳5カ月と1歳5カ月のきょうだい関係と比較してみると，後者の場合，上の子から下の子への働きかけがずっと活発であるために，双子関係の場合よりも3倍も多く上の子に働きかけたり，まねをしたり，上の子の遊びに加わるなどが起こっているとのことです。一方，双子関係では2歳から4歳にかけて，親を取りあうこともありますが，2人でいる時間の25％は一緒におもちゃで遊んだり，追いかけっこをしたりして過ごします。なかには，それぞれが別々に遊ぶ双子もいるようです。概して，双子同士で競争するよりも協力しながら遊ぶ傾向が多くみられるようです。　　　　（古澤頼雄）

図や表・引用の出典

Goncu, A. and Kesself, F. 1988 Preschooler's collaborative construction in planning and maintaining imaginative play. *International Journal of Behavioral Development*, **11**, 327-344. より高橋（1991）が作成したもの

高橋たまき　1991　遊びと発達　無藤　隆（編）　新・児童心理学講座11　子どもの遊びと生活　金子書房

菅原ますみ　2003　きょうだい関係の発達心理学　チャイルドヘルス　6(7)，74-8.

さらに知りたい人へ

高橋たまき　1989　想像と現実：子供のふり遊びの世界　ブレーン出版

シンガー，D・シンガー，J.　高橋たまき訳　1997　遊びがひらく想像力：創造的人間への道筋　新曜社

麻生　武・綿巻　徹（編著）　1998　シリーズ／発達と障害を探る　第2巻　遊びという謎　ミネルヴァ書房

高橋たまき　2000　乳幼児の遊び：その発達プロセス　新曜社

PICK UP
発達障害とは

高次精神機能の発達に障害がある様態を総称して"発達障害"と言います。その原因は，染色体におこる異常や体内環境の影響，そして，生育環境の関与が考えられます。むしろ，個体の成長につれてさまざまな原因が作用して中枢神経系に障害を生じた結果，高次精神機能の獲得に障害がもたらされたものと考えられています。

1）精神遅滞（知的障害）は，言語・感覚・注意・記憶・思考などの発達に遅れが見られることや生活習慣の獲得が円滑にいかないこと，人間関係の形成が難しいことなどに現れます。

2）学習障害は，知的能力の全般的発達には遅れが見られないにもかかわらず，聞く，話す，書く，計算する，推論するなどの能力のうち，特定のものの習得や使用に著しい困難をもつことを特徴とするものです。

3）注意欠陥多動性障害は，就学前より示される注意欠陥，衝動性，多動性を特徴とした行動障害です。女児よりも男児に多く見られ，学齢期児童の3～7％に発現すると言われています。年齢とともに症状は改善される傾向にあります。

4）自閉症（自閉性障害）は，乳幼児期から現れます。目が合わない，抱かれるのを喜ばない，周囲のひとと交わろうとしない，相手の気持ちを理解しにくいなどの状態やことばの発達の遅れ，オウム返し，抽象的言語理解の困難，身振りや表情を使うことが不得手などの状態が現れます。この他に反復的常同行動や興味の特定のことへの過度の集中，固執的行動などを示します。

参考文献：永江誠司　2004　脳と発達の心理学　ブレーン出版

II 歴史・社会・文化のなかの人間発達

15 想像力
象徴機能の発達

　人間は経験した事柄を後で思い浮かべたり，考えたりすることができます。よくいわれる「イメージ」もそのようなものの1つです。思い浮かべられるのは現実に見たり聞いたりしたもの，それ自体ではありません。物を見ることがそのもののコピーを頭に焼き付けるのでないのと同様，イメージも外界から受け容れた情報を認識し，再構成したものです。したがってリンゴのイメージは実物のリンゴのある特定のもののコピーではありません。心理学の用語ではそれを表象といい，表象を扱う認知機能を象徴機能といいます。

　イメージというと映像的なものを考えてしまいますが，表象は映像的なものであるとはかならずしもいえません。暖かいとか悲しいとかの抽象的な経験もまた考えることができるからです。表象はすべて言語的なものだと考える人もいます。どのような情報として入力されようと表象として思考の俎上にのるという意味において，象徴機能の柔軟さやその広がりが感じられます。

幼児期の象徴機能の発達

　人間が表象を用いていることはかなり早い時期から観察されます。1歳半から2歳ころによく現われる行動として延滞模倣と呼ばれるものがあります。母親が鏡台の前で髪をとかしていたようすをじっと見ていた子どもが，髪の手入れを終えた母親が鏡台のところからいなくなると，こんどは自分が鏡台のところへ寄っていってブラシを取り上げ，母親がやっていたのをまねて髪をとかす仕草をします。今現在進行していることをそのままなぞるのではなく，時間的

― *Key word* ―
表象，象徴機能，ごっこ遊び，外言，内言，メンタルローテーション，メンタルモデル

に少し前のこと，したがって目の前ではもう起こっていないことをまねることができるのです。このためには心のなかに母親が髪をとかしていた様子をなんらかの形でとどめておかなければなりません。つまり象徴機能の始まりというわけです。

　同じように「見立て」や「ふり遊び」「ごっこ遊び」も象徴機能に依っていると考えられます。第14章でみたように，空っぽのコップから水を飲むふりをしてみたり・積み木を自動車に見立てて床のうえを走らせてみたりなど，これらの遊びのごく初期のものであっても現実にそこにないものをあるかのように考えたり，実物とは違うものをそのものであるかのようにして遊んだりできることは，それぞれのものの表象が心のうちに保たれていると同時に，動作や遊びの流れやまわりの環境など，そのものをとりまく状況まで表象していると考えられるからです。

　1歳半から2歳ぐらいという年齢は，初めてのことばを発する時期であり，2語文へと発展していく時期であることも象徴機能の発達を考える上で重要です。ことばはシンボルとして人間の思考を司る表象のうちでももっとも重要なものと考えられるからです。もちろんいきなりことばを使って考えられるようになるわけではなく，象徴機能がもっと高度に，柔軟に働くようになるまで待たなくてはなりませんが。

　幼児期にはことばを使って，限定的にではありますが，他の人とコミュニケーションをすることができるようになります。同時に思考のための言語が生まれる時期でもあります。実物や直接的な経験を介さなくてもことばというシンボルを使って一定の理解や思考，意図的な記憶などができるようになるのです。ロシアの心理学者ヴィゴツキーによれば，言語ははじめ他者とのコミュニケーションの手段として生まれ（外言），やがてそれが内面化して思考のための言語（内言）になると考えました。過渡的な現象として注目したいのは独り言です。幼児が独り言を言うのは，これまで経験のない事柄に直面し，自分の行動をうまくコントロールして的確に振る舞う必要のあるときです。まだ内言が未熟な幼児は自分の思考のために外言を用いて自分に語りかけ，難しい課題をやり遂

げようとするのです。

　通常大人はすでに内言が発達しており，心の中で考えることができますが，やはり1人で何か新しい課題，とくに行動をコントロールする必要がある課題に立ち向かおうとするときに思わず口をついて出てしまうことがあります。車の運転はさまざまな手続きの集合体ですが，まだ慣れない初心者は，右折するといっては「バックミラーを見て後ろの確認，右側を振り返って注意して，ウィンカーを出して，ハンドルを操作」と1つひとつの手順を口で確認しながらようやく正しくやり遂げることができるようなものです。これも幼児の独り言に通じる現象といってよいでしょう。

ごっこ遊びとけんかの境目

　さて，幼児は他者がなにを考えているか，どんなことを期待しているかなどについても少しずつわかるようになっていきます。親からやめなさいと言われていることをわざとやって，困らせたり，怒らせたりといったいたずらは相手の心を推測してやっていることもあると思います。他者の表象をさらに表象するという複雑なことが始まっているわけです。このことは「心の理論」と呼ばれ，その発達の研究がホットな話題になっています（第13章）。

　ところで，仲間遊びにけんかはつきものですが，子どものけんかは周囲の他者との社会的な関わり方，他者の心を理解し表象することを学びとる1つのステップと考える必要があります。子どものけんかには大きく2つのタイプがみられます。その1つは，要求の対立がみられる場合であり，もう1つは偶発的に起こる場合です。そして幼児期においては年齢にかかわらず前者の方が約70％と圧倒的に多いことが明らかにされています。このことから，けんかがたいていの場合子どもたちの意図の対立のもとになされている意味のある行為だといえます。もちろん対立の内容としては，低年齢では事物や場所の占有をめぐることが多いのですが，5～6歳になると集団内でのルールをめぐって起こるというように変化していきます。

　2歳半から3歳児を対象にした研究によると，私（ぼく）とあなた，私（ぼく）

の物とあなたの物の区別が理解できている子どもほど遊びのなかで自分の所有を主張する傾向が強かったものの，いったん主張してしまえばそれ以後は一緒に遊んでいく傾向にあったという結果が得られています。さらに，最近の研究によると，子どもは子どもなりにごっことけんかを区別してお互いに関わっているということがわかっています。そのことは子ども同士が擬人化や置き換えといったふりや見立てを用いていても，たとえば「どうしてそう見えるの」と相手のふりや見立ての理由をいちいち尋ねたりはしないで遊びを続けていくことからも推察できます。

　すなわち，ごっこの世界では，お互いに相手の言動を理解できているからこそ遊びが続いていくのに対して，相手の言動が自分の理解を超えてしまったところにけんかが起こるというわけです。

表象の操作と思考

　児童期にいたって象徴機能はさらに複雑さを増していきます。具体的なものについての表象を操作して，ある変換を加えたり加えられた変換を元に戻したりすることも柔軟にできるようになります。ピアジェのいう可逆的操作がそれに当たります。第3章で紹介した保存課題で，列の長さを引き延ばされたのを見ても2つの列には同じ数だけあると反応できる子どもたちの理由づけのなかに「元に戻せば同じ」があったことを思い出してください。子どもたちは長く変換された列の長さを頭のなかで元の長さに戻す操作を加えることができることを示しているのです。

　そして青年期以降には，具体的なものについての表象だけでなく，具体的なものから抽出された属性についてや，仮説的に設定された命題を論理的に操作することなどが可能になります。6本の花と6個の花瓶から数という属性を抽出し，$6 = 6$と考えて同じだと答えることはもはや具体物を離れて数という抽象的な表象を操作していることになります。さらにさまざまな操作が花と花瓶のそれぞれの集合に加えられてもそれが数を増減するような操作でなければ数における相等性が保存されるなどと考えられることは，数という表象を形式

Ⅱ　歴史・社会・文化のなかの人間発達

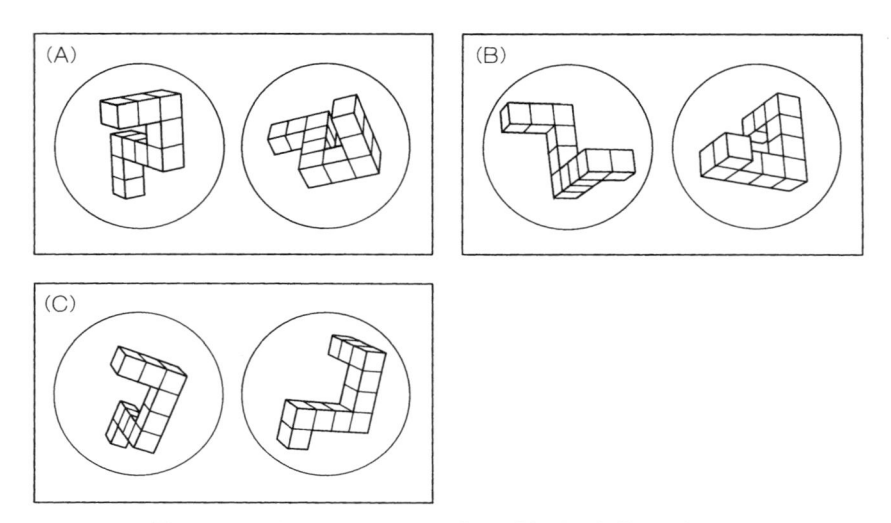

図15-1　メンタル・ローテーション課題（Metzler & Shepard, 1974）
(A)水平方向に80°　(B)奥行方向に80°　(C)一致しない

的・論理的に取り扱った結果といえます。

　さて，このように発達を遂げる象徴機能ですが，このおかげで私たちはかなり柔軟にものを考えることが可能になります。心のうちに描かれた表象はいろいろと操作することができるからです。メンタル・ローテーションといわれる実験もその一端を表わしています。被験者に**図15-1**のような2つの図形の対を見せ，それらが同じものであるかどうか判断して答えてもらうというのが課題です。実験者は図形を提示してから答えが返ってくるまでにどれぐらいの時間がかかるかを精密に計っておきます。すると180度回転したものをピークとして，回転した角度と回答までにかかった時間とがかなりよく相関することがわかりました。これを解釈するなら，私たちは回転した図形が同じかどうか判断するためにそれをぐるりと回しているらしいということです。自分で頭のなかにある図形を実際に回してみるということはあなたにもできるはずです。しかも1つの平面の上だけでなく，3次元的にどんな角度で回すことも可能でしょう。そのような内的経験が実験によっても確かめられたと同時に，意識的に回

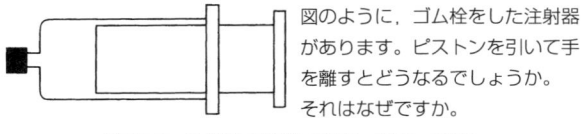

図のように，ゴム栓をした注射器があります。ピストンを引いて手を離すとどうなるでしょうか。それはなぜですか。

図15-2　注射器の問題（宮下・村山，1985）

そうとしなくても課題について考える必要性から自動的にそのような行動を行っていることもわかります。

　長さの変換や回転といった物理的操作だけではありません。問題を解くときには一種のモデルを表象して（メンタル・モデル），それを問題の制約のなかで動かしながら解決の方向を探ることが行われます。囲碁や将棋をするときに頭のなかに盤面を思い浮かべ，碁石や駒を動かしながら先を読むということは素人でもすることです。この場合碁石や駒は盤面での位置が変えられるわけですが，ただ移動されるだけではなく相手の碁石や駒との関係が吟味されているのです。またたとえば図15-2のような問題を被験者に与えて考えさせると，注射器の中の空気の量はきまっているので，ピストンを引いているときには広がっているけれども引くのをやめると空気は小さくなって元に戻るというような説明をすることがあります。おそらくこの場合，被験者は心のうちに注射器を思い浮かべ，さらにその中にある空気のことを考えているのでしょう。そして空気の性質からいってピストンが引かれるときには引き延ばされてむりやり広げられるが，引っぱっている手がはなされれば急いで元に戻ろうとするから，それに引かれてピストンは戻るのだろうというように，モデルがどんな動きをするかということからまだ未知の事柄に対して自分なりの説明を考え出すことができているのだと思われます。この説明が科学的に正しいかどうかはここでは問題ではありません。

　人間の想像力はほんとうに豊かなものです。夜お使いを頼まれた子どもは暗闇からなにか恐いものが出てきそうに感じます。テレビでヒーローが活躍する場面を見て，自分もそのヒーローになったつもりで「シュワッチ！」と空に飛び立とうとすることもあります。思春期に異性の友達に淡い恋心を抱くとき，

その人のことが頭から離れなくなることもあります。物語や小説の世界との出会いは人生を変えてしまうほどの感動をもたらすことでしょう。小説家でなくとも物語の1つも考えてみたことのある人は少なからずいることでしょう。文字につづるものだけでなく，ごっこ遊びをするときに子ども同士で共有された架空の世界に遊ぶこと，秘密基地を作ったり，探偵団を組んで捜査したり，遊びの広がりは想像の世界の広がりそのものといえます。

　また想像できない世界のことさえも考えることができます。たとえば今現在も宇宙は膨張し続けているといいます。風船が膨らむようなことを考えることはできません。宇宙の場合は膨張しているその外側の世界を考えることができないのですから。なんとも不思議なことなのですが，言語や数式を駆使して物理学的に考えた結果そうならざるをえないということですし，そのことを実際に考えついた人がいるのですから，人間というのは不思議な存在です。

　これらにはすべて象徴機能が関与しているのです。　　　　　　（宮下孝広）

図や表の出典

Metzler, J. and Shepard, R. N. 1974 Transformational studies of the internal representations of three-dimensional objects. In R. L. Solso (Ed.), *Theories of cognitive psychology : Loyola symposium*. Lawrence Erlbaum Associates.

宮下孝広・村山 功 1985 気体の力学的性質の理解について 発達研究 **1** 145-157

さらに知りたい人のために

ガーヴェイ, C. 1980 高橋たまき(訳) 「ごっこ」の構造 サイエンス社
内田伸子 1994 想像力 講談社現代新書

II 歴史・社会・文化のなかの人間発達

16 ことばと認識・行動
ことばや知識が課す制約

　英会話の練習をするとき，英語で直接ものを考えるようにしなさい，といわれることがあります。聞いた英語をいちいち日本語に訳して理解し，日本語で考えたことを英語に訳して話すなどという複雑なことはしない方がいいということだけでなく，むしろ日本語と英語の違いのために，ただことばを置き換えただけでは意味がとおらなかったり，英語らしい表現にならなかったりするからということでしょう。最近テレビの2ヵ国語放送が多くなり，アメリカの映画などを副音声の英語で聞くことができるようになりました。吹き替えの日本語版とくらべてみると，これが同じ作品かと思うくらいに違って聞こえることが少なくありません。もちろん声の違いや演出の影響もあるでしょうし，なによりも登場人物が口を動かしている時間に制限されるわけですから，セリフの長い・短いの方が話されている内容が一致すること以上に重視されることになり，かなり意訳してしまって違ったニュアンスになってしまうこともしばしばです。では時間をかければ同じことが伝わるかというと，もちろん内容的には意を尽くすことができても，日本語であれば端的に伝わることが英語では冗長になったり，その逆もおおいにありうるところです。ましてことばに伴う感情的な経験となると，涙をさそうはずのセリフがまったく理解されないということもありそうなところです。人間は主にことばを使って思考しますから，ことばが違えばそのことばを使ってものを見たり考えたり感じたりすることにも違いが現われるだろうと思うのは私だけではないでしょう。

サピア・ホワーフの仮説

　言語が周囲の環境を知覚したり認識したりする過程に影響しているという仮

Key word
サピア・ホワーフ仮説，言語，認識，行動，知識

説は19世紀の言語学者フンボルトにまでさかのぼることができますが,文化人類学の領域でより積極的な仮説を提唱したのは,サピアとホワーフの2人です。彼らはそれぞれいわゆるアメリカ・インディアンの言語を研究し,それが語彙においても文法においてもヨーロッパの言語とは大きく異なっていることを明らかにしました。そしてその言語を用いている人びとがヨーロッパ系のことばを用いている人びとと異なった方法で周囲の環境を認識し,理解していることを指摘しました。ホワーフは次のように理論づけています。「われわれは言語に与えられている基本的方向にそって現実を切り取る。(中略) 他方,多様な印象の形で現われる世界は,われわれの心によって組織されるが,それは,とりもなおさず,われわれの心の中にある言語体系によって組織されることを意味している」(Whorlf, 1956 天野[訳],1991より)。たとえば英語ならば水はwaterの1語ですが,ホピー語という部族の言語では滝や海,湖などの水(運動している水)とコップやびんなどに入っている水(静止している水)は2つの別な語によって表現されるということです。ことばが1つしかないということは,そのものの概念は日常それ以上の分節化を必要としないということですが,別のことばで表わされるとすれば,それらのものが日常区別されて認識されていることを示しています。まさにことばによって現実が切り取られているわけです。

　サピアとホワーフの仮説は言語と認識の関係をあまりに直接的にとらえているために,心理学的な実証を得るまでにはいたっていません。しかし私たちの認識や行動を制約するものとしてことば,あるいはホワーフの理論のなかでいう心が大きな役割を果たしていることはとても魅力的な考え方のように感じられます。以下ではことばからもう少し広げて,ことばを使って表現される知識やそれを生み出す思考作用そのものが私たちの外界に対する認識や理解を方向づけている事象について考えてみましょう。

認識を枠づけることば・知識

　まず図16-1を見て下さい。何が描かれているでしょうか。インクのしみが点々とついているだけに見えることもありますが,犬が見えると誰かが言うのを聞

16 ことばと認識・行動

図16-1 インクのしみ？犬？（Thurstone & Carraher, 1966）

図16-2 反転図形（ルビンの杯）（東, 1988）

図16-3 遠近の解釈（コール・スクリブナー, 1982）

いて見直してみたらほんとうに犬が見えたということもあるようです。同じようなことですが図16-2のような図を見たことのある人もいるでしょう。これは反転図形といって人間の知覚の仕組みを考える上でかならず触れられるものです。ものを見るということは眼に入ってくる視覚的な刺激の配置だけによって決まるのではなく、見る人がそこになにを見るか、そのものに対する意味づけによっても変わってくるのです。したがって杯だと見る人は杯に見え、2人の対面する顔だと見る人はそのように見えるのです。意識的に両者をかわるがわる見ることもできます。現実をどう切り取るかということが、ことばあるいは

131

それによって表現される知識によって左右されていることを示しています。

　図に描かれたことを理解することは，図も1種のシンボルであると考えればことばを読み解くことに近いとも考えられます。**図16-3**をみて下さい。槍の先に小さな象が描かれています。私たちは，こんな小さな象がいるはずはないから，たぶん遠くの（小さく描かれた）木の下にいるのが小さく見えているのだろうと解釈して，男の人がねらっているのはレイヨウの方だろうと考えます。しかし，同じ図を南アフリカのバンツ族の子どもたちや読み書きのできないおとなたちに見せるとそのようには解釈しないといいます。男の人がねらっているのは象の方だと答えるというのです。つまり小さく描かれた象は小さい象だと考えているということでしょうか。見えている3次元的な世界を遠近法によって表現することを当たり前としていない人びとにとっては，少なくともこのような絵について，遠くのものは小さく表現されるという約束ごとを理解することができないと考えられます。したがって2次元的に描かれたものは平面上に並んでいるのだということになるのでしょう。これも私たちのもつ知識が現実をどのように理解するかを左右しているということを表わしています。

　まったく同じものを見ながら，見える人には見えるのに，見えない人にはぜんぜん見えないということもいろいろあります。チェスの名人の特性を調べた実験において，チェスの実際の対局の中盤ころの盤面を材料として名人級の人とまだ駆け出しの人とに短時間その盤面を見せて記憶してもらい，あとで駒の配置を再現してもらったところ，名人級の人の方が圧倒的に成績がよく，しかも盤面の配置の意味あるまとまり，いわば定石のような1群の駒の配置を続けて再生するような傾向がみられたそうです。ところが記憶の材料を，駒をめちゃくちゃにおいた配置に変えると，とたんに名人も駆け出しの人も成績に違いがなくなってしまいました。名人級の人は短時間といえども盤面になにか意味のあるパターンを読みとり，それにしたがって記憶の負荷を減らしていたのだろうというのがこの実験結果の解釈になります。ここで重要なのは実際の盤面の場合には駒の配置には確かにあるパターンがあるということです。さらに名人が意味あるまとまりとしてのパターンを見出すことができたのは名人がもっ

ている知識によってだと考えられます。何事につけ名人の域に達した人は，凡人にはうかがい知れないものを見出す眼力を備えていると思われます。修練によって蓄えた知識はその眼力を導く1つの鍵であるわけです。もちろん知識をもっているためにものが見えなくなることもおおいにあります。素人の素朴でこだわりのない見方が新しい発見に導くこともあるのですから。

行動をコントロールすることば・知識

　以上のようにことばやことばで表現される知識が人間の認識を方向づける制約となっていることがおわかりでしょう。ことは外界の知覚や認識といった範囲にとどまりません。たとえばある子が学校の試験でこれまでにない悪い成績を取ってしまったとします。その子はがっかりすると同時に，なぜ自分がこんな悪い点を取ってしまったのか考えるでしょう。もうちょっと試験の前にがんばって勉強しておけばよかったと思うか，こんなむずかしい問題を出す先生の方が悪いと思うかによって，次の試験に向けてのその子の行動はずいぶん違ったものになってくるでしょう。自分がどういう存在であるか，私たちは常に考えています。勉強のことに限っても，自分はその気になればいつでもいい点を取れるんだと思ってがんばるか，そうでないかは実際に取る点数にも関わってきます。新しいことにできると思って臨むか，できないと思って臨むかによって結果は大きく左右されるといってよいでしょう。はなはだしい場合には自分はなにをやってもダメだという無力感にとらわれてしまい，ほんとうはできるはずのことでもまったくチャレンジしないことすら起きるのです。はちまきをしめて「がんばるぞ！」と絶叫するようなことはいかがかと思いますが，少なくとも自分でその気になることを励ますという意味においてことばに出してみることは役に立つことかもしれません。

　同様に自分が今なにをしているのか，これからどうすればよいのかなどについての認識は自分の今の行動の成否に大きく関わってきます。第17章でメタ認知について少しお話ししますが，このような自己の行動についての認識は行動をコントロールする機能としてとても重要です。なにかをやっているうちに

自分はなにを目標にして行動していたのかわからなくなったり，今の行動がほんとうにもっとも適切な行動なのか疑問がわいてくることがあります。そのようなとき立ち止まって考えてみることはだれしも経験することです。自分がなにを目指していたか，自分はどのような手段をもってそれに臨んでいるか，自分はなにが得意か，同じようなことをやっていた他の人はどうやっていたかなど，さまざまな角度からの知識がここでも働いていると考えられます。

また，自分の行動をコントロールすることは自分のしたいこととしたくないこととをはっきりと認識することと深く関わっています。自分のしたいことを周囲の環境が許さなかったり，まわりのおとなによって制限されたりすればがまんしなければならなくなります。逆にほんとうはしたくないことなのに周囲に流されてせざるを得ないことになってしまうこともあります。そのようななかで自己実現をはかり，社会的にうまく適応していくためには自己主張したり自己抑制したりすることがぜひ必要です。そのためにも自分がおかれている状況についての適切な認識がぜひ必要となるのです。

自分の行動をコントロールすることは社会生活を営む上でとても重要です。そのようなコントロールがことばや知識によって，そして言語化するという行為をとおしてなされていることはとても興味深いことです。　　（宮下孝広）

図や表・引用の出典

天野　清　1991　ことばと心　藤永　保（編）　心理学のすすめ　筑摩書房
Thurstone, J. and Carraher, R. G.　1966　*Optical illusions and the visual arts*. Litton.
東　洋　1988　自然環境の認知　末永俊郎（編）　新版現代心理学入門　有斐閣
コール，M.・スクリブナー，S.　若井邦夫（訳）　1982　文化と思考：認知心理学的考察　サイエンス社

さらに知りたい人のために

柏木惠子　1983　子どもの「自己」の発達　東京大学出版会
守屋慶子　1982　心・からだ・ことば　ミネルヴァ書房

II 歴史・社会・文化のなかの人間発達

17 記憶のメカニズムと発達

記憶喪失

　ミステリーや推理小説を読むとよく記憶喪失の話が出てきます。実話としても過去の記憶を失ってしまう例は少なからずあり，自分がどこの誰なのか，これまで何をして生きてきたのかなどを思い出すことができず，家族も含めて非常に困難な状況に直面した方の経験を本などでも読むことができます。

　反対に，新たに経験したことがまったく記憶できない場合についてはあまり一般的ではないようです。心理学的な研究の例として引かれるのはHMという人物のケースです。この人は病気の治療のために脳の一部を切除する手術を受けたことが原因とされています。またコルサコフ症候群という病気の場合にもこの種の記憶喪失になる典型的なケースがあるそうです。このような場合，ある時点までの記憶はとどめられており，いつでも思い出すことができますが，それ以降の記憶はまったく蓄積されていきません。たとえば，会って話した人のことを記憶にとどめることができないために，再会したときでもいつも初対面のような対応をしてしまい，とんちんかんなことになってしまいます。もし子どものいる人ならば，発症した時点を境にして，幼いころの子どもの顔は思い出せても成長したわが子のことがそれと認識できないことになってしまい，ことは深刻です。

　以前の記憶を失う場合も，以後の記憶を失う場合も特徴的なのは，日常生活を営むのに必要な認知機能は普通の人と変わりないことがあるという点です。

Key word
記憶喪失，短期貯蔵庫（短期記憶），長期貯蔵庫（長期記憶），感覚レジスター，パターン認知，リハーサル，メタ認知

II 歴史・社会・文化のなかの人間発達

その場で人と話をしたり，簡単な計算をしたりといった行動のためには，その都度短時間情報をとどめておかなければなりません。足し算をするのに 2 ＋ 3 の両方の数字がともに頭に残っていなければ計算にならないからです。会話にしても今しがた聞いた相手の話が頭に残っていなければ的確に話を継ぐことはできないでしょう。気づきにくいことなのですが，このような作業に伴う記憶も人間の行動の上で非常に重要な役割を果たしているということです。こちらは記憶喪失といえども失われていないということは，記憶のメカニズムを考える上でとても大切な視点を開いてくれます。

記憶のメカニズム

そこで，次に記憶のメカニズムについてお話ししましょう。現在記憶についての考え方は 1 通りではありませんので，ここでご紹介するのも 1 つの仮説といった方が正確かと思います。

記憶は文字どおり情報をいかに蓄えておくかという問題です。したがって記憶を蓄えておくところ，貯蔵庫としてどのようなものがあると考えるのかが問題となります。1960年代に提案された仮説では短期貯蔵庫（短期記憶）と長期貯蔵庫（長期記憶）の 2 つの貯蔵庫が想定されました。**図17-1**が人間の記憶システムのモデルです。

まず外界から取り入れられた情報はいったん感覚レジスターにすべていれら

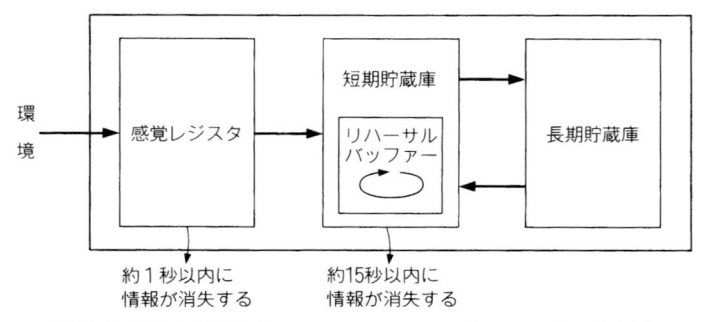

図17-1 記憶のモデル（ロフタス・ロフタス，1980, p. 11を一部改変）

17 記憶のメカニズムと発達

図17-2 視覚的パターン

れます。この段階ではまだ何の情報処理もなされていない状態だとされています。たとえば図17-2にあるような図形は3本の直線の集まりという物理的な情報として入っているということです。感覚レジスターからほとんどの情報は1秒程度以内に消えてしまいます。しかしそのうちのごく1部はパターン認知と呼ばれる過程を経て，図17-2ならば「H」という文字として認識され，短期貯蔵庫に送られます。いわば意識にのぼった状態にあたるといえるでしょう。ここで長期貯蔵庫に蓄えられたさまざまな情報を参照しながら必要な処理が施され，口や手などの運動器官の機能を介して外界に発せられたり，長期貯蔵庫に送られたりします。短期貯蔵庫は作業記憶とか作動記憶とかと呼ばれることがありますが，それはこれが記憶情報に処理を施すという機能をもっているからです。いっぽう長期貯蔵庫は情報を永く蓄えるという私たちになじみの機能をもっていると考えられます。

　憶えるという機能についてだけいえば，短期貯蔵庫では，どれくらいの量の情報をどれくらいの時間保つことができるかが問題です。まず量に関していえば，個人差はありますが，だいたい7項目程度だといわれています。この領域でよく用いられている研究方法として数列範囲記憶法というものがあります。続き具合に意味のない数字の並びを，たとえば「5，8，2，9，1」というように1字ずつ区切って被験者に読んで聞かせ，すぐに復唱してもらうというものです。被験者がどれくらい正しく再生することができたか，その桁数がだいたい7桁前後になるわけです。しかしこんな並びの場合はどうでしょうか。「1，4，1，4，2，1，3，5，6」。9桁ですからかなり憶えにくいはずですが，「ひとよひとよにひとみごろ」と語呂合わせができれば，憶えておくことはまったく簡単です。2の平方根という意味づけができれば，もはやこの数

137

字の並びの桁数は意味がなくなります。ですからここでいう項目数は単純に数字の桁数ではないのです。なお，この意味づけの際に働いているのは他ならぬ長期記憶に蓄えられている知識であることがわかります。

次にどれくらいの時間，ということについてです。短期記憶に入ってきた情報は失われるにまかされているかというと，そうではありません。少なくとも作業をしている時間保持できないといつまでもその作業ができないからです。たとえばはじめて電話をかける相手の電話番号をいったん憶えてダイヤルしようとしているときのことを考えてください（最近の電話では住所録機能によってあまり経験しないかもしれませんが）。おそらくほんのちょっとの時間にせよ番号のメモから目を離しても忘れないように番号を頭のなかで何度も繰り返している経験をおもちでしょう。このように繰り返し唱えることをリハーサルといい，これによって記憶情報が失われるのを防ぐ働きをしているのがリハーサル・バッファーです。ではリハーサル・バッファーが機能していないときの短期貯蔵庫の情報の保持時間はどれくらいでしょうか。それを調べるためにはリハーサルがかからないような工夫をしてやることが必要です。そこでたとえば数列の提示後，計算をさせたり，数を逆に数えさせたりと，作業をさせることによってリハーサルの余地がないようにし，何秒後かに再生させ，時間と再生との関係をみます。すると15秒くらいで再生率は低下し，横ばい状態となります。よって短期貯蔵庫における情報の保持時間はおよそ15秒ということになります。

さて，ものを憶えたという状態は長期貯蔵庫に再利用可能なかたちで情報を納めることを意味すると考えられます。短期貯蔵庫から長期貯蔵庫にどのように情報が送られるのかについてもいろいろなことが考えられます。短期貯蔵庫に長くおいておけばよいとすれば，繰り返しリハーサルすることがよいことになります。実際，受験生が英単語を憶えようとして繰り返し唱えたり，紙に何度も書いたりすることはよく見られます。いっぽうたとえば単なる数字にすぎない歴史の年号を「人の世むなし（1467）応仁の乱」などと語呂合わせ的に意味を与えることで憶えたりすることもみられます。どちらもよくなされることですから優劣をつけるのはあまり意味がないことでしょうが，はじめにみたよう

に人間は意味的な情報を蓄えるように仕向けられているとすれば，意味的な処理を施されたものの方が記憶しやすいのかもしれません。

記憶のコントロール

　このような記憶のメカニズムはかなり早くからおとなと同じように機能するにいたります。幼児期後期の子どもであっても短期貯蔵庫に保持できる項目数や保持できる時間などもおとなとさほど変わらないといわれています。しかし幼児に「今日保育園でどんなことして遊んだ？」とか「お昼に何を食べたの？」とか聞いてみてもあまり満足な答えは返ってきません。ましてこれは大事なことだから憶えておきなさいなどと小学校低学年くらいの子どもに言ってちゃんと念を押しても，きちんと憶えているというわけにはなかなかいきません。どうしてうまくいかないのでしょうか。

　記憶のシステムをうまく働かせるには，とくにそれが意図的な記憶の場合はなおさら，記憶する自分の行動を自分でどれくらいコントロールすることができるかが重要なようです。記憶のような自分の認知的行動を自ら監視することを認知的モニタリングとか，メタ認知とか呼びます。幼児と小学校高学年の子に記憶すべき項目を書いたリストを渡し，後で完ぺきに思い出せるという自信がつくまで憶えてくださいという課題を出した実験があります。小学生の子どもたちはしばらく学習してもう大丈夫といいましたので，リストを再生させてみると完全に思い出すことができました。幼児もしばらく学習してもう大丈夫といいましたが，再生の結果は完全というにはほど遠いものだったそうです。リストを憶える時間は必要なだけ使ってよく，制限はありません。にもかかわらず幼児が大丈夫というまでの時間は小学生とあまり変わりがなく，むしろほんとうにそれで大丈夫かと思うほどであったといいます。この結果は幼児が記憶のシステムをうまく使いこなしていないことを示しています。ものを憶えておかなければならない経験に乏しく，どうやったらうまく憶えられるのか，憶えなくてはならない課題のむずかしさの度合い，また自分が憶えるのが得意かどうかなどについての知識も不十分であることがこのような結果を招いている

と考えられます。このことは認知的活動は基本的な認知的機能の発達のみによって決まるわけではないことを暗示しているという意味で，記憶の発達は興味深い面をみせてくれているといえます。

　逆にもう1つ興味深いのは，誰にでもある経験として，生まれてから3・4歳ころまでの経験は通常思い出すことができないことです。乳幼児健忘とも呼ばれる現象ですが，ではそのころまで記憶は機能していないのかといえば決してそうではないようです。第❷章でも紹介しましたが，仰向けに寝ている赤ちゃんの上にモビールをぶら下げ，それと赤ちゃんの足を結びつけてやると，赤ちゃんは自分の足を動かすことによってモビールが動くことにすぐ気がつきます。そしてしきりに足を動かし，モビールを自分で動かすことを楽しみます。数日の間を置いて同じ状況を作ってやりますと，自分の足とモビールの結びつきを覚えていて，しきりに足を動かす様子を示します。また第❸章と第❾章で，ことばの発達において，2歳前後の時期は爆発的に語彙を獲得する時期であることにふれましたが，ことばの意味に関する記憶は活発に働いていて，新しい単語がどんどん貯蔵されていることは明らかです。ピアジェは誕生後2歳くらいまでを感覚運動期と呼んで，その後の発達段階と区別しましたが，この時期の記憶に関する研究が，認知発達全体と関連づけて一層発展することが望まれます。

（宮下孝広）

図や表・引用の出典

ロフタス，G. R.・ロフタス，E. F.　大村彰道（訳）　1980　人間の記憶：認知心理学入門　東京大学出版会

さらに知りたい人のために

バッドリー，A.　川幡政道（訳）　1988　記憶力　誠信書房
上原　泉　2003　発達：記憶,心の理解に重点を置いて　月本　洋・上原　泉　想像：心と身体の接点　ナカニシヤ出版

II 歴史・社会・文化のなかの人間発達

18 時代による社会の変化と人間の発達

　「このごろの若い人は……」と口にしている年輩の人の会話にしばしば出会います。それは，自分が若いころとは明らかに時代とともに変わっている今の若者の姿を表現していることばとも取れますし，年をとるにつれて定かでなくなっている若いときの自分の記憶と照らして，今の若者の行動が違ってみえることを話そうとしていることばとも取れます。多分，この両方が組み合わさって，今の若者を批判したい気持ちがこのような表現となっているのでしょう。

　それでは，時代が変わると確かに人間の発達は変わるのでしょうか。ここでは，このことを裏づけるいくつかの証拠を述べてみましょう。

世代と生活経験

　社会経済的状況は人の生活に大きな影響をあたえていきます。たとえば，わが国で1910年代，1930年代，1950年代，1980年代に生まれた人たちを比較してみると，1910年代に生まれた多産多死型世代の人たちは，2度の大戦のなかで若い時代を過ごし，平和な日々を送るのは，40歳を過ぎてからです。1930年代に生まれた多産少死型世代の人たちは，幼いときには戦争を経験しているにせよ，青年期を過ぎるころからは，まず平和な時代に生きています。1950年代に生まれた少産少死型世代は，幼いときから高度経済成長期を過ごし，経済的な変化こそあれ，まずは何事もない時代のなかでそれぞれの年齢を過ごしているといえます。そして，1980年代に生まれた，少子高齢化時代の皆さんの世代は，以前よりは少しばかり緩和されかけている受験戦争に代わって，ここ10余年に

―― Key word ――
遊び空間，経済大恐慌，IT（Information Technology），インターネット，コホート研究

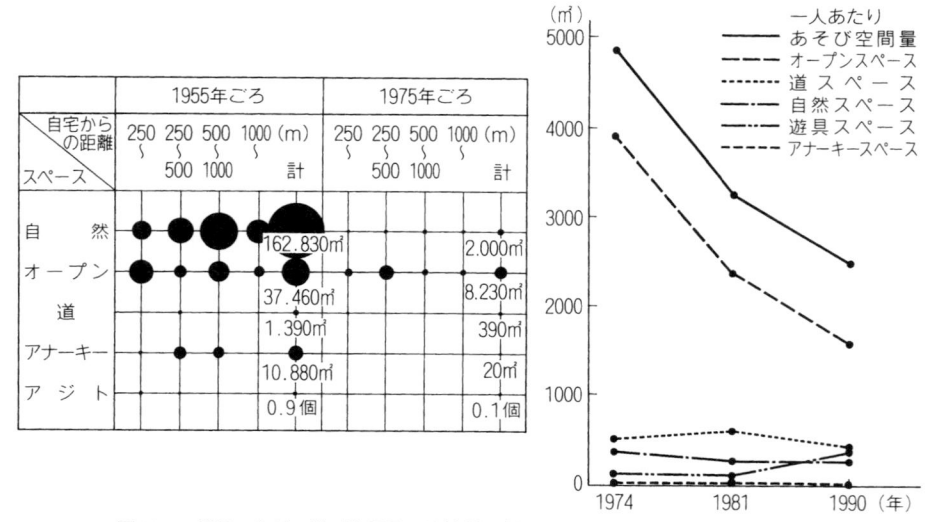

II　歴史・社会・文化のなかの人間発達

図 18-1　横浜における遊び空間量の比較/遊び空間量（1974〜90年）（仙田，1992）

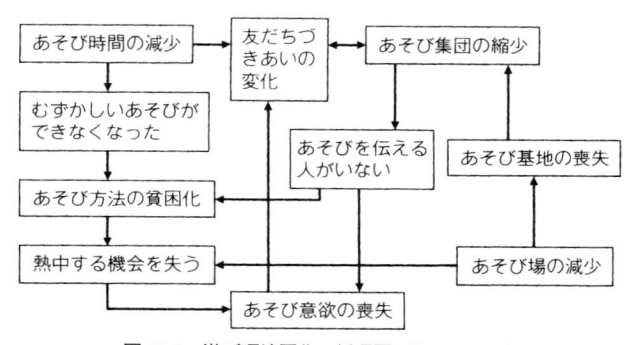

図 18-2　遊び環境悪化の循環図（仙田，1992）

わたる構造的不況による就職難の時代に遭遇することになっています。このようなことから，一見同じように年齢を重ねていく人たちがいつの時代を生きていくかによって，そこで経験していくことが異なること，そして，そのことが1人ひとりの発達に影響していくことが考えられます。

　このことを子どもの遊びの場の減少ということで考えてみます。**図18-1**は，

横浜に住む平均的な子どもたちの遊びの場の空間量と，その自宅からの距離を調べたものです。

　ここでは，身近な自然スペースの減少がとくに顕著です。量的にみるとわずか20年間に，その広さが80分の1になってしまっています。このような経緯はいきおい子どもの生活を変えているといえます。もちろん，遊び空間の減少だけが即，子どもの心に影響を及ぼすというよりは，遊び空間の変化とそれに伴って生ずる遊び時間・遊び集団・遊び方法という媒介的変化が子どもに影響していくと考えるべきでしょう。そのことを示したものが仙田（1992）による図18-2です。

　仙田は，次のように述べています。「あそび時間・あそび空間，あそび集団・あそび方法という4つのあそび環境の要素は，お互いに影響しあっている。あそび時間がないから友達がつくれないし，難しいあそび，複雑なあそびができない。短時間で簡単にできるあそびしか体験できない。あそびの方法が貧困化してしまう。あそびの醍醐味やおもしろさが味わえない，熱中できない，そしてあそびそのものに対する意欲さえ失ってしまう。あそび場が少なくなって，子どもたちがあそびのたまり場を失い，それによってはぐくんできたあそび集団が小さくなり，あるいはなくなる。そのことによって大きい子どもから小さい子どもへ，おもしろいあそびの方法を伝えることができなくなり，あそびの方法が貧困化していく。さらにそのためにあそび意欲がなくなり，外あそびの時間がさらに少なくなっていく。このように子どもたちがあそび時間や空間を失うことによって，その方法や集団とも影響しあいながら，あそび環境はますます悪化していく……」。

1930年代の経済大恐慌の影響

　1930年代の世界的経済大恐慌は，端を発したアメリカでは労働者の3分の1が失業するという状況を生み，極度の困窮を人びとに強いました。エルダーは，1929年より開始されていたオークランド発達研究の資料を用いて，このような社会的変化が小学校から高校時代にかけてその時代を過ごした子どもたちに与

表18-1　子どもの情緒不安定・社会的感受性についての母親の報告
（エルダー，1986）

経済恐慌と社会階層	不安		泣きやすさ		怒りっぽさ	
	少年	少女	少年	少女	少年	少女
中流階層　影響小	38%	33%	23%	16%	28%	42%
影響大	31%	52%	28%	32%	50%	43%
％の差	＋7	−19	−5	−16	−22	−1
労働者階層　影響小	20%	27%	22%	27%	30%	45%
影響大	45%	49%	35%	34%	50%	56%
％の差	−25	−22	−13	−7	−20	−11

えた影響を検討しました。彼は，中流階級と労働者階級という2つの社会階層によって，恐慌の影響をまともに受けたグループとそれほどでもないグループを設けて，4つのグループ間での比較によって影響の様態を明らかにしていきました。

　たとえば，母親が評定した子どもの情緒的不安定については，**表18-1**のような結果を得ています。それによると，恐慌の影響が大きかった家庭の子どもたちは，概して情緒不安定で，不安，泣きやすさ，怒りっぽさという特徴を示していました。経済的影響は，とくに子どもの性別によって，異なった情緒反応を示していて，少年は怒りっぽく，少女は不安を募らせることになったように考えられます。また，不安傾向については，中流階層の子どもたちの場合よりも，労働者階級の子どもたちの場合に恐慌の影響がより大きく示されていることも指摘できるところです。

　ところが，子どもたちの社会的感受性（傷つきやすさ）についてみると，社会階層にかかわらず，父親の職業的地位の喪失との関連が影響していることが予想されました。このことを検討するために，エルダーたちが，"恐慌の影響を受けなかった群"，"恐慌の影響を受けたものの父親の職業的地位が変わらなかった群"，"恐慌の影響を受けて父親の職業的地位が下降移動した群"を設けて比

較したところ，傷つきやすさを指摘された子どもの数は，40％，63％，78％となっており，父親の職業的地位の下降が子どもたちの傷つきやすさに影響していることが明らかになり，さらに，この傾向が少年では労働者階層で大きくなっているのに対して，少女ではむしろ中流階層で大きくなっているところから，父親の職業的地位の喪失が「落ちぶれた」という困惑をもたらしたと結論しています。

　ところで，1995年1月17日未明に淡路島・阪神地方を襲った大地震は，さまざまな喪失体験を人びとにもたらしましたが，子どもたちにはかり知れぬ衝撃を与えました。事実，震災直後には，明け方になるときまっておびえて泣きながら目をさます幼児や，甘える小学生，はしゃいでいるかと思うとふと黙り込む中学生などが数多くみられたとのことです。そして，その後もあらたなストレスが子どもの心に引き起こされています。震災後，子どもたちが示すストレス反応には2つの性質が含まれていることを小花和（1998）は指摘しています。その1つは，「安心させてほしい」という要求から現われている場合です。子どもにとって瞬時に起こる生活状況の変化は堪え難い恐怖をかき立てますが，何よりも周囲の人からの安心感によってその窮地は解消されると考えられます。もう1つは，もともと子どもがもっていた特徴的な行動が反映し，強調されて現われていく場合です。このことは，震災によって引き起こされたストレスが周囲の人にも子どもと同じように起こっているので，それぞれの人同士が抱えるストレスが共鳴しあい，拡大しあって突出してくるものと考えることができます。言い換えるならば，普段の生活では，人間関係でストレスを感じても自分の耐性の範囲で処理し，克服できていたのですが，震災のような緊急時にあってはとても処理しきれなくなって顕在化してしまうというわけです。

IT 時代に生きる

　IT（Information Technology）はまさに現代を象徴する代表的なことばになっています。1980年初頭から徐々に普及し始めたパーソナルコンピュータ（パソコン）は当初は電子文房具に過ぎませんでしたが，いまやその機能の高性能化に伴

って，社会生活のさまざまな面に浸透し，通信・映像・音声・データベース・教育・遊具など，まさに「電子情報化時代」として人びとに大きな影響をもたらしています。

1 テレビ視聴

IT時代到来の前駆期は，今から50年前（1955年）に始まったテレビ公共放送にあったと考えられます。当時テレビ放送は，家庭の茶の間の団らんを大きく変えました。放送開始直後に行った調査においても，テレビ視聴が家族成員間の会話を減少させていることが明らかになりました。乳幼児を対象にした最近の調査では1.3歳児がじつに1日3時間余をテレビ視聴に費やしています。

テレビが視聴する人に及ぼす影響については，それが教材としての性質をもっている場合には，知識の獲得や現象の理解，さらには，問題解決力などによい影響を与えることが繰り返し証明されています。その反面，従来から一貫して指摘されていることは，画面に映し出される暴力シーンが起こす観察学習の効果として，攻撃性，ひいては犯罪行為に結びついている可能性をもつことです。加えて，番組の中で用いられる非現実を現実と思わせるような手法，視聴者に恐怖を与えたり，意識をかく乱するような手法などが及ぼす影響も指摘されているところです。幼い子どもにとって，テレビの長時間視聴は自分からの言語的な働きかけや応答を失わせることから言語発達に遅滞を招いたり，「表情の乏しさ」「気持ちが通わない」「友達関係がもてない」「視線が合わない」「遊びが限られる」などの特徴がみられるといわれます（向田，2003）。なお，このようなテレビ視聴による影響はビデオ視聴においても同様と考えられます。

2 テレビゲーム

1980年代に入って発売されたテレビゲームは，爆発的に流行し，年間1000万台以上のテレビゲーム機と約1億本のゲームソフトが販売され，小学生の9割が自分専用のゲーム機を所有し，テレビゲーム遊びに専念しているといわれます（井堀，2003）。図18-3は小学生があげたもっとも好きな遊びを示しています。

この遊びの特徴は，画面に映し出される二次元，または三次元映像の動きに

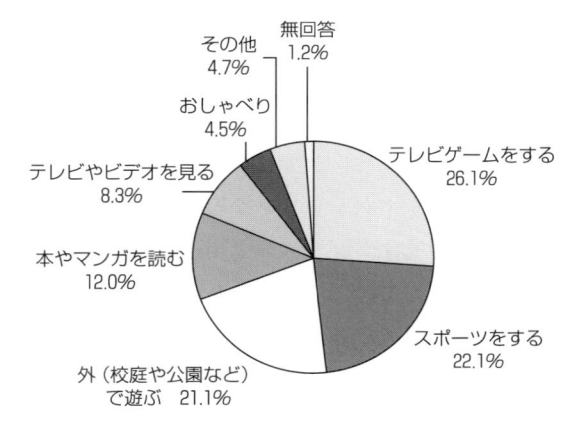

18　時代による社会の変化と人間の発達

図18-3　好きな遊び（郵政省放送行政局，2000）

- テレビゲームをする　26.1%
- スポーツをする　22.1%
- 外（校庭や公園など）で遊ぶ　21.1%
- 本やマンガを読む　12.0%
- テレビやビデオを見る　8.3%
- おしゃべり　4.5%
- その他　4.7%
- 無回答　1.2%

コントローラーを操作することによって能動的に参加していくことにありますが，一瞬たりとも画面から目を離すことができない熱中性と現実をシミュレートした体験が可能であることなどから，遊び手にさまざまな影響を与えることがいわれています。

　井堀（2003）は，テレビゲームが認知能力に与える影響について，知覚的運動能力を高めることや同じような課題の解決を訓練するためには優れたツールであるものの，思考の論理性や学業成績の低下に結びつく可能性も否定できないと述べています。さらに，テレビゲームに多く含まれる暴力描写による影響がテレビのそれと同じように青少年の暴力的犯罪につながるという懸念もなされていますが，このことについて，渋谷（2003）は，その可能性を肯定できるものの，これまでの研究では決して一貫した結果が得られていないと指摘しています。

3　インターネット・携帯電話

　電子メール，ウェブブラウジングなどのインターネット，さらにはこれらの機能をも伴っている携帯電話に共通している特徴は，地域・時間を問わずに見ず知らずの人同士が遠隔のままさまざまな形でコミュニケーションを行えることです。

Ⅱ　歴史・社会・文化のなかの人間発達

　このような間接的な対人コミュニケーションは，おそらく人類がこれまで経験したことがなかったものでしょう。それだけにこのような通信手段が私たちの社会的適応にどのような影響を与えていくかを明らかにすることが大きな課題となっています。

　小林（2003）は，このコミュニケーション手段がもつプラスの効用とマイナスの効用を検討しています。まず，プラスの効用としては，対人不安やシャイネス（とくに未知の人に対する人間関係において，緊張したりぎこちなくなったりする傾向）を低減させるなど，「個人の資質の向上」「孤立感の低減」「ソーシャルスキルの向上」などに効果をもつこと，さらには，青年期における異性との親密な関係づくりなど，他者との関わり方の向上，すなわち，「社会性の向上」「他者理解」「対人関係の形成・維持」などに効果をもつことがこれまでの研究で明らかになっているとのことです。

　一方，マイナスの効用については，インターネットの過剰使用による日常生活への悪影響，精神的健康や対人関係の阻害，さらには，このコミュニケーションがもつ限界を逆手に利用した行為，たとえば，匿名性や非対面性の悪用，それに触発される病理的行動，反社会的行為の扇動などが問題となっています。

　もちろん，インターネットはコミュニケーションの手段を意味していますが，同時にどのようなコンテンツ（伝達情報）をコミュニケートするかがむしろ問題となることはいうまでもありません。このことは日常での利用の低年齢化が進んでいる携帯電話の場合にさらに当てはまるといえます。

社会の変化を視野に入れた発達研究，コホート研究

　さて，前述したエルダーらの研究は，同一の協力対象者について，約30年にわたって繰り返し面接や質問紙によって調査したものですが，このように同一対象者の協力を得て，加齢につれて継続的に追跡し，発達の姿を明らかにしていこうとする方法を"縦断的手法"と呼びます。これに対して，年齢ごとにある程度の数の協力対象者を得て，それぞれの年齢で得られる代表値を繋ぎ合わせて，そこに描かれる変化から，発達の姿を明らかにしていこうとする方法を

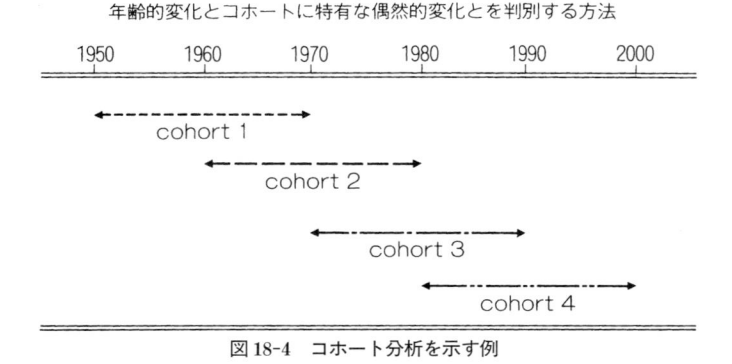

18 時代による社会の変化と人間の発達

年齢的変化とコホートに特有な偶然的変化とを判別する方法

```
      1950    1960    1970    1980    1990    2000
              ←------------→
                 cohort 1
                   ←------------→
                      cohort 2
                         ←------------→
                            cohort 3
                               ←------------→
                                  cohort 4
```

図18-4　コホート分析を示す例

"横断的手法"と呼びます。縦断的手法が，加齢とともに生ずる発達の姿をより忠実に描く可能性をもっている反面，多くの時間と労力を要するのに対して，横断的手法は多数のサンプルについて，短時間に結果を導くことができる反面，異集団から得られた結果を年齢的変異として強引に結びつけてしまうきらいがあります。そして，なによりもいずれの場合にも，研究協力者が同年代に生まれた特定の時代経験を共有している同時代集団（コホート）であることには違いありません。ですから，縦断的手法では，そこで明らかにされたことが，選んだコホートにみられる発達の姿にすぎませんし，横断的手法の場合には，加齢による変化とコホートによる差異を混同したままに発達の姿を結論してしまう危険があります。

　そこで，最近ではコホート分析という手法が重視されています（**図18-4**）。この手法は，年代的変化とコホートに特有な偶然的変化（戦争，災害，社会変化など）とを判別しながら，人間の発達の姿を明らかにしていこうとするもので，図の例では，10年ごとの隔たりを置いた4つのコホートについていずれも20年間の追跡を実施しようとするものです。

（古澤賴雄）

Ⅱ　歴史・社会・文化のなかの人間発達

図や表・引用の出典

仙田　満　1992　子どもとあそび：環境建築家の眼　岩波新書
エルダー, G. H.　本田時雄ほか（訳）　1986　大恐慌の子どもたち：社会変動と人間発達　明石書房
小花和尚子　1998　災害後の幼児と母親のストレス　城　仁士・杉万俊夫・渥美公秀・小花和尚子（編著）　心理学者がみた阪神大震災：心のケアとボランティア　ナカニシヤ出版
向田久美子　2003　メディアと乳幼児　坂元　章（編）　メディアと人間の発達　学文社
井堀宣子　2003　テレビゲームと認知能力　坂元　章（編）　メディアと人間の発達　学文社
小林久美子　2003　インターネットと社会的適応　坂元　章（編）　メディアと人間の発達　学文社
郵政省放送行政局　2000　子どものテレビとテレビゲームへの接触状況に関するアンケート調査報告書　郵政省放送行政局（井堀宣子　2003　テレビゲームの認知能力　坂元　章（編）　メディアと人間の発達　学文社より引用）
渋谷明子　2003　テレビゲームと暴力　坂元　章（編）　メディアと人間の発達　学文社

さらに知りたい人のために

仙田　満　1992　子どもとあそび：環境建築家の眼　岩波新書
斎藤　耕二・本田時雄（編著）　2001　ライフコースの心理学　金子書房
坂元　章（編）　2002　インターネットの心理学：教育・臨床・組織における利用のために　学文社
坂元　章（編）　2003　メディアと人間の発達　学文社

II 歴史・社会・文化のなかの人間発達

19 性格形成
つくられる／つくる性格

　私たちは日ごろ，自分や他人の行動，感情，思考などをみて，その特徴から"社交的な人間だ"とか"内気だ"などと判断しています。このように人の行動・感情・思考などを方向づけている核といえるものを，心理学では性格，人格，パーソナリティーと定義しています。

乳児の生得的気質——はじめに個性ありき
　性格は，生後の環境や教育のなかで形づくられ生涯にわたって発達してゆくものです。誕生間もない乳児は，泣き，眠り，飲みといった生理的な生活に終始していて後年の性格とか人格といえるようなものは認められません。けれども，環境や親のしつけの影響がまだ及ばない誕生直後から赤ちゃん1人ひとりにはっきり個性がみられます。運動の早さ・頻度・強さなど活動水準，睡眠・食事・排泄の周期の規則性，環境刺激への順応・反応の早さ・強さ・機嫌の良さ・安定，注意の集中度・持続性などで，これを気質といいます。性格の原形ともみえる気質が，子どもごとに生得的に備わり発達当初からみられる，その意味で「はじめに個性ありき」といえるでしょう。
　東洋系の子どもは欧米系にくらべて，概して活動水準は低く反応が弱く慣れは早いといった人種差もあるということです。けれども，乳児期の気質がそのままその人一生の性格特徴になるのではありません。むしろ，子の気質によって親の対応やしつけは左右され子どもの経験が限定され変化させられるというふうに，間接的媒介的にその性格形成に影響します。いつも機嫌良く環境刺激

───── *Key word* ─────
気質，性格，遺伝，環境，達成動機，内発的動機，自己形成，主体的能動性，出生順位

への反応も早く規則的で安定したリズムをもつ子どもと，逆に反応も控えめで機嫌や眠り・食事などが不安定な子どもとを想像してみてください。そうした気質によって親にとって育てやすい子どもにもなれば，育児の自信を失わせ育てにくい扱いのむずかしい子どもにもなるでしょう。その結果，親のしつけ・扱いは違ってきます。それは子どもの経験を変えることになり，それらが性格形成を特徴づけることになるのです。

親との類似"親にそっくり"は，"親ゆずり"，遺伝か？

性格が親とそっくりだ，同じだということから，これは親ゆずりだということがよくあります。遺伝だからどうしようもないと，諦めたりすることさえあります。本当にそうでしょうか。そうとはいえません。親と子とが類似していることは，ただちに遺伝とはいえない，むしろ後天的要因が働いている可能性も大きいのです。

まず，親と子はほぼ同じ環境で生活し類似の経験をしています。そのために同様の性格になる可能性があります。また神経質な親は子育ても注意深く神経質なものになり，それで育てられる子もやはり慎重・神経質な傾向をもつようになるでしょう。さらに，子は親の言うことなすことを見ていますから，親からの観察学習の結果である部分も大変多いのです。性格の規定因が遺伝か環境かの問題は，どちらか一方だけに帰することはできず，両者は相互に絡み合っています。

遺伝は絶対ではない

最近，遺伝学の進歩は目ざましく，人間の発達に働く遺伝子について多くのことが判ってきました。一卵性双生児（1つの卵子の1つの精子が受精した後，偶発的に2つに分かれて成長した）は，身長や体つき，容貌などの身体的特徴から知能，学業成績，性格，関心などにおいて非常によく似ていることはご承知のとおりです。2人は同じ精子・卵子の結合の結果ですから，両親からの遺伝も等しい，だから2人が類似しているのは当然と思われるでしょう。ところが，そ

う単純ではないのです。
　確かに，親からの遺伝は同じです。けれども誕生後2人はほとんど両親の下で同じ環境で育てられます。人間の発達を大きく規定する環境——育てる人，家庭，そこに出入りする人，与えられるおもちゃ，連れて行かれる場所などを，2人は共有している，そのことが2人の能力や性格を同じようなものにしている可能性が十分あり得ます。さらに，同じ親に，同じ家庭で育てられるといっても，微妙な点で違う経験をすることがあるでしょう。また，長ずるに従って1人で出かけたり，別な友達と付き合う，クラスが別になるなど，2人の環境は共通なものではなくなります。行動遺伝学は，一卵性双生児の類似性が何に起因しているか——遺伝，共有環境，非共有環境にそれぞれどのくらい原因があるかを分析しています。その結果（表19-1）をみますと，「遺伝によって決ってしまう」という素朴な考えにはならないことが判るでしょう。
　とりわけ，創造性，宗教性といった，人間ならではの特質は，遺伝で決まる部分は大変小さく，生後の環境の影響がきわめて大きいといえましょう。
　大勢の一卵性双生児を観察していると，2人の体つきからの能力や性格すべてがすべてよく似ているペアもありますが，2人の性格や行動の仕方が対照的に違うペアも少なくはありません。詳細な観察調査によりますと，2人の間にしばしば認められる対照的な性格上の違いは，表19-2のようです。
　ところで，年の違うきょうだい——兄・姉と弟・妹には，それぞれ特有の性格特徴がみられます。つまり出生順位によって性格が違うのです。このことは，日常，自分たちきょうだいや友人のことから実感されているでしょう。出生順

表19-1　一卵性双生児の類似度は何で決まるか（安藤，2000）

	遺伝率	共有環境	非共有環境
身　長	0.74	0.06	0.20
知　能	0.52	0.34	0.14
創造性	0.22	0.39	0.39
宗教性	0.10	0.62	0.28
神経質	0.41	0.07	0.52

位による性格の違いは，たとえば長子＝はじめての子どもには親も子育てに慣れず慎重になる，周囲の期待を一身に集める，下の子の面倒をみたり我慢する機会が多いなど，次子・末子とは違うしつけを受け異なった経験をすることに

表 19-2　双生児にみられる性格差異（三木・天羽，1954）

兄・姉的性格特徴	弟・妹的性格特徴
ききわけがある	依頼心が強い
持ちものの始末がよい	欲しいものはすぐ言う
慎重である	甘ったれである
根気がある	調子にのりやすい
自分のことは自分でする	面白いことを言う
けじめがある	ほがらかである
小さいことでも気にする	気がちりやすい

3〜10歳になるまでの双生児のうちの一方に固定した性格傾向を示している。一般の兄弟と非常に類似していることがわかる。

表 19-3　長子と末っ子の性格（依田・深津，1963）

長子的性格	末っ子的性格
もっと遊んでいたいときでも，やめねばならないときにはすぐやめる。	おしゃべり。
あまりしゃべらないで，人の話を聞いていることのほうが多い。	お父さんにいつも甘ったれる。
仕事をするとき，ていねいに失敗のないようにする。	お母さんに告げ口をする。
面倒なことは，なるべくしないようにする。	無理にでも自分の考えを通そうとする。
なにかするとき，人の迷惑になるかどうかよく考える。	少しでも困ることがあると，人に頼ろうとする。
	人のまねをするのが上手。
	食べ物に好き嫌いがたくさんある。
	人にほめられたりすると，すぐにお調子に乗ってしまう。
	お母さんにいつも甘ったれる。
	とてもやきもちやき。
	外へ出て遊んだり，騒いだりするのが好き。
	すぐ「ぼく（私）知っている」などと言って，なんでも知っているふりをする。

よっています。長子と末っ子に特徴的な性格（**表19-3**）と，先の双生児での性格差異とは大変似ていることに気づかれるでしょう。

　遺伝的に等しい一卵性双生児にも，年の違うきょうだいと同様の性格差異がみられるのです。一卵性双生児のなかには，一緒に育てられても2人がかなり異なるしつけを受け，違った経験をしている場合が少なくないからなのです。双生児でありながら，"お兄さん，お姉さん"と呼ばせる，上のほうに手伝いを余計にさせる，食卓の席や人に紹介する順序が年齢の上のきょうだいのような仕方でされる，といった扱いを受けることで，同じでも，責任感が強まり慎重に事にあたる長子的な性格ができてゆくのです。もう一方はこれよりも気楽で開放的，甘ったれで依存的になるのは，その立場，扱われ方から自然のなりゆきでしょう。

　2人は，遺伝的条件は同じ，しかも同じ家庭・親で育って環境は共有しているかにみえても，しつけの経験の点で，非共有環境となり，それが大きくものをいう例といえましょう。

環境の影響もさまざま

　このように，遺伝は性格の基礎にあったとしても，それは環境のありようによって遺伝的特質がどう現われるかは決まる，つまり環境が左右しているのです。

　けれども，環境もどの子どもにも一様に作用するものではありません。親が子どものために"よかれ"とした厳しい叱責が，ある子どもには奮起させるきっかけになるでしょうが，別な子には親の冷たさと映じてマイナスに働いてしまうこともあります。家庭が貧乏にあることも，子どもをしっかりさせることもあれば，いじけた子になってしまうこともあるのです。

　ここには，子どもが親をどうみるか，家庭の経済をどう受け止めているかという子ども側の感情や認知が介在していますし，親の子どもへの叱責やしつけそのものも，その背景にある親の日常の生活の仕方や生きる姿勢などが大きく作用しています。"やさしい家庭がよい子をつくる"といった類の本があります

が，＜——すれば，——なる＞とまるで型押し染めのようにそう単純なものではないのです。

動機づけの強さと性質——達成動機づけと内発的動機

　行動を喚起させる動機づけの強さとその性質は，個人ごとに異なっており，性格を特徴づける重要な面です。どのようなことに意欲をもつか，よりよくなし遂げたい達成へと駆り立てるものはなにか，などについての個人差は，活動水準や接近・回避傾向といった生来的な気質とも多少は関係がありますが，それ以上に生後の経験によるところが大きいものです。過保護や過干渉，換言すれば自力でむずかしい課題・新しい状況に挑戦しやり遂げる機会の少なさは，達成動機づけを弱める要因です。困難な課題を自分であれこれ試行錯誤してやり遂げたとき，子どもは"やった！"という達成の喜びと自分の力への信頼——効力感とを味わいます。そしてさらに新しいよりむずかしい課題への好奇心と意欲とが生まれます。失敗や下手さを補ってやろうと親が手を貸すことは，この意味でマイナスなのです。

　日本の子どもは人から与えられた課題を指示どおりするのが，概して得意です。熱心に着実に取り組み，よい成果をあげます。幼児に積み木を分類する課題をさせたところ，アメリカの子どもは課題から逸れて，積み木を転がしたり建物や船をつくるなど自分の好奇心のおもむく遊びをしきりにしますが，日本の子どもたちは課せられた分類という仕事に集中し，脱線したり逸れて遊んだりしません。ここには，自分の好奇心に基づいて行動することに意欲をもつか，それとも与えられた課題や求められている役割を忠実に果たすことに達成感を抱くかの対照がみられます。

　日英の中高生がなぜ勉強するのか——学習動機を比較した調査によりますと，日本の子どもたちは自分のために（内発的動機——知識欲や自己鍛練のためなど）よりも，親や教師の期待に応えたい，親を喜ばせたい，失望させたくないといった他者指向的な動機が強いのです。とくに親の期待に応えたいという動機は特徴的でした。

これにはもちろん個人差もありますが，親をはじめ他者と相互に密接な関係をもっている社会では，他者からの期待・要請に応えることが即，個人の満足とも達成ともなる傾向があります。日本の子どもの学習動機の特徴は，そうした文化的社会的背景のなかで育まれたもので，これを単純に他者指向だ，内発的な学習態度を欠くとはいえないでしょう。これは子どもの学習動機に限らず，多くの日本人の動機や態度に共通する特徴でもあるのです。

このように人の性格や動機は，人が生育する社会の状況とそこで優勢な文化・規範によって規定されるところが大きいものです。そこで，同じ社会・文化内，つまり社会的・自然的条件，価値・規範を共有する人びとの間に，ものの考え方，感じ方，行動の仕方，性格などに（個人差を超えて）共通する特徴が認められることになります。この端的な例が，国民性，県民性といわれるものですし，多くの"日本人論"もさまざまな方法論でこの問題を扱っているものです。

主体的能動的自己形成としての性格発達

以上のようにみてきますと，性格，人格というものは親や社会・文化によってつくられてしまうもので，環境の規定性の大きさに強く印象づけられるかもしれません。

しかし，人の性格は，環境によって圧倒的に規定され，全面的に支配されてしまうものではありません。外側から"つくられる"だけではない，いわば自分自身"つくる"性格形成の過程を無視することはできません。同じ親のしつけでも子どもがそれをどうみ，評価するかによってその効果は左右されることは先にも述べたところです。とりわけ，青年期以降，自分を見つめ直し，あるべき自分を考え，それに向かって現実の自分を変革してゆこうとする過程は，人間ならではの発達です。一見，恵まれない環境に育ってもそれをバネとし自分を鍛えていく"逆境"に育つ例は少なくありません。このように，程度の差はあれ，親や環境からの働きかけに抗して，自ら性格をつくり変えてゆく主体的能動的な営みを生涯にわたってするのが人間，唯一の動物でもあります。こ

のことが，ヒトを人間たらしめているともいえましょう。

　受験の失敗，失恋や友人関係上の葛藤など一見不幸とも失敗とも思われることが，「転機」となって，困難や葛藤にちゃんと向き合って対処してゆく過程で，その人に自信が生まれ新しい生き方が展開します。この体験過程は，学生相談に来所した学生たちがこもごも語っています。

　誕生から5，6歳まで親の養護をまったく受けず，その結果著しい発達遅滞をもっていた2人の子どもが，手厚い保護・教育の結果，発達を回復してゆくプロセスについての詳細研究があります。このケースでも，青年期になったとき"自分はこういう人になりたい"，"自分に欠けている点を補いたい"，"力をつけたい"と理想と目標を目指して努力しているという記録には，青年期の自己形成の姿として強い印象と感動とを受けます。

　20章でみるように，日本の子どもたちは性別に応じたしつけを強く受けます。その結果，性格や行動に著しい性差が生まれます。しかし，この性別のしつけの効果は，決して永続的でも非可逆的なものでもありません。男子より性別しつけをより強く受ける女子は，青年期になるとしつけや社会に内在している女性役割期待に批判・否定の念を強く抱き葛藤します。そうなると性別しつけの効果は，幼少時のようには上がらず，むしろ逆効果さえみせます。親が女の子らしさを強く求めしつけようとするほど，娘はそれとは逆に，むしろ男性に期待されているような積極性・活動性・リーダーシップなどを身につけようとしてゆきます。これは，あるべき自己，理想のあり方へと自己を変革してゆく営みにほかならないでしょう。

　　　　　　　　　　　　　　　　　　　　　　　　　　（柏木惠子）

図や表・引用の出典

　安藤寿康　2000　心はどのように遺伝するか：双生児が語る新しい遺伝観　講談社

　藤永　保・斉賀久敬・春日　喬・内田伸子　1987　人間発達と初期環境　有斐閣

　三木安正・天羽幸子　1954　兄的性格と弟的性格　教育心理学研究　**2**　1-10

　依田　明・深津千賀子　1963　出生順位と性格　教育心理学研究　**11**　239-246

さらに知りたい人のために

井上健治　1979　子どもの発達と環境　東京大学出版会
三宅和夫　1990　子どもの個性：生後2年間を中心に　東京大学出版会
麦島文夫　1990　非行の原因　東京大学出版会
清水弘司　1998　はじめてふれる性格心理学　サイエンス社
菅原ますみ　2003　個性はどう育つか　大修館書房
鈴木乙史　1992　性格はどのように変わっていくか　読売科学選書
依田　明　1990　きょうだいの研究　現代心理学ブックス　大日本図書

PICK UP
性格の5つの特徴

　性格を捉えるのに，5つの次元（因子）（表）が有効だとされています。表の見方を①を例に説明しますと，外向性の人の一般的特徴は「積極的」ですが，外向性があまり強すぎて極端になると「無謀」という病理的傾向をもつようになります。一方，内向性の人の一般的特徴は「控え目」ですが，これも極端になると「臆病・気後れ」という病理的傾向をもつようになります。②～⑤についても同様にみてください。

病理的傾向	一般的特徴	名　称	一般的特徴	病理的傾向
無謀	積極的	①外向性―内向性	控えめ	臆病・気後れ
集団埋没	親和的	②愛着性―分離性	自主独立的	敵意・自閉
仕事中毒	目的合理的	③統制性―自然性	あるがまま	無為怠惰
神経症	敏感な	④情動性―非情動性	情緒の安定した	感情鈍麻
逸脱・妄想	遊び心のある	⑤遊戯性―現実性	堅実な	権威主義

性格5因子（ビッグファイブ）の特徴（辻ら，1997）

5因子性格検査（FFPQ）の質問例

①外向性―内向性	いろいろな人と知り合いになるのが楽しみである。
	にぎやかなところが好きである。
②愛着性―分離性	人には暖かく友好に接している。
	気配りをするほうである。
③統制性―自然性	几帳面である。
	困難な課題に対しても，粘り強く取り組んでいる。
④情動性―非情動性	感情を傷つけられやすい。
	よく緊張する。
⑤遊戯性―現実性	新しいことは，どんなことでも面白いと思う。
	感動しやすい。

II 歴史・社会・文化のなかの人間発達

20 Gender／性役割とその発達
男女平等のなかに潜む性差別

生物学的性と社会・心理学的性

　人は男あるいは女として誕生します。そして子どもはその後の成長過程で，身長，骨格，筋力，生殖器および性機能など身体面に性別による違いが次第にあらわになってゆきます。このような身体面に現われる性差＝身体的（生物学的）性差のほかに，心理・行動の面でも性による違いがみられます。男の子のほうが活発で乱暴だ，女の子は気持ちがこまやかでやさしい，などを思い浮かべるでしょう。これらを身体的性差に対して心理学的性差，最近はジェンダーと呼んでいます。

　このような心理・行動上の性による差に心理学が注目したのは，比較的最近のことです。長らく，人間一般の心理・行動の法則を実験室的方法によって明らかにすることに心理学者の関心は集中していましたし，研究対象も研究者もほとんど男性だったからです。しかし，研究対象に男性だけでなく女性も加わるようになり，さらに研究が実験室からさまざまな場に広がってゆきますと，それまで主として欧米のインテリ男性被験者のデータに基づいて"人間とはこういうものだ"としてきたことが，かならずしも当てはまらない，それと違う事実がいろいろ出てきました。その1つが性による差でした。どのような特性にどれほどの差異があるかがしきりに検討され，性差心理学という分野ができたほどです。このことは，それまで研究対象にもならず注目もされなかった女性に，はじめて心理学の研究関心が向けられたことでもあったのです。

　にわかに脚光を浴びた心理学的性差は，以来，どのような研究・調査でも結

――――――――――――――――――――――――――――――― *Key word* ―――
性役割，Gender，生物学的性，心理学的性，性別しつけ，性的社会化，かくれたカリキュラム

表20-1 発達的にみた性差の現われ方（おもなタイプと例）（柏木，1975）

タイプ	例
一貫して M＞F	攻撃性，科学・機械への興味や技術，自己の性の preference
一貫して F＞M	始語期，文法，読み，スペル，学業成績，不安
M＝FからM＞Fへ移るもの	身長・体力・犯罪，空間・図形・推理などの認知能力
M＝FからF＞Mへ移るもの	手先の skill，依存性，養護性
F＞MからM＞Fへ移るもの	抽象的推理
F＞MからM＝Fへ移るもの	読み，文法，言語的 skill 一般

注：M＞F：男子に顕著あるいは大
　　F＞M：女子に顕著あるいは大 ｝を示す。
　　M＝F：男女間に差がない

果に男女差がないかどうかをみるのが慣例となり，事実，さまざまな面で性差が見出されてきました。ごく幼いころから男子のほうが活発で激しい運動を好み，科学や機械への興味が強い，独立的である，他方，女の子は感受性が強く，社交的で言語能力が優れている，といったことがらです。こうしたことは，心理学者の厳密な調査・研究をまたずとも，歴然だと思われるかもしれません。それほど，「人の心理や行動は性によって違うものだ」と当然視されているのです。しかし，蓄積された心理学の研究データを丹念に調べ直してみますと，性による心理的特性の差は，当初性差心理学が問題にしたよりもずっと少ない，また固定的なものでもないことがわかってきました。"性差あり"とされるものについて，幼少期から成人までどれほど一貫してみられるかを調べてみますと，一貫した性差はむしろ少数で，多くは男女同じだったのがあとになって差が出てくる，逆に差が消滅する，というふうに変化するものが少なくないのです。なかには，性差の方向が途中で逆転してしまうものさえあるのです（**表20-1**）。

　このことは，心理学的性差が身体的性差のように生涯一定不変ではなく，さまざまに変化する，すなわち生来的に決定されているのではなく，生後の環境――教育や社会的経験によって規定され影響を受ける可能性を示しています。

でも，身体的性差たとえば体格や腕力の違いが男の子には活発・乱暴という特徴をそれぞれもたらすのでは？とも考えられましょう。また，子どもを産む女性は，男性とは違っておのずからやさしさや人への親しみがそなわっているのだと考えるかもしれません。しかし，そうではないことが文化人類学のフィールド調査や最近の発達心理学の研究は明らかにしています。世界的にみると，活発なのは男性，やさしく穏和なのは女性，という私たちには当然自然と思われる性差がほとんどみられない社会もあれば，それが逆転している社会さえもあるのです。つまり心理学的性差は身体的性差のように普遍的なものではありません。母親は概して子どもに優しく情愛にみちた接し方をするものですが，これは女性だからそうなるのではありません。父親も育児の第一責任者となると，母親顔負けのこまやかな情愛を示し，巧みな世話やしつけをすることが実証されています（8章）。生物学的に男性あるいは女性として生まれると，自動的に心理学的特性も決まってしまうものではない，まさしくヴォーボワールのいう"生まれるのではない，つくられる"ものとしての性＝第二の性であることを示しています。

心理学的性差をつくるものは？

では，なにが心理学的性差を生じさせているのでしょうか。男性と女性に対してそれぞれ"かくあってほしい，望ましい"という期待（（社会的）性役割期待）が多くの社会に存在しているからです。日本の社会で男性と女性に対してそれぞれ期待されている特性は表20-2のようなもので，いわゆる男らしさ，女らしさとされているものにあたります。

このような社会的性役割期待はいろいろな形で子どもに伝達され，子どもはその性にふさわしいとされる特性を身につけるようになってゆきます。その伝達はまず，子どもの誕生直後から病院や親によってはじまります。毛布や服の色，おもちゃの種類はその端的な例でしょう。男の子として生まれたことは，ただそれだけのことにとどまりません。この子はピンクよりブルーのほうがいい，ままごと道具や人形よりもミニカーや野球用具のほうがふさわしい子と認

表 20-2　男性と女性に期待する特性（伊藤，1978）

Masculinity	Feminity
冒険心に富んだ	かわいい
たくましい	優雅な
大胆な	色気のある
指導力のある	献身的な
信念をもった	愛嬌のある
頼りがいのある	ことば使いのていねいな
行動力のある	繊細な
自己主張のできる	従順な
意志の強い	静かな
決断力のある	おしゃれな

知され扱われることになる，つまり周囲の働きかけによって心理学的社会学的な性を担うことになるのです。

　誕生直後の赤ちゃんに対面した両親は，身長・体重・体力などでまったく差がないのに，赤ちゃんについての評価・印象は子の性別によって異なるのです。女の子は柔らかで繊細でよわよわしくかわいらしいが扱いにくいと受け止められる，これに対して男の子は，大きくがっしりしていて敏捷でたくましいと評価されます。もう少し年長になった子どもが突然大きな音を聞いたときの表情を見たおとなは，それが男の子だといわれると「怒り」，女の子だと「恐れ」の表情だとみてとる傾向があるということです。

　けんかして泣いて帰ってきた子どもに"それぐらいのことでメソメソしてはダメ"というのは男の子の親で，女の子の親は慰めたりかばってやったりすることが多いものです。この場合，親はいちいち子の性を意識しているわけではないでしょう。しかし，ごく自然にそうするほど，親の子どもへの態度には社会の性役割期待が潜んでいるといえましょう。

　子どもの性別に応じた扱いは，長じるにしたがってさらに意識的になり言語表現も伴って一層はっきりしたものになります。親に口答えしても，男の子ならさほどとがめられないのが，女の子は"素直じゃない"とたしなめられるでしょう。"女の子のくせに"といわれることさえあるでしょう。

このような親のしつけは，先の表に示した社会の性役割期待を如実に反映していることがわかるでしょう。

　女子学生が異性のきょうだいとくらべて違う扱いを親から受けたこととしてもっともしばしばあげるのは，身だしなみ，礼儀作法，ことば使い，家事手伝いやお客の接待，外出・門限の厳しさなどで，男子は学校の成績や進路についてやかましくいわれるほかは，かなり自由な生活が許容されているのとは対照的なしつけです。その性のゆえに叱られたり激励されたりしたことを，思い出す人は少なくないでしょう。その思い出は，女子学生にとっては決して甘く快いものではないようです。このような男の子・女の子というレッテルを貼るような性別しつけを幼少時から受けることで，子どもの行動や性格はそのしつけの方向に添って形づくられてゆきます。親のしつけは性的社会化であるといわれるのは，このためです。

日本の社会に潜む性別しつけ

　性別しつけは他の社会でも内容や程度の差はあれみられますが，日本はとりわけそれが著しい社会です。少なくとも欧米諸国では"差別なく，同じように"なっていますが，日本では"男の子らしく，女の子らしく"と差をつけてしつけるべきだという意見が多い点で，きわだった違いをみせています。このことは，子どもの学歴期待にもはっきりみられます。

　日本，アメリカ，韓国の親に子どもの学歴期待を尋ねた調査で，日本だけが男の子は大学，女子は短大ぐらいと，子どもの性別で親の学歴期待が大きく違っています（**図20-1**）。

　学歴ばかりではありません。親にどのような人になってほしいかを尋ねると，**図20-2**のように子どもの性によってかなり違う期待をもっています。

　こうしたことは，親に限りません。学校，職場，マスメディアなどいろいろな場に見出すことができます。学校に限ってみれば，教師は，生徒・学生の性によって指導の仕方を微妙に変えている——女子学生は，男子学生のように厳しく批判したり注文せず，親切丁寧に指導する。それも意識せずに，しかしは

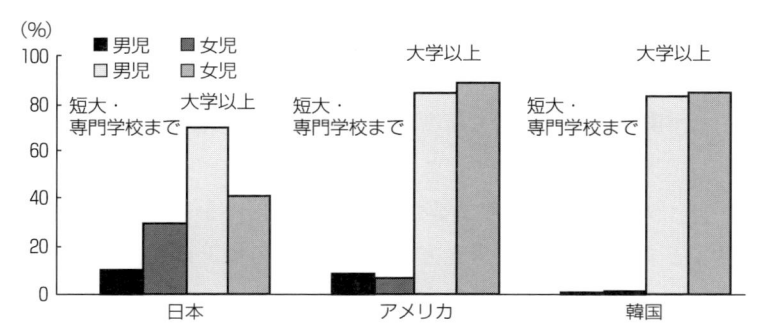

20 Gender／性役割とその発達

図 20-1　子どもへの学歴期待：「男児は大学まで，女児は短大まで」国際比較
（総務庁青少年対策本部，1995）

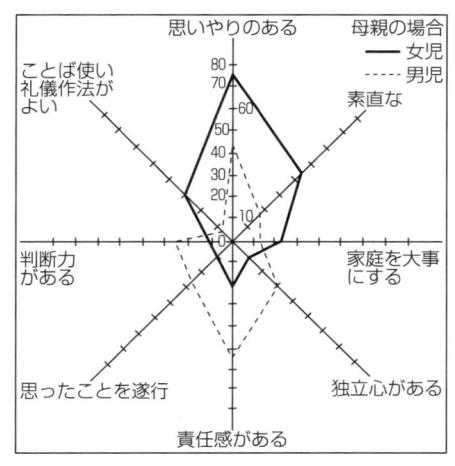

図 20-2　どのような人になってほしいか？
女の子と男の子ではこんなに違う
（東京都生活文化局，1993）

っきりと違う例は，とくに男性教師により顕著にみられます。また，学校教育で大きな位置を占める教科書の内容を分析してみますと，テーマ，表現法，登場人物の性別や職業などで，固定的で片寄った性役割を示しているものが多いのです。まず，登場人物は圧倒的に男性が多い，また物を作り売るのは男性，買うのは女性という対照，男が先頭で女は子どもを連れて行く投票風景，お父

さんは新聞を読みお母さんは料理という挿絵，"女の子のようにたよりなく""男らしく堂々と"といった表現，などなどです。ここには，あたかも男性は強く主導的そして職業人，女は従で家事育児が仕事という男女の役割分担が，当然のこととして提示されています。この傾向は日本で特にみられます。教科書は子どもが日々使うもの，さらに試験というフィルターを通して，教科書上の男女差別は子どもたちの知識や考え方に強く浸透することは間違いないでしょう。

ごく最近まで続いてきた家庭科の女子必修，常識となっている男女別出席簿，色わけされた上履（運動靴）などは，戦後，学校教育が男女平等をモットーとしながら，じつは性差別の装置"かくれたカリキュラム"として機能し，顕在的な教育以上に大きな影響力をもって子どもへの性的社会化の担い手となっているといえるでしょう。性的社会化の当否と結果については，22章で取り上げることにします。

（柏木惠子）

図や表・引用の出典

伊藤裕子　1978　性役割の評価に関する研究　教育心理学研究　**26**　1-11
柏木惠子　1975　男性と女性　髙橋種昭他（編）　家族の発達　同文書院
総務庁青少年対策本部　1995　子供と家族に関する国際比較調査報告書
東京都生活文化局　1993　女性問題に関する国際比較調査

さらに知りたい人のために

有馬朗人ほか　1993　性差と文化　東京大学公開講座57　東京大学出版会
東　清和・小倉千加子　2000　ジェンダーの心理学　早稲田大学出版部
江原由美子・山田昌弘　2003　ジェンダーの社会学　放送大学教育振興会
伊東良徳ほか　1991　教科書の中の男女差別　明石書店
伊藤公雄・樹村みのり・國信潤子　2002　女性学・男性学：ジェンダー論入門　有斐閣
柏木惠子・高橋惠子（編）　1995　発達心理学とフェミニズム　ミネルヴァ書房
柏木惠子・高橋惠子（編）　2003　心理学とジェンダー　有斐閣
若桑みどり　1985　女性画家列伝　岩波新書

II 歴史・社会・文化のなかの人間発達

21 「自分」とは？

　私たちは，"自分とは？"と問われれば，誰もが何らかの形で答えられるほど自明のものです。もちろんこの問いは，非常に深い哲学的な問いでもありますから，人によってきわめて単純な答えから複雑で高次な考察までさまざまではありましょう。しかし，おとななら自分についてなにがしかの認識をもっている，それがその人の心と行動とを支え特徴づけています。

自他の未分化から身体的物理的「自分・自己」の発見へ

　では，子どもではどうでしょうか。それは次のようなプロセスをたどって発達してゆきます。誕生後しばらくは自分と自分以外の領域との区分が明確ではないようです。ベッドに寝かされている乳児が，自分の手を目の前にかざしてためつすがめつじっと眺めている，あるいは，自分の足の指やかかとを口にもっていってなめたり嚙ったりしている情景（図21-1）は，よく見られるものです。こうした行動からは，自分の手や足が自分のものというよりは，おもちゃやベッド，お母さんなどと同様，自分とは別なほかのもののように感じているらしいことがわかります。つまり，自他は特徴的なレベルでは未分化な状態にあるといえるでしょう。赤ちゃんは視覚が敏感，また口の触覚で探索することも優れていて，外界の不思議なものや好奇心を抱いたものを眼や口で確かめるのが常です。赤ちゃんは自分の手や足をなめたりかんだりすると，おもちゃのようなほかのものとは違ってくすぐったい，痛いという感覚を味わう。その感覚経験から，手や足は次第に「自分」の1部だということがわかってくるのです。自他の分化，身体上の自己領域の発見といえましょう。

Key word

自己，自他の未分化，自己制御，自我同一性，自己意識

Ⅱ　歴史・社会・文化のなかの人間発達

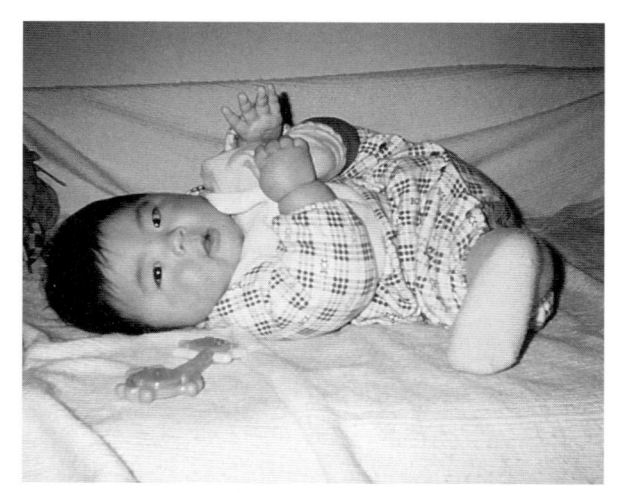

図 21-1　足を吸う乳児

　こんなこと簡単では，と思われるかもしれませんが，自分という身体的物理的な存在を知ることは大変なことなのです。鏡に映った自己像を自分だと認識できるのは，チンパンジーと人間だけです。人間の子どもも最初のうちは，鏡のうしろを探したり鏡を叩いて威嚇したりして，鏡映像が自分だとわかるのはかなりたってからなのです。

心理的自己の発現と強まり

　身体的自己認識は，おなかがすいたとか，授乳されると甘くておいしい，何かに手や足がぶつかって痛い，といった内臓や感覚の体験も加わって強くなってゆきます。他方，自分という心理的な認識も次第に明確になり強くなってゆきます。"おなかがすいた" "暑くて汗をかいて気持ちわるい" "（寝かされてばかりで）抱かれたい"など，乳児は生きる上で必要な欲求をそなえています。けれども，人間の赤ちゃんはまったく無能で自分ではどうすることもできず，こうした自分の欲求の充足は養育者に依存せざるを得ない状況がしばらく続きます。こうした赤ちゃんのことを養育者は心得ていて，その欲求を充たし保護します。赤ちゃんの要求が適時に適切・十分に充たされていることは，養育者がいわば

一体的共生的関係にあるといえるでしょう。その場合，赤ちゃんは自分の欲求を強く意識することは少なくない。

　しかし，このような養育者と子との平和共存的で心理的自己意識の弱い状態は，次第に失われてゆきます。養育者は，子どもの成長に応じて子どもの求めに全体的に応じるのではなく，子どもが欲しいものを与えるとか，少し待たせる，逆に急がせるなど，しつけやルールを子どもに施すようになります。ここで子どもと養育者との対立・葛藤が生じ，そのことは子どもに「自分」—自分はこれがいい，これはいや，こうしたい，といった認識を強める契機となります。授乳時間だからとかもう少し飲むようにと，口にふくませようとする乳首を，赤ちゃんは唇をぎゅっと固く結んで強く拒否します。この赤ちゃんには，"今は欲しくない「自分」"がしっかりとあるのです。この自己認識が行動の方向や強さを決めます。

　このように行動の主体としての自己認識はすでに乳児に始まり，その後も自己意識の主要な部分を占めて，一層強まっていきます。3～5歳児に"○○ちゃんは……？"と質問しますと，その答えの大半は"幼稚園で遊ぶ""おかし大好き""絵がかける"といったもので，自分が何かをする主人公だと誇らしげにとらえています。また，"レゴもっている""三輪車もっている"と，自分のもちものを，うれしげにあげるのも幼少ほど多いものです。このような……する，……できる，……もっているという認識は，やがてどれほどするか，できるかと自分を評価して，自尊心を抱いたり恥ずかしく思ったりする自己への感情も生むようになってゆきます。

　子どもの成長にともなって強まる養育者のしつけは，養育者と子の平和共存関係を破り，養育者は自分とは時に対立する他者としてあらわになり，子どもの自己意識は一層鮮明になります。反抗期といわれる現象はその表われです。さらに家庭外で友達とのつきあいや集団生活がはじまると，協同する楽しみもあるが，けんかやきまりなど自分の欲求や利害と衝突する経験も増え，自他の対照・対立は自己意識をいっそう強くさせます。

　それだけではありません。人からの指示・命令によらずに自分で自分の行動

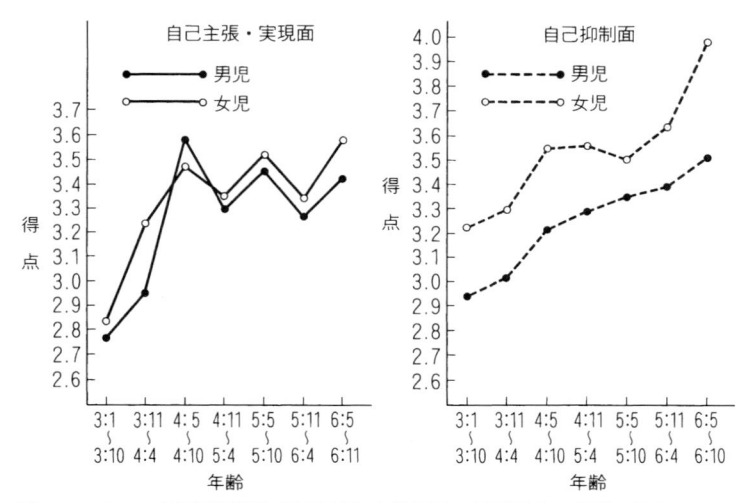

図21-2　2つの自己制御機能（自己主張・自己実現と自己抑制）の発達（柏木，1983）

を制御できるようになることも，「自己」の発達の重要な面です。そこには，きまりを守る，いやな役割もちゃんと果たすなど，自分にとっては不快・苦痛なことでも他者や集団のために我慢したり待ったりする＝自己抑制の力と，自分のアイデアをもつ，意見・欲求を表現する，自分から積極的・能動的に行動する，といった自己主張自己実現の力とが求められます。この2つの力は，就学前に著しい発達をみせます（図21-2）。

　自己主張・自己実現面は5歳ごろまでに急激に伸び，その後はほぼ横ばいですが，自己抑制面は3歳から7歳まで一貫して伸び続ける，そして主張・実現面を上回っています。この時期，幼稚園・保育園での生活が大きな位置を占め，家庭での親との生活以上に我慢やきまり遵守などが必要になるからでしょう。しかし，これは日本の子どもの特徴でもあり，欧米の子どもでは，この2つの面が同じか，時には逆に自己主張・自己実現面がより強いことさえあります。

自己認識の広がりと深まり——私的自己から公的自己へ

　自己を行動の主体として意識することから，自己を自分の体験と切り離して対象としてみるようになります。……する自分，……できる自分という現実の

自己認識から，もっとこうしたい，できるようになりたいなど理想の自己が現われます。他人の目に映じている自己の姿にも気づき，それによって理想の自己像がいっそうはっきりしてきます。すると，現実の自己と理想の自己とを比較して，自尊心や達成感を抱いたり逆に劣等感や恥ずかしさを感じることになります。

このような自己認識の広がりと深まりは，幼児期から他者との社会的な相互交渉のなかで少しずつ進められてゆきますが，青年期に頂点に達します。青年は，自己とはなにかを真剣に問い直す自己同一性（アイデンティティ）の探求の時期です。他者からの自己像と理想の自己とを現実の自己と照らし合わせて検討し，現実の自分を"かくありたい"自分へと近づけるよう変革する努力へとつなげてゆく，能動的な自己・人格形成を展開することになるのです。しかし，自己同一性は青年期を確立し不動のものとなるものではありません。その後さまざまな生活体験や思考のなかで検討されつづけてゆくものです。

「自己」の発達をめぐる文化

以上みてきた，「自己」が発達してくる過程は，親との関係をはじめ，学校，職場など集団生活での経験に負っており，その限りでは誰にも通じる一般的道筋といえます。しかし一方で，親子関係や社会での人間関係のあり方は一様ではないので，その経験の違いに応じて，自己認識は異なってくることが容易に予想されます。

"私は……"という文章の完成を求めますと，欧米の人びとは"私は頭がいい""楽観的だ""運動好きだ""政治に関心がある"といった仕方で，自分個人のもっている特性をあげます。ところが，日本人には"私は……"という設問は漠然としていて一概には答えにくい，私がどうであるかは場合によって違うので一概にいえないという感じをもちます。あえて答えを求めると，"家での私は無口だ""友達には信頼されている""学校では勤勉なほうだ"という具合に，場面・社会的な状況を特定してそこでの自分の特徴を記述することになります。

ここには日本人と欧米人の自己認識の違いがみられます。つまり，人は自律

II 歴史・社会・文化のなかの人間発達

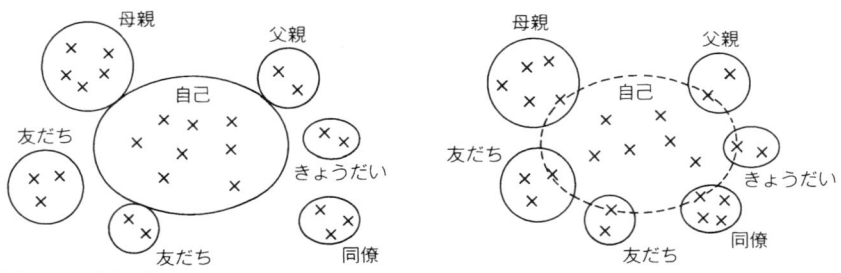

図 21-3 欧米の独立した個人（左）と日本の相互関係的な自己（右）（Markus & Kitayama, 1991）

的独立的であることをよしとする欧米の社会・文化では，状況を超えた自己完結的で独自な特性こそ，真の「自己」と考えます。一方，人はさまざまな社会的関係のなかにあり，そこで他者と相互に依存し合い調和的関係にあるところに自己の存在意味を認める東洋，日本の社会・文化では，社会・他者との相互依存的な関係性に「自己」の本質がある，ということになっているのです。

　このような東西の人間観，自己認識の違いをマーカスらは，図21-3のように示しています。

　このことは，ごく幼いときから日本の子どもたちが自分をどう主張するか，抑制するかにもみられます。図21-4のような場合で，この遊びに入れてもらいたいと思うと，欧米の子どもは「入れて」と率直に言います。ところが，日本の子どもでは，「入れて」とはすぐには言わない，"（遊んでいる）この子たちはみ

Q 幼稚園で他の子どもたちが，とてもおもしろそうな遊びやゲームをやっています。○○ちゃんはそれに誘われなかったのだけれど，その仲間に入れてもらいたいなぁと思うことがあるでしょう？　そんな時どうする？「入れて」って自分から言う？　それとも誘われるの待っている？

図 21-4 幼児期の自己主張場面（PSRT）-はないちもんめ（田島ほか，1988）

んな知っている子？"とか"この遊びは今始まったばかり？それともずっと前から続いているの？"などと尋ねる子どもが少なくないのです。いくら入りたくても，自分との関係や先方の都合もあろう，それによって「入れて」というかどうか決めるというのです

　子どもたちは，それぞれが生をうけた社会・文化のなかで，幼少のころから人のあり方，他者との距離・関係のつけ方を学んでゆきます。日本の母親は子どもをしつけるとき，客観的論理的な理屈よりも，人の気持ちを思いやらせて子どもを説得します。野菜をいやがって食べない子どもに"せっかくお母さん一生懸命料理したのに，○○ちゃん食べないの，お母さんがっかりだなあ……""農家のおじさんががんばって作ったのに食べないの悪いよ"とか，病気のとき薬を飲みたがらない子に"幼稚園の先生が○○ちゃん来なくて寂しがってるよ"という具合です。幼いときから，こうした人の気持ちへの言及が多用されることで，子どもは自分はほかの人びとと結びついていること，その人間関係を調和的に保つことの重要さを知らされるでしょう。それが単純に「入れて」とは言わない態度を生んでいるのです。敬語や人称代名詞などの使い分けも，人と人との関係を微妙に調節し自分をその関係のなかに位置づける装置の1つといえましょう。

　学校文化にも日米の小学校国語教科書で扱われているテーマや登場人物を比較した研究は，日本とアメリカでの人のあり方の違いがそこにも反映されていることを明らかにしています。一例をあげれば，きょうだいをテーマにしている日本6篇，アメリカ10篇についてきょうだいの扱いをみると**表21-1**のようにちがっています。

　このほか，親，友人などの扱いや取り上げている徳目の違いから，日米の人間観，自己のあり方の対照を，著者は「やさしい一員」「強い個人」と的確に言い表わしています。

　このような人間，自己のあり方の違いは，自己の認識の問題にとどまりません。どのようなことに達成感を見出すか，何を目標にがんばるか，対人場面でどう振る舞うかなどに違いをもたらします。日本の子どもたちの学習動機とし

表 21-1 日米の小学校国語教科書のテーマ（今井，1990）　　　　（篇）

		米国	日本
きょうだいは仲よし	「わたし」に弟が生まれた。「しのぶくんちの赤ちゃんよりめんこいよ」と「わたし」は喜び，弟のためにいろんなことをしてあげようと思う。 1歳の弟をおぶってやった。弟のかわいい寝顔をみていたら，またおぶってやろうと思った。	2	6
きょうだいでも別の個人	母親に対するお手伝いについても，きょうだいの間に公平負担がある。 砂の城をいたずらしてこわした妹を，絶対に許さない姉	8	0
	計	10	6

て"親を喜ばせたい""お母さんをがっかりさせたくない"といったことがよくあげられます。これらは，他者指向的で一見外発的なものに映じますが，子どもにとって自分と不可分な関係にある身近な他者＝親を喜ばせることと自分のために勉強することとは，まったく別なことではないのです。他者指向＝外発的，自己指向＝内発的という分類は，人が独立的自律的である欧米の社会・文化を前提にした図式といえましょう。さきに，日本の子どもの自己制御行動において他者との関係を考慮して自分の欲求や権利を抑制する力のほうが，自己を主張し実現する力よりも強いことをみました。これも，他者との関係のなかにある自分，そこで調和的であることを大切にする人間観を，子どもたちが早くから受けとめていることを示しているといえましょう。　　　　（柏木惠子）

図や表・引用の出典

今井康夫　1990　アメリカ人と日本人：教科書が語る「強い個人」と「やさしい一員」　創流出版

柏木惠子　1983　子どもの「自己」の発達　東京大学出版会

Markus, H. and Kitayama, S.　1991　Culture and the self : Implications for cognition, emotion, and motivation. *Psychological Review*, **98**, 224-253.

田島信元・柏木惠子・氏家達夫　1988　幼児の自己制御機能の発達：絵画自己制御能力テストにおける4―6歳の縦断的変化について　発達研究4，45-63

21 「自分」とは？

さらに知りたい人のために

東　洋（編）　1995　意欲：やる気と生きがい　現代のエスプリ　333　至文堂
柏木惠子　1988　幼児期における「自己」の発達：行動の自己制御機能を中心に　東京大学出版会
守屋慶子　1994　子どもとファンタジー：絵本による子どもの「自己」の発見　新曜社
佐藤淑子　2001　イギリスのいい子日本のいい子：自己主張とがまんの教育学　中公新書
臼井　博　2001　アメリカの学校文化日本の学校文化：学びのコミュニティの創造　金子書房

PICK UP
自意識過剰

「恥かしい」という感情，羞恥心は，他者に対して抱くものではありません。他者の眼に映った自分に対して抱くものです。他人からどう見られるか，他人にどう思われるかを気にする態度ともいえるでしょう。子どもは無邪気といわれますが，羞恥心をもたないこともその一面といえるでしょう。子どもの時と違って思春期は，この羞恥心が大変強くなります。"自意識過剰"といわれるのもこのためです。女性に強いのも特徴です。しかし，青年期以降はどんどん弱まっていきます。中年期の女性たちが「おばたりあん」といわれるのも羞恥心が失われているからでしょう。

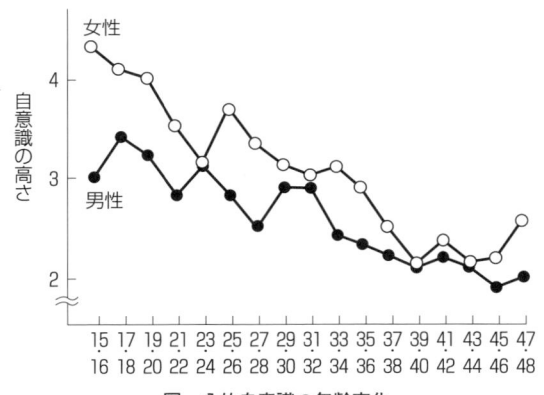

図　公的自意識の年齢変化

菅原健介　1986　はじらいと自意識　詫摩武俊（監修）　パッケージ・性格の心理　5巻　41-54　ブレーン出版

II 歴史・社会・文化のなかの人間発達

22 しつけと期待という育児文化

　人間の発達には，種としての普遍的共通性があることはいうまでもありません。視覚が最重要な情報受容器官である，二足歩行，音声言語をもつなどです。しかし，社会ごとに特徴的な発達の姿があることも事実です。何語を話すか，どんな歩き方をするかが国や社会によって異なることはすでに触れました。

親子（養育）関係の進化的基盤

　さて，世界には今も昔もさまざまな家族のかたちがあり，多くの子どもたちはそこで育てられます。これは人類に共通することです。動物界には，卵を産みっぱなしの魚やほかの鳥の巣に卵を産んで育てさせてしまうちゃっかりした鳥もいることを考えますと，これは特異なことです。

　なぜ人間には，家族——子どもの父と母がいて，子どもはそこで育つのでしょうか。それはヒトが，サルやチンパンジーなど近縁の動物から分岐したことと連動して生じた大脳の発達，二足歩行の成立，それに伴う生理的早産——未熟・無能で誕生する——という一連の進化の出来事，加えて性の隠蔽という特徴に由来しています。発情が外からはわからない，性交は発情と無関係に起こりうるというヒトの特徴は，男と女が継続して生活する必要をもたらしました。他方，発達した大きな脳，これに反して直立姿勢のために狭くなった産道は，胎内で十分に成熟させる以前に早産を余儀なくし子どもは未熟無能で誕生することとなりました。このことは誕生後に手厚い長期の養育を必要とし，母のみならず，父も養育に加わることを必須としたのです。このような人類の進化上

―― Key word ――
しつけ，初期環境，性別役割分業，性別しつけ，発達課題

のできごとが，生殖と子のつつがない成長のために家族を成立させ，父親と母親による子の養育を促したのです。人間の家族と親による養育は，このような近代的基盤をもつゆえに，どの社会でも人間に共通してみられるのです。

家族の養育の多様性

けれども家族のかたち，養育の仕方は，人間だからといって同一でも不変でもありません。それどころかさまざまな家族の姿があり，子どもの育て方もいろいろです。どのような家族形態またいかなる育児様式であれ，外目にはどう映ろうと，子どものつつがない成長・発達を願わないでいるところはありません。しかし，子どもに期待し要請する資質や能力には社会・文化ごとに違いがあり，それがその社会のしつけ・教育を特徴づけ，それを通じて子どもたちの発達は方向づけ特徴づけられます。また育て方，しつけ方も多様です。その意味で，人間の発達は文化的産物であり，家族や育児は子どもをとりかこむ文化にほかならないといえるでしょう。

子どもの発達を特徴づける文化としての家族や育児の違いは，3つの点でみることができます。第1は，誰が子どもを育てるか，換言すれば親の役割をどう考えるかという問題です。第2は，子どもというものをどうみるか，つまり子ども観です。これは，いつからいつまで子どもを親がしつけたり親の責任とするかが関係してきます。最後は，子どもになにを仕込むか，しつけ・教育の中味です。これはその社会の人間観，人間関係の理想，望ましい人間像などに根差しています。以下に，これら3点についてみてゆくことにします。

誰が子どもを育てるか？

"3歳までは母の手で"ということばが，まるでキャンペーンのように日本では広く深く浸透しています。子どもが生まれたら仕事をやめて家庭に入る女性が多い日本，またそれが一番よい，当然・自然と考える人が多い日本，そしてなにか子どもに問題が起こると"母親が……"と原因を帰せられる（"母原病"ということばさえある）日本。私たち日本人の多くは，子どもは血のつながった

親，それも母親が育てるのが最善，自然と信じて疑いません。このような日本人にとって，青天のへきれきと思われる文化があります。カナダのヘアーの人びとです。そこでは，子どもを育てる条件が一番整っている人が育てるのがよいと考えています。私たちには当たり前な「生んだ親が育てるべき」との規範が，この社会には存在しないのです。そして事実そうした人による育児が行われ，親も子どももそれに満足し子どもたちはつつがなく成長しています。このほかにも，母親に限らず子どものまわりにいる肉親，近隣の人びととみんなで子どもを育てる社会も少なくないのです。

　これらを知ると，実の親による育児は最善とはいえない，1つの育児文化であることに気づかされるでしょう。今日の一般的な母親による育児は，歴史的にみても欧米ではせいぜい19世紀になって広まったものです。これに先だって，ペスタロッチが母性を神聖な女性固有なものとして賞賛したときには，"笑止に値する"といわれたそうで，それまでは乳母が育てるのが当たり前，それがよいとされ，子どもは問題なく育っていたのでした。

　日本でも，女性の役割は家庭にある，特に母親であることとされ，女性＝産む性，良い母たることにその存在意義が集約されてきた長い歴史があります。最近でも明治政府以来の富国強兵策，第2次世界大戦後の経済復興政策は，家庭役割（家事・育児）責任を女性に求め，女性＝母親が育児をするのが当然・自然とする方向を家族政策の上で強化しました。これにいろいろな形で母親の子どもへの献身・愛情を賛美する動きも加わって，母性愛は子どもの発達に不可欠，母親の育児は最善という考えが，定着していったのです。"3歳までは母の手で"は，こうした歴史のなかで作られてきた，1つの育児文化にほかなりません。その文化のなかで日本の母親と子どもとは，夫婦以上の強い結びつきをもつようになったのです。しかし，この"母の手"が子どもの健やかな発達にとってむしろ望ましいものではないことが，最近あらわになってきました。育児不安は，仕事を辞めて子育てに専念している母親（つまり"母の手で"の実践者）に強いことは，繰り返し報告されています（図22-1）。また，先に述べた未熟な乳児の養育は父と母の共同養育が必須の条件だという近代的基盤に照らして

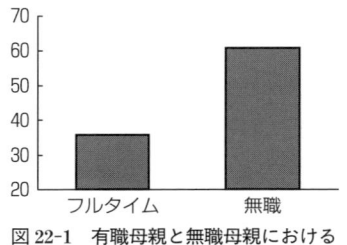

図 22-1 有職母親と無職母親における
　　　　育児ストレスの差
　　　　　（横浜市教育委員会，2001）

も，"母の手で"は不十分なものです。

　どのような育児文化が生まれるか，誰が子育てを担うかには，その社会の仕組み——経済，産業，などの条件が深く関係しています。職場と家庭との分離，次々に誕生する多くの子ども，家事・育児に要する膨大なエネルギーは，夫婦（男女）が職場と家庭を分担することが必要であり，また能率的でもありました。当時は最適な方法だったのです。しかし，家事・育児の省力化，子ども数・家族数の減少，家計の増大，労働力の女性化，長寿命化など状況の変化は，女性が育児に専業で携わり男性は職業に専念するという性別分業の家族形態と育児法の最適性を，次第に失わせつつあります。専業の母親の育児不安や働き手の男性の過労死は，性別分業の最適性破綻を示唆しています。

いつ，どのようにしつけるのか？——子ども観の違い

　欧米の人びとは，日本の子どもたちがいたずらや違反行為をしても親たちが厳しく叱らずに見過ごしたりなだめたりするようすを，甘やかしだと批判的にみ，他方，親が権威をもって厳しくしつけられる欧米の子どもは，日本人の眼にはかわいそうと映じるものです。これには，日本と欧米とがしつけのタイミングと対応のしかたにおいて対照的ともいえる違いがあることを示唆しています。

　乳児（眠っていても）のそばに長時間いる日本の母親，これに対して乳児が眠ったらすぐ離れて自分のことをするアメリカの母親，という対照もその1つで

Ⅱ　歴史・社会・文化のなかの人間発達

表22-1　誰かと一緒に寝るか・それは誰か
（3歳児）（東ら，1981）

(%)

	アメリカ	日本
なし（1人1室）	70.2	4.0
同　胞	25.3	11.8
母	4.0	18.4
母と同胞	0.0	7.9
両　親	0.0	22.4
両親と同胞	0.0	23.7

す。子どもの入眠は子育て中の母親誰しもが願ってやまないこと，その意味で子の入眠は親の子との別れを誘発する行動です。しかしこれにどう対処するかは，日米の母親で上述のように違いがあり，それは親（母）子関係観の違いによっています。母子一体をよしとする日本に対して，乳児といえども独立した個人，母親も子とは別個の生活をもった存在という認識があるアメリカ，それが子どもが眠ると母親は離れる，いわば母子分離，子別れの育児の背景にあるのです。学齢前ぐらいまでは母親と寝る日本の子ども，乳児のときから母親とは別室で寝るアメリカの子ども（**表22-1**）という差も，同様の親子関係観によっています。日本では，子どもが誕生すると夫婦関係よりも母子関係のほうを優先させているともいえるでしょう。この結果が，育児の父親不在を助長し，さらには夫と妻間の対等なパートナーシップを阻害してしまっています（このことは29章で詳しくみます）。

　さらに，子どもの逸脱行動――たとえば野菜を嫌いだといって食べないとき，母親の統制の仕方にも違いがみられます。"せっかくお母さん，お料理したのに食べないのは，がっかりだなあ……"とか"ほら，お父さんもりもり食べてるよ……"などと子どもの気持ちを引き立て誘いかけるのが日本。アメリカの母親はこれよりずっと明示的にきっぱり命令します。"出されたものは食べなさい""病気にならないようにちゃんと食べるの"といった調子です。日本では"食べなさい"とはっきり言わないことが多いのに対して，きちんと命令する，そこには親の権威で子どもをしつけるという姿勢がみられます。

　このようなしつけ方の対照は，東西の子ども観の違いに根差しています。"7

表22-2 Baby talk の日米比較（小林，1986）

品詞	日本		アメリカ	
	数	例	数	例
名詞	138	ワンワン ウサチャン ニューニュ ータ（または）オイタ	17	doggy piggy booky
形容詞	9	ビッチョリ チャムイ バッチイ	5	teenie yummy
動詞	38	ナイナイスル ボイスル ペッペスル モグモグスル	0	
計	185		22	

歳まではかみ（神）のうち"という伝承がある日本では，まだ，かみさまの領域にいる幼いうちはそっと大事にあつかう（そうでないと人間界から逃げていってしまうから）。また，なるべく母親のそばにおいて子どもを守り包みこむ。その結果，母子間に育まれる強い一体感に基づいて，おのずからにじみ込んでゆくようなしつけをします。教えることをあえてせずとも共感や同一化で伝え合える，強い共生的関係が母子間に作られているからともいえるでしょう。

これに対して欧米には，子どもは原罪をもって生まれてくるというキリスト教の考えが背景にあります。子どもはおとなに劣るもの，不完全なもの，そのような子どもは早く矯正すべきだ，それをするのが親やおとなの役割と考える，そこで親の権威によるきびしいしつけを幼少期にすることになるのです。育児語（mothrese）は，日本ではアメリカより数，種類においてはるかに多い（**表22-2**）のですが，その特徴をみると，日本語では"お"をつける（"おてて""おねんね"）ていねい表現の形をとるものが多いのです。ここにも小さい子どもを，目下の劣ったもの，欠けたものとしてではなく，価値あるものとし尊重して遇す

る姿勢，また，おとなが上からしつけるのではなく子どもに寄り添う関係がうかがえます。

子どもになにをしこむか？——それぞれの文化での発達課題

　子どもにしつけるべきこと＝発達課題は，人間として普遍的なものがあることはいうまでもありませんが，同時に文化ごとに特有のまた強調しているものがあるのも事実です。いずれの親も子どものつつがない成長を願い，知的，人格的，社会的すべての面でのよりよい発達を期待します。しかし，何をもって"つつがない""よい"とするかは文化によって微妙に違い，発達課題の重点は異なっています。

　日本とアメリカの母親が"いい子"と考える特性は，**図22-2**のようです。日本では，きちんときまりを守り辛抱強く努力する子どもという"いい子"像がみられますが，これはアメリカではあまり支持されず，"いい子"像はかなり違

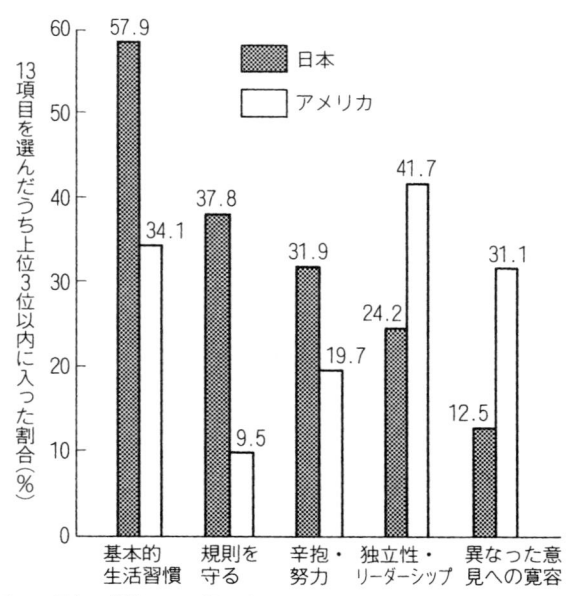

図22-2　「いい子」の特性——母親の意見の日米比較（総理府青少年対策本部，1981）

うのです。

　これはなにも母親に限ったものではなく，それぞれの国の"望ましい人""人間像"にほかならないでしょう。こうした子どもへの期待は，親のしつけ，学校教育（教科書の登場人物さえも），さらに企業の採用・規則・世間の評価などさまざまな形で子どもに伝達され，子どもの発達を特徴づけることになります。

国・国内にも多様な下位文化

　ここで1つ注意しなければならないのは，アメリカという国＝アメリカ文化とはいえないことです。アーミッシュという厳格なキリスト教を奉じる人びとは，電気や機械などの文明を拒否し，手作りの農業・家事，馬車による交通，そして質素な大家族の生活を送っています。そこでは，子どもたちは公教育機関に行かず，村長の営む学校と家庭での労働に参加することで健やかに成長しています。日本でも同様で，日本の一般的な風潮とは異質な，たとえば厳格なクリスチャンの家庭では神の前に親も子も男子も女子も対等との考えがしつけでも実践されている例があります。このような国の差＝文化の差とは言い切れない下位文化を無視してはなりません。そして社会の変動とグローバリゼーションは，国内の差を縮めたり，新しい下位文化が生まれていることも注目すべきです。

　もう1つ，日本のしつけで，とくに注目されるのは，子どもの性によって期待や対応の仕方，教育などに差をつける傾向が強いことです。その端的な例が子どもへの学歴期待で，他国ではほとんどない性差が日本ではかなりみられます（図22-3）。

　男子には責任感や独立心，女子には思いやりと素直さと，親の子どもへの期待の内容は性による違いがあり，それは女の子には家事・手伝いやお客の接待をさせ，自室や身の回りの整頓をやかましくいうしつけとなります。ここには親の性別役割分業指向がうかがえます。これは，20章の性役割の発達の問題につながっています。

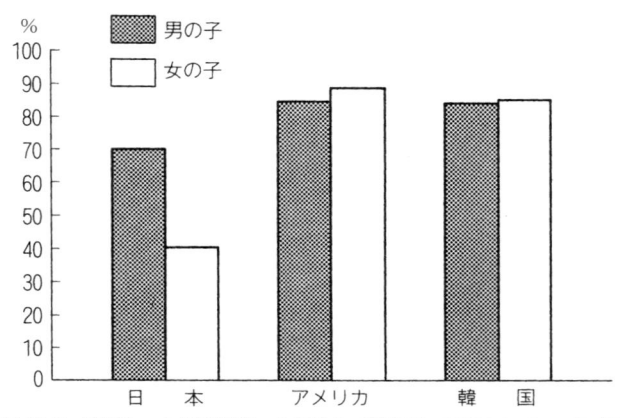

図 22-3 子どもへの学歴期待―大学以上（総務庁, 1995よりグラフ作成）

初期環境の悪影響は回復できる

　このように，人間の発達は，子どもが生をうけた社会・その文化に大きく規定され，特徴づけられてゆくものです。親のしごとのために外国で育った日本の子どもたちが，その国の習慣，振る舞い方，ものの考え方を身につけてゆく「文化のなかの子ども」の様相を，"文化という衣をまとう"と箕浦（1990）は記しています。このことは，子どもが生まれて育つ幼少期の環境の重要性を意味します。しかし，同時に銘記すべきは「幼少期の環境が決定的なのだ」といえないことです。誕生後の数年間，親に見捨てられまったく養護されなかった子どもたちが気が合う保育者の暖かく適切な養護によって，発達の遅れをたちまち回復し，社会人として立派に成長した例は，人間の発達のもう1つの姿をみせてくれます。最初が大事，親でないと――という初期環境決定論は危険です。人間はいつも育ち続けるたくましい存在でもあるのです。

　「自分はどう生きるか」を考える青年は時に親の性別しつけを批判的にとらえ，親や社会の志向するジェンダー秩序に背を向けてゆく場合は少なくありません。外からの働きかけ・社会化に抗して，自ら立てた目標や志によって自己形成してゆく，それは人間ならではの発達の特質です。　　　　　（柏木惠子）

図や表・引用の出典

東　洋・柏木惠子・ヘス，R.D.　1981　母親の態度・行動と子どもの知的発達　東京大学出版会
小林祐子　1986　Baby Talkの日米比較：日米母親の発話行動の事例研究　東京女子大学附属比較文化研究所紀要47　121-152
箕浦康子　1990　シリーズ人間の発達6　文化のなかの子ども　東京大学出版会
総務庁　1995　子供と家族に関する国際比較調査（日・米・韓）
総理府青少年対策本部　1981　日本の子供と母親
横浜市教育委員会・預かり保育推進委員会　2001　文部科学省預かり保育調査研究最終報告書

さらに知りたい人のために

東　洋　1994　日本人のしつけと教育：発達の日米比較にもとづいて　東京大学出版会
藤永　保・斎賀久敬・春日　喬・内田伸子　1987　人間発達と初期環境：初期環境の貧困に基づく発達遅滞児の長期追跡研究　有斐閣
原ひろ子　1991　家族の文化誌　弘文堂
佐藤淑子　2001　イギリスのいい子日本のいい子　中公新書

PICK UP
子どもに求める生き方

しつけと一口にいいますが，子どもが男の子（息子）か女の子（娘）かによって，親のしつけの重点が違うものです。性別しつけといわれるもので，これは他国に比べて日本で著しいことが表からわかるでしょう。「男女共同参画社会」といわれる中で，考えさせられることの一つです。

表　子どもに求める生き方（東京都生活文化局「女性問題に関する国際比較調査」1992より）

	社会的信用		心豊か		円満な人間関係	
	女の子	男の子	女の子	男の子	女の子	男の子
日　本	7	30	40	28	43	27
韓　国	15	32	5	7	26	22
アメリカ	20	23	32	28	6	6
スウェーデン	17	19	25	28	26	29

23 発達と教育
日本の教育の文化的特質

II 歴史・社会・文化のなかの人間発達

　子どもがおとなになっていく過程で学校教育が果たす役割は相当大きいといわざるをえません。知的発達はいうにおよばず，仲間である友だちやおとなである教師との交わりは人格的な発達にも大きな影響をもっています。また学校が将来の職業選択に大きく関わっている現状では，人生設計という側面にも影響しているわけで，学校という存在がいかに幅広く人間の生涯に関わっているか，考えさせられてしまいます。しかし小・中学校への就学率が100％に近い現代の日本では，学校が子どもたちの発達にとってどんな意味をもっているのかということになるとあまりはっきりしたことはわかりません。そこでまず就学が当然のこととなっていない地域での研究（交差文化的研究といいます）をみてみることにしましょう。対象となる地域には就学者と未就学者が混在しており，それぞれが社会のなかで同等に暮らしている必要があります。

学校経験の意味

　かつてアフリカのセネガルで行われた研究では，就学児，未就学児に対してたとえば黄色い丸い置き時計，オレンジ，バナナを描いた3枚の絵が提示されます。被験者にはいちばん似ている組み合わせを選び，なぜそれが似ているのか説明するように求められました。結果は就学児の場合年齢が上がるとともに色（黄色：置き時計，バナナ）による組み合わせを選ぶ傾向が減り，形（丸い：置き時計，オレンジ）や機能（食べる：オレンジ，バナナ）を選ぶようになりました。学校に行くことによって色のように見てすぐにわかる手がかりによるより

Key word
学校教育，交差文化的研究，操作的思考，論理的な推論，発達の最近接領域

は，それを考慮しながらも，形や機能のようにより分析的で，多次元的な手がかりによる分類を行うようになることがわかります。いっぽう未就学児は年齢が上がるとともにより強く色による組み合わせを選ぶ傾向がみられました。この結果を彼らが基本的な認知過程において異なっていると受け取ることは適切ではありません。文化的にそのような選択をさせることが適応的な行動であるという解釈をすべきでしょう。メキシコで行われた別の研究においても，このようないくつもの属性をもったものを何度も異なる属性によって分類しなおさせる実験では，就学年数の多い被験者ほど課題に成功する率が高くなったといいます。学校経験はある1群の事物に対していろいろな方法で処理を施すことができるという考え方を身につけさせ，また実際に処理できるようにさせることを示しています。

またセネガルでの研究において，もともと同じ量の水が入った2つの同じ形のビーカーのうち片方を別の細長いビーカーに注ぎ換えた場合に，もともとのビーカーと細長いビーカーに入った水の量は同じか違うかたずねる保存課題を実験してみると，就学児ならばほぼ全員が保存を示す12歳程度の段階で，未就学児は約半数しか保存を示さない結果になったといいます。判断の理由を聞いてみると，就学児の場合は年齢が上がるにつれて見かけの水面の高さなどについて話す割合が減り，注ぎ換えただけだからとか，元に戻せば同じだからといった理由づけが増える傾向が強まったそうです。しかし未就学児については年齢が上がるにつれてむしろ見かけの特徴に言及する割合が高まったということです。そんな未就学児でも自分で注がせてみると劇的に保存の反応が増加したといいます。物を操作すること，その過程で加えられた操作以外によって物は変化しないことなどを私たちは当たり前のように思っていますが，そうでない考え方があるということをこのことは示しています。

最後にリベリアで行われた研究では，次のような問いがその村の長老（就学経験はありません）にたずねられました。「フルモとヤクパロのどちらかがイチゴ酒を飲むと村長は腹をたてます。フルモはイチゴ酒を飲んでいません。ヤクパロはイチゴ酒を飲んでいます。では村長は腹をたてますか」（コール・スクリブナ

ー，1982)。長老は「ヤクパロがイチゴ酒を飲んでも，彼はまわりの人に迷惑をかけない」といった，問題には示されていない事実をもち込んだ上で，「村長は腹をたててはいない」という結論を導きました。同じ問題を高校に通っている若者にたずねるともちろん問題の範囲内で私たちが考える正しい答えを導きました。学校に通うことによって，与えられた課題をどのように理解し，解決を導くためにどのような論理を用いて推論すべきかについての理解を生み出していることがわかります。

　以上の研究から，学校に通う経験は子どもたちをピアジェのいう操作的思考や，論理的な推論に導いていることがわかります。このように思考様式や学習に対する構えは人間の認知的な枠組みとして唯一のものではないこと，人間がその環境に適応して行動していく上では別の方向づけがありうることは，ここで対比された未就学児の思考をみれば明らかです。つまり私たちが発達が進んだ段階で現われると考えていた思考様式は，じつは学校に通う経験によって形成されている部分が大きいのかもしれません。発達と学校との密接な関係が，学校制度の普及と一般化によって見えなくなっていただけなのだともいえます。発達心理学の理論が欧米に起源をもち，一定の期間学校に通う経験を必ずもっている子どもたちに行われた実験や観察に基づいていたこともその一因かもしれません。いっぽうでロシアの心理学者ヴィゴツキーは子どもの現時点での発達水準の先に潜在的発達可能水準があると考えて2つの水準の間を発達の最近接領域と名づけ，その領域に対する周囲の働きかけが発達をリードするという理論を立てました。この考え方に立てば，学校をはじめとする社会的，文化的環境のなかでの経験が発達を考える上で不可欠の要因であることが明らかになります。各地の文化を，欧米の文化を頂点として序列化する考え方に対して，優劣を論じることに意義を認めない相対主義的な考え方が発展するのと相まって，発達に対する社会・文化的なアプローチが注目されるようになってきたわけです。

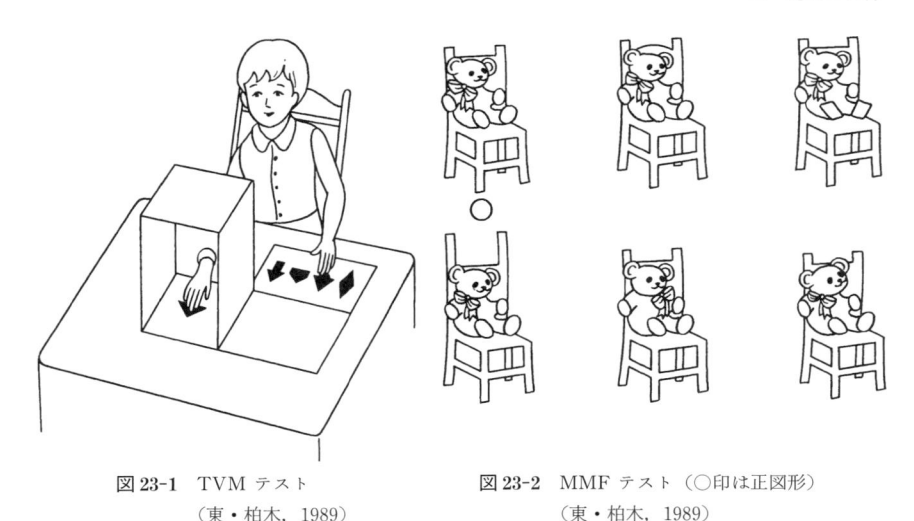

図 23-1　TVMテスト
　　　　（東・柏木，1989）

図 23-2　MMFテスト（○印は正図形）
　　　　（東・柏木，1989）

受容的勤勉性——日本の教育の特質(1)

　さて次に，地域の文化が発達の環境としての学校や教育のあり方を規定している側面があることをみてみましょう。高度に産業化した日本社会が文化的には欧米とかなり異なった特色をもつことはしばしば指摘されるところです。国民の5割近くが高等教育を享受している現状は，世界的にみて，もっとも高い教育の普及段階にあるといってよいでしょう。学校において重視される内容は先に見たとおり分析的，論理的思考様式であることに変わりはありません。しかしそのような知的達成にいたる過程には日本的なやり方が色濃く反映しているようです。

　日本の教育を外国と比較する研究のうち，もっとも頻繁になされているのはアメリカとの比較でしょう。それらのうちからここでは東らの研究の一部に注目してみることにします。小学校5～6年時の学業成績を予測する要因として，まず小学校入学前の熟慮性・衝動性に関する認知スタイルのテストの結果をとってみます。熟慮性のテストとして，ここではTVM（Tactual Visual Matching）テストと MFF（Matching Familiar Figure）テストを行いました。TVMは**図23-1**のように箱の中にかくされた板の上に張りつけてある形をあてるテストです。

II 歴史・社会・文化のなかの人間発達

MFFはターゲットの絵が図23-2のなかの少しずつ微妙に違う絵のどれと同じかあてるものです。どちらの結果も日本の方が高く、熟慮性が高いという結果になったのですが、テスト中の子どものようすを観察してわかったことは、ゲームとして面白く、しかもテストが終わった後も子どもがやりたがるのはTVMのほうであり、MFFはそのようなことはなかったということです。さて、これらのテストの結果と5～6年時の学業成績との関係をみてみると、日本ではMFFと、アメリカではTVMとの関係がとても深かった（相関が高かった）が、いずれの国でも他方とは関係がなかったということです。おそらく日本の学校でよい成績を納めるにはやりたいかやりたくないかにかかわらず、言い換えればつまらない課題でも我慢して忍耐強く注意深くやることが重要なのでしょう。いっぽうアメリカでは自分が面白いことを見つけ、それに挑戦していく構えが要求されているのだと思われます。このような価値づけは学校のなかだけの問題というよりは社会のなかでそのように仕向けられていると考えるべきでしょう。確かに日本では教室で先生が提示する問題を子どもたちも受容して、もっといえば、先生がなにを求めているか言われなくてもそれを感知して一緒に粘り強く学んでいくというスタイルが多いように見受けられることからもうなずけるところです。

周囲の人々との関係——日本の教育の特質(2)

　もう1つ、5～6年時の成績を予測する要因は、日本における母親の要因です。もっとも大きいのは母親の子どもに対する将来期待だったそうです。つまり3歳半の時点で自分の子どもがどの程度高い教育を受けるだろうと予想したかということです。入学時の成績の良し悪しを差し引いてもなおその影響がみられる結果となったことからその影響は独自のものであることがわかります。一方アメリカではそのような関係はみられませんでした。おそらく日本では幼時の親の子どもに対する態度や接し方がその後も引き続き子どもに影響を与えているのでしょう。成績は学校で習うことに対する評価であり、子どもの学習に関する能力や学校での教え方など、学校内の要因が関わるものと考えられま

すが，日本では母親の要因という学校以外の要因が関わっていることになるのです。私たちが最近行った日本の高校生に対する調査でも，こんどは子どもの立場で親や先生の期待を感じるかどうかが成績と関係するという結果が得られており，他者の目標に感応しながら自己を実現していくという他者との関係のなかでの自己のあり方が，個人の能力や個性を貫くこと以上に重要とされている社会の価値観が反映しているという思いを強くしました。この結果はまた，自己のあり方が個人志向的で独立的なアメリカと，集団志向的で相互協調的な日本の対比を思い起こさせます。

　集団志向的，相互協調的な特質は，学校や教師がとる教授方法にも反映しています。アメリカと日本，中国，台湾にまたがる比較研究を行ったスティーブンソンらは東アジアの学校が授業において子どもどうしの社会的交流を促進していることを指摘しています。子どもたちにはグループのなかで役割を果たす技能が入学時から教室で教えられるとともに，学習活動を含む学校生活のあらゆる場面で，子どもたちは班や小グループでの作業をとおして協力しながら課題を達成するために努力するよう仕向けられているというのです。学校は地域の文化を助長する役割を担うことで発達を方向づけていることになります。

　学校はその制度の普遍性によって，教育的な働きかけを通して，学問的な知識内容を教授すると同時に，分析的，論理的な思考様式および課題に対する構えを，文化を超えて形成していきます。それは知的発達の主要な部分を構成すると考えられます。いっぽうそれぞれの文化は学校のなかに浸透し，知的達成にいたる過程でそれぞれの文化特有の方法で子どもたちの知的達成を援助していると考えられます。発達と教育・学校，また発達と文化・社会は密接不可分の関係にあるということです。

（宮下孝広）

Ⅱ 歴史・社会・文化のなかの人間発達

図や表・引用の出典

東 洋（著） 柏木惠子（編） 1989 教育の心理学 有斐閣

さらに知りたい人のために

東 洋 1994 日本人のしつけと教育：発達の日米比較にもとづいて 東京大学出版会

コール, M・スクリブナー, S. 一若井邦夫（訳） 1982 文化と思考 サイエンス社

スティーブンソン, H. W.・スティグラー, J. W. 北村晴朗・木村 進（監訳） 1993 小学生の学力をめぐる国際比較研究――日本・米国・台湾の子どもと親と教師 金子書房

佐藤淑子 2002 日本のいい子・イギリスのいい子 中央公論社

恒吉僚子 1992 人間形成の日米比較：かくれたカリキュラム 中央公論社

臼井 博 2001 アメリカの学校文化 日本の学校文化 金子書房

PICK UP
性差の隠れたカリキュラム

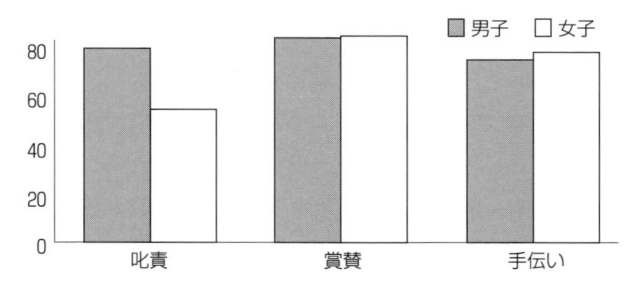

図 子ども（小学生）の性別にみた教師の働きかけ（根本橘夫 1990 男性教師と女性教師の男児・女児に対する働きかけの比率の違い 教育心理学研究 38(1) pp.64-70）

　男女平等を謳う学校教育ですが、無意識のうちに教師が男女で違う働きかけをしていることがあります。よく叱られるのは男子ですが、手をあげたり当てられて発言したり質問したりするのも男子に多く見られるようです。いっぽう教師は女子に甘く、話したり遊んだりすることが多い半面、手伝いを求めることも多い傾向のようです。これらは学校の「隠れたカリキュラム」の一部となっていると考えられ、知らず知らずのうちにジェンダーの問題をはじめ、子どもたちにさまざまな影響を与えている可能性があります。

II 歴史・社会・文化のなかの人間発達

24 日常的な場面での学び・実験室での学習

　学ぶということは人間の基本的な営みです。毎日，生活のあらゆる場面で私たちは学び続けているといって過言ではありません。心理学で考える「学習」は私たちが普通に使う「学習」よりかなり広い範囲をカバーしています。普通のことばづかいでの「学習」はなにか学校と関係したもののことを考えがちです。内容的には国語や算数といった教科の内容に関わったこと，なにか学問的，実際的に価値あるものを習得することだけに限定しがちですし，方法的には教室や勉強部屋で机に向かって教科書を読みながらという状況を考えがちです。心理学的な意味での「学習」は，それを通して行動のしかたが変わることすべてに用います。もちろん疲れたり，病気になったり，けがをしたりというようなことによる変化は含みませんが。たとえば犬も猫も「わんわん」といっていた幼児が猫に対しては「にゃんにゃん」というようになったり，はじめてゲーム機に触った子どもがそれぞれのボタンの使い方がわかってゲームができるようになったり，はじめてお酒を飲んだ青年が，失敗を重ねるうちに自分の適量を心得るようになったりなど，誰にでもいつでもどんなことに関しても起こっているのです。

まねる

　学習のさまざまな形態のなかでもっとも早くから現われるのは「まねる」という行為でしょう。生まれて数時間の赤ちゃんでも抱かれているおとなの表情をまねることができます。赤ちゃんを抱いているおとなが「べーっ」と舌を出

Key word

学習，まねる，領域固有の知識，古典的条件づけ，随伴，オペラント条件づけ

すことを繰り返すと，はじめぎこちなく口元を動かしているだけだったのが，しまいにははっきりと舌を出すようになります（第13章）。普通舌を出す行動は抱かれているときに頻繁にみられる行動ではありません。まして大人の行動に反応してこのような行動が現われるのですから，これはその場で学習したといえるものでしょう。

「まねる」ことは模倣として，これ以後学習のあらゆる場面で重要な役割を果たします。ままごとで母親や父親の役割をするとき，子どもの観察の細かさと，そのまねのうまさには舌を巻くほどです。おとなの口調，会話の内容，家庭での人間関係から感情的な経験にいたるまでじつによくとらえているものだと感心させられます。もしその子の親が見ていたら恥ずかしくなってしまうのではないでしょうか。でもこのような模倣を通して家庭や社会のなかで適応的に振る舞うための行動様式を身につけていくのだと考えれば，模倣，ないし観察学習はたいへん重要な学習形態だといえましょう。

「まねる」ことはおとなの世界でも重要です。世阿弥の『風姿花伝』にさかのぼるまでもなく，芸ごと，武道，職人の手仕事など，まねること，すなわち細々した理屈はともかく，型からはいることによってその道をきわめるという考え方はいろいろなところで見受けられます。日本に限らず，リベリアの仕立て屋で新入りがだんだんと熟練していく過程を観察した研究によると，親方に入門してはじめてさせられる仕事はボタン付けだったということです。多少失敗しても取り返しがきく周辺的なところから入って，仕事に参加しながら，先輩の優れた技術を見，交わされる会話から情報を得，自分もみようみまねで技術を身につけ，しまいには裁断や型どりなどの仕立ての中心的な仕事をまかされるようになっていったそうです。芸は盗むものだなどといわれることがありますが，最高のレベルの芸術や技能は授業のように意図的にしつらえられた教育的な働きかけのなかでは教えることが不可能なのかもしれません。ちょっとした間合いのとりかた，目配りなど，ことばにならないことで重要なことは多く，それらは授業のように意図的な言語的働きかけによって伝わるものではないからです。

またそういう状況では，教えようという構えがみられないことも特徴的です。その点，ヘアー・インディアンという狩猟民族の学び方は印象的です。彼らは身の回りのすべてのことを自分でおぼえたと考えているそうです。たとえば男の子が生業である狩猟を学ぶのは父親からですが，父親はわが子に教えようなどという考えはさらさらないというのです。もちろん息子も教えてもらおうという気はなく，ただ父親の狩のときの振る舞いをそれこそ目を皿のようにして見ています。そして自分で獲物を見つけたときに同じように試しているうちに次第に上達していくのです。模倣とか観察学習とか理屈をつけるよりは，まさに自分でおぼえたというにふさわしい学び方です。私たちは学ぶことと教えることが表裏一体の関係にあると思いがちで，学校の勉強など，教えてもらわなければ学ぶことはできないと考えてしまいますが，決してそうとは限らないのだということに気づかされます。

自分で考えだす

　もちろん，ヘアー・インディアンの人びとほど徹底的でなくとも，自分でなにかを考え出していく学びは誰にでも起こりえます。人間が自然的・社会的環境に適応して生きていくとき，自分の経験から何事か引き出していくことはどうしても必要なことだからです。

　理科系の大学1年生にたずねてみると，**図24-1**のように指ではじかれて上にあがっていくコインには上向きの力がかかっていると考える人が多数をしめました。ニュートンの法則によれば力が加わっていない物は止まっているか，等速直線運動をするはずですから，もちろん力学的には誤りですが，このように動いている物にはその動いている方向に力がかかっていると考える傾向はこの学生たちに限らず一般的にみられます。ふだん地球の引力のなかで暮らし，地面との摩擦によって足を踏ん張ることができるのに，それがまったく当たり前になり，それとして意識できないなかで行動している私たちには，物を押

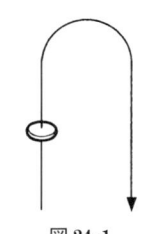

図24-1
コインの投げ上げ（Clement, 1982）

し動かそうとするときには相応の力をかけなければなりませんし，物を投げようとするときには力をいれて投げなければならないことの方が経験としては重要です。それを一般化した結果，手を離れてからも物が動き続けるのは物のなかに押したり投げたりしたときのいきおいが残っているからであり，それがだんだんとなくなっていくと物は止まるという説明が生まれてくるのでしょう。経験から抽象して説明を生み出すことができることはこれから経験するであろう未知の出来事に対して備えるためにとても重要です。

領域固有の知識

　日常的な場面において子どもたちは，遊びのなかでいろいろなことを身につけ，それに習熟していきます。組織的に教育を受けるわけでもないのに，自転車や一輪車に乗れるようになり，野球やサッカーを楽しみ，トランプやカードを使ったゲームのルールを覚えるなど，なんでも仲間うちのやりとりを中心に学習することができる点でほんとうに優れた力を発揮するものです。

　このように身につけられたもの，いわば学習の成果はどのようなものなのでしょうか。第25章でみるように人間の思考は基本的に状況に依存します。経験からその人の行動にとって意味あることを抽象してくる人間の特性から考えても知識は限られた経験の範囲に即したものになっているはずです。たとえば，コンビニなどで自分の欲しいお菓子を買ったり，お使いを頼まれてスーパーでちょっとしたものを買うといった経験は小学校に入る前からしている子が多いことでしょう。その子どもたちはレジでかなりの額のお金を払いお釣りをもらいます。算数を習い始め，1桁の数から勉強するときには，お金に関してはすでに百の位，場合によっては千の位の数すら経験しているわけです。実際アメリカの心理学者が，自分の6歳の女の子に，同じ「75＋26＝」という式になる計算を1つは算数で，もう1つはお金の計算で，と違う文脈の問題として聞いてみると，算数は10進法の数え方で，お金の場合には25セントずつのコインの単位で数えたという報告があります。またブラジルで路上の物売りをしている子どもに商売に関係する計算の課題を解いてもらうと，学校にいっていないそ

のような子どもでもかなり複雑な割合の計算までできたのに，算数の教科書に出てくるような形で同じ程度の問題を解かせてみると，まったくといっていいほどできなかったという報告もあります。日常経験の範囲で身につけたものが，このようにそれが習得された領域をこえて一般的に適用されるということは，難しいようなのです。そして領域が違うと同じ内容の問題であるにもかかわらず考え方まで変わってしまうということが生じます。

　いっぽう学校ではできるだけ一般的に使える知識を教えようとします。もともと一般性の高い内容を教育内容とすると同時に，教えた内容をその領域だけでなくできるだけ他の領域にも応用できるようにすることが期待されています。人間は本来そういうことが不得意だからということも反映しているのかもしれません。

実験室での学習(1)　古典的条件づけ

　ところで心理学では学習をどのようにとらえてきたのでしょうか。じつはつい30年余り前まではこの領域の研究が心理学の主流を成していました。

　皆さんは「条件反射」という用語を聞いたことがあるでしょう。パブロフというロシアの学者は犬を被験体として唾液の分泌を題材に研究しました。食物を口に入れると犬に限らず唾液が分泌されます。これは「反射（無条件反射）」という現象で，人間にもさまざまな現象が観察されます。パブロフは餌を口に入れるのと同時にブザーを鳴らしてやりました。これを繰り返し経験させると犬は餌を口に入れてやらなくともブザー音を聞くだけで唾液を分泌するようになります。これはブザー音という反射とは無関係な刺激（条件刺激）を無条件に反射を起こさせる食物という刺激（無条件刺激）に随伴させることで，ブザー音に対して唾液を分泌するという反応が結びついた（連合した），すなわち条件反射の学習が成立したのです。これを心理学では「古典的条件づけ（レスポンデント条件づけ）」といいます（図24-2）。「梅干し」ということばを聞いただけで口の中が酸っぱくなってくる人も多いかと思います。梅干しを食べたことのない人がこのような反応をするとは思えません。したがってこのような反応をする人は

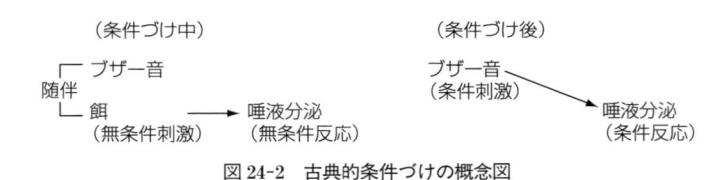

```
        (条件づけ中)                    (条件づけ後)
     ┌─ ブザー音                      ブザー音
  随伴│                              (条件刺激)
     └─ 餌        ──→ 唾液分泌                    ──→ 唾液分泌
      (無条件刺激)    (無条件反応)                      (条件反応)
```

図 24-2　古典的条件づけの概念図

梅干しについてある学習が成立したと考えられ，それは日常的な場面で古典的条件づけが成立したからと解釈できます。

実験室での学習(2)　オペラント条件づけ

　反射を前提としない学習を成立させることもできます。犬を飼っている人は「おて」や「おあずけ」など，いろいろな芸を仕込んでおられることでしょう。最初何もできない犬がさまざまなことができるようになるわけですから，これも学習が成立したことになります。「おて」と言われ，手を差し出されたとき，何も知らない犬はどんなことをしてもいいわけで，「わん」と吼えることも，しっぽを振ることもあるでしょう。そのようななかで，最初はありえないと思いますが，差し出された手に前足をのせるようなそぶりを少しでも見せたなら，あなたは最大限に褒めてやることでしょう。なでてやったり，餌をやったりもするでしょう。理論的には，ある刺激を提示し，それに対して自発的に示す反応のレパートリーのなかから適切なものにだけ，餌など，何らかの強化を与えてやる（随伴させる）ことで，特定の刺激と反応との結びつき（連合）を成立させるというやり方です。これを「オペラント条件づけ（道具的条件づけ）」といいます（**図24-3**）。水族館などで見事な芸を見せるイルカやアザラシたちも，このような方法を使って仕込まれているわけです。

　オペラント条件づけを人間に適用した教育の理論も私たちの周りには多くみ

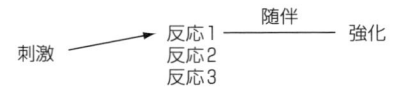

```
                     随伴
              反応1 ──────── 強化
   刺激 ──→  反応2
              反応3
```

図 24-3　オペラント条件づけの概念図

られます。人間の場合は餌でなくとも，たとえば「ピンポーン」という正解を示す音を提示するだけでも嬉しくなりますから，行動が適切だったかそうでなかったかをフィードバックするだけで刺激と反応との連合を成立させることができるのです。どのような条件の下で，強化を与えればもっとも効率よく学習が生じるのか，このような研究成果がコンピュータを使った学習ソフトをはじめ，広い範囲で応用されています。

　人間は，他の人びとに学ばせること，他者の学習をコントロールする理論を手に入れたわけですが，もちろんそのことに対しては賛否の議論があり，さまざまな弊害も指摘されていますから，手放しで喜ぶわけにはいきません。もちろんこのような理論とは別に，いいことをしたときに褒めてあげるとか，ご褒美をあげることで，子どもであれ大人であれ，望ましい行動へと導くことは，日常生活のさまざまな場面でしばしばみられることはいうまでもありません。

（宮下孝広）

図や表・引用の出典

Clement, J. 1982 Students' preconceptions in introductory mechanics. *American Journal of Physics*, **50**, 66-71.

さらに知りたい人のために

東　洋（著）　柏木惠子（編）　1989　教育の心理学　有斐閣
原ひろ子　1979　子どもの文化人類学　晶文社
稲垣佳世子・波多野誼余夫　1986　人はいかに学ぶか　中公新書

II 歴史・社会・文化のなかの人間発達

25 知的であることの意味
生涯発達の視点から

知能とその発達

　気のおけないお客が訪ねてきたとき、まだ幼いその家の子どもがお茶やお菓子を出してくれると、お客は思わず「いい子だねえ、かしこい子だねえ」などとほめてあげることでしょう。もしおとなが同じことをしたとしても「かしこい」とは言わないでしょうし、そんなことを言うとかえって失礼です。「かしこさ」の意味はその人の年齢によって変わってくるのは明らかです。

　同じようなことを表わす「頭がいい」ということばも子どもからおとなまで幅広く使いますが、その意味するところは年齢によって大きく変わってきます。小学校1年生に入学したばかりの子が大きなひらがなで書かれた教科書を声を出して読めたらその子は「頭がいい」とほめられるでしょう。1桁のたし算であっても正しい答えが出せたらやはり「かしこい」といって丸がもらえることでしょう。しかし学習で習うことだけ考えても、学年が進むにつれてどんどんむずかしくなっていきます。小学校高学年にもなると宿題のことを聞かれた親がしどろもどろになる光景もそんなに違和感なく想像できます。まして中学、高校と進むころにはかなり高度な内容を勉強するようになるわけで、このような面で発揮される人間の知性の変容はとても大きいといわなければなりません。

　人間の知的な能力をとらえたいという欲求は素朴な知的関心の域をはるかに超えて、学問的にも実際的にも大きく発展してきました。心理学の領域では知能検査が開発され、知能についての考え方の変化を反映しながら発展してきました。その起源はいまから100年ほども前にさかのぼることができます。当時の

―― *Key word* ――
知能検査，知能，流動性知能，結晶性知能，多重知能説，状況に依存した知性

研究者のなかには人間の知能は外界からの刺激を受け入れることによって発達するものだから、知覚的な能力つまり感覚がどれくらい鋭いかが知能の高さを左右すると考える人もいました。そこでたとえば、腕の皮膚を2本の針のようなもので刺激し、2つの点の間隔をどれくらい近づけても知覚できるかなどといったものさえ含まれていたといいます。

ビネー検査

現代でも使われている知能検査の原型を生み出したのはフランスの心理学者ビネーです。彼のねらいは、知的発達に遅れがみられる子どもに特殊学級でその子に見合った教育を受けさせるために、就学前の検査として使われるものを提案するということにありました。ですから学校教育およびそれを通じて社会生活との関連が意識されていました。1908年に出された検査は記憶や理解、類推、判断、算数などの具体的な課題から構成されています。さらに、やさしい問題からむずかしいものへと順に並べられ、それぞれの課題が何歳ぐらいでできるのかが示されています。現在用いられているビネー検査（田中ビネー知能検査法、1987年全訂版）の問題のうち、たとえば6歳児では、絵の不合理（A）、3数詞の逆唱、ひし形模写などの、言語を使ったものと、絵や図形などを用いて言語を使わない課題が配当されています。それが12歳になると、絵の不合理（B）、5数詞の逆唱、図形の記憶（B）などになり、同じ数詞の逆唱でも3つから5つに増えますし、絵の不合理の課題でも絵は複雑なものになっています。このような方式によってその子どもの知能の年齢、いわゆる精神年齢を知ることができるようになったのです。その後精神年齢をもとにして、それを誕生以来の生活年齢で割った指数が求められるようになり、いわゆる知能指数（IQ）が算出されるようになりました。IQ100とは大ざっぱにいって年相応の発達水準を示します。ここでもその年齢に応じてどうかということが問題とされているわけです。

流動性知能・結晶性知能

年齢に応じてといった場合、乳幼児期から児童期にかけての変化は誰からみ

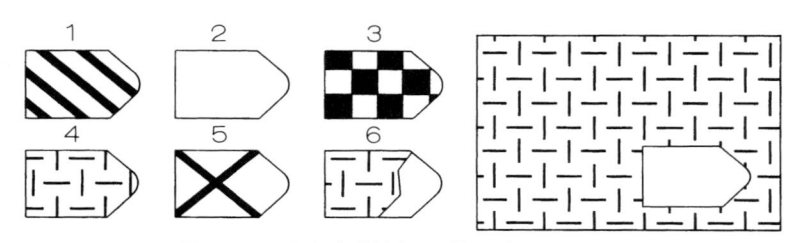

図25-1　レイブン知能検査の一例 (坂本ほか，1985)

ても明らかといってよいでしょう。ではそれを超えて成人期以降老年期にいたる時期の場合はどうでしょうか。老人に限らず，よく物忘れをするとか，人の名前が覚えられないとか，計算ができないとかいって嘆く人をみかけますが，たしかに記憶や数学的能力など人間の知的能力はしだいに衰えていくばかりなようにも思えます。しかし，亀の甲より歳の功とか，おばあちゃんの知恵とか，蓄積した知識がものをいったり，人びとの利害を上手に調整したりするなど，年寄りでなければ，ということもまた存在します。

　知能の研究によれば，計算をしたり，図25-1に示すような問題で，空欄に当てはまるものはなにかを考えて解いたりなど，情報を処理してなにかを生み出すような側面のことを流動性知能といいます。平たくいえば頭の回転がいいというような特徴でしょうか。これは20代半ばごろをピークにして緩やかに衰えていきます。しかしいわゆるものを知っている，物知りといった特徴，言語的な知識の蓄積がものをいうような課題に対処する側面は，結晶性知能といいますが，老年期にいたるまで伸び続けていくといわれています(図3-3参照)。このように成人期以降の知的な能力の発達は，これらの2つの側面の相対的な比重の変化としてみることができます。

知能の多様性

　さて話を少し戻しまして，ビネーの理論のもう1つの特徴は，さまざまな問題を解く人間の知的行動の背後には一般知能と呼ばれるただ1つの知的能力があるのだと考えたことです。確かに検査の各問題の出来不出来の間には関係が

あり，その関係はそれらの背後にある共通の要因によるものと考えられます。しかしこの考え方に対してはその後の研究で知能がただ1つのものではないという考え方が広まり，知的能力が多様なものから構成されていることが示されてきました。最近の研究で，いくつかの独立した知的能力が存在するという理論を提案しているものの1つにアメリカの心理学者ガードナーの多重知能説があります。それによれば言語的知能，論理—数学的知能，空間的知能など，これまでになじみの領域に対応する知能のほかに，音楽的知能，身体—筋運動的知能，自我的—対人的知能など，これまで考えられなかった領域にまで独立した知能があると考えられています。

音楽や運動に関わる独立した知能があるというのは意外な感じではないでしょうか。体を動かすことが知的能力なのかという疑問ももっともです。音楽の場合は楽譜を読んだり書いたりすることがあるわけですから，言語的な能力と関係がありそうですし，スポーツでも作戦面などでかなり「頭を使う」ことが多いわけですから，論理的な思考と関係が深いように思われます。しかし，音楽的才能や運動能力などといわれることもあるわけですから，それぞれ独立した知能だと考えることができないわけではありませんし，もちろんその根拠も示されています。

社会のなかでの頭のよさ

ところで「頭がいい」とは実際のところどういう意味なのか，日常的なことばが指す概念を探る研究が行われるようになってきました。そのような研究のなかで，日本人の女子大学生とその母親が考える「頭のいい人」の特性とは，まずリーダーシップがある，話が面白い，積極的など，社交性が高く積極的であること，次に，分をわきまえる，誤りを率直に認める，人の話をよく聞くなど，受け身の社会性，以下，時間の使い方がうまい，計画性があるなどの優等生型，鋭い，勘がいいなどのひらめき型，そしてよく本を読む，知識豊富などの物知り型の特性が続くという結果だったそうです。これをみる限り，知能検査が扱ってきた知的行動の範囲では，少なくとも日本人の日常的な意味での知

的な行動をとらえきれてはいないことがわかります。日本人の女子学生にとっての知的な行動とは，社会性を反映した行動であり，自分の身をわきまえた謙虚な振る舞いができることとして考えられているということです。それらは先が読めること，頭の回転の速さ，知識の豊富さといったいわゆる知的な特性よりも重要とされています。このような知能の社会的な特性は，「能ある鷹は爪をかくす」とか，「出る杭は打たれる」といったことわざにも表わされているように，人との関係に気を使い，できる人ほど身を慎むことが求められている日本の社会に適応していく上で身につけなくてはならない条件といえます。たんに頭がきれるだけではすまないところがむずかしいところで，その人が住む社会や文化がなにを要求しているのかに目を向けなければならないということです。

そこで広く世界を見回してみますと，そこには多様な文化と社会が存在しています。私たちがよく知っている日本や，情報の多い欧米の文化とは大きく異なる地域でも人びとは生活しています。知的であることの意味はその地域，文化に応じてまた多様なものがあることを前提に考えなくてはならないでしょう。

近年欧米ではIQではなく，「EQ」が注目されています。感情・情動の働きに注目し，動機づけや忍耐，他者への共感などが社会生活上で知的に振る舞う際に重要な役割を果たすとする立場です。上のような日本の考え方からすると何をいまさらという感もありますが，ガードナーの多重知能説のなかにも自我的─対人的知能が含まれており，社会関係を円滑に営むことの重要性が認識されていることとも符合します。これも文化差の現われの1つとみるべきなのかもしれません。

状況に依存した知性

日常的な場面での知的行動について考えるとき，もう1つ問題になることがあります。それは知識とそれを背景とする思考の特性です。ウェイソン課題とか4枚カード問題とか呼ばれるものをご存知でしょうか。**図25-2**(a)のような4枚のカードについて「片面に母音が書いてあるときにはもう一方の面には偶数が書かれている」というルールが守られているかどうか，できるだけ少ない

	p	not-p	Q	not-Q	
(a)	E	K	4	7	「片面に母音が書いてあるときには、もう一方の面には偶数が書かれている」
(b)	ビール	コーラ	24歳	16歳	「アルコールを飲んでいる人であるならば年齢は20歳以上である」

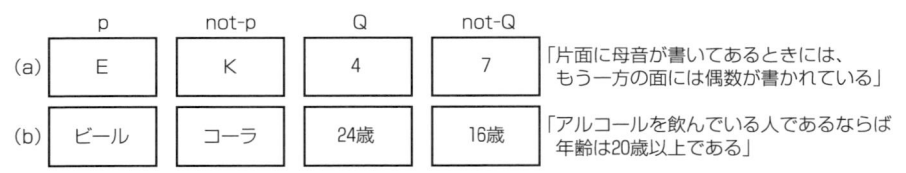

図25-2　4枚カード問題と飲み物と年齢問題（長谷川・長谷川, 2000を一部改変）

枚数のカードをひっくり返して確かめるにはどうしたらよいかというものです。では問題の内容を**図25-2**(b)のように飲み物と年齢の問題に置き換え，「アルコールを飲んでいる人であるならば年齢は20歳以上である」という社会的なルールが守られているかどうか，4枚のカードの問題と同様に確かめるにはどうしたらよいかという場合はどうでしょうか。

　お気づきのように2つの問題はその基本的な構造において同じものです。両者ともに「PならばQ」という命題が真であるかどうかを確かめると同時に，それと対偶の関係にある「QでないならばPでない」という命題も確かめなければならないことに気づくかどうかが解決の鍵です。したがって正解は4枚カードではEと7，アルコール問題ではビールと16歳です。これを学生に短時間で解いてもらうと正答率はアルコール問題で高く，4枚カードで低くなります。同じ構造の問題で正答率が違うこと自体興味深い結果ですが，どうしてそう考えたか，その理由をたずねてみるともっと面白いことがみえてきます。

　4枚カードの場合「PならばQ」はすなわち「QならばP」も同時に意味すると考えてしまいがちになるようです。実際「母音の裏には偶数」だとしたら「偶数の裏にも母音」になりそうだと思ってしまいます。その結果，正解を話すと学生たちからは「どうして4は関係ないのですか」と不思議そうにたずねる声が聞かれます。また7は即座に関係なしとして，考慮にものぼらなかったという人が多いようでした。

　いっぽう飲み物と年齢問題の場合は4枚カード問題のように自動的に別のルールも正しいはずだという考え方はあまりなされず，1枚1枚について何を飲んでいるときは何歳でなければならないか，逆に何歳のときは何を飲んでもいいか考えることが多いようです。あたかも飲み会の場面を思い浮かべて，1人

ひとりの参加者の飲み物と年齢を対応づけて、社会的なルールに照らして許されるかどうかチェックするような考え方がなされているようなのです。このような場面は実際的には未成年者と成人とが混ざっている大学生のサークルのコンパなどで、幹事さんや顧問の先生があれこれ心配する場面などとして想定できますが、学生にとっては馴染みのある出来事といえるでしょう。

　ものを考えるときにその問題がおかれている状況や文脈に身をおいて考えることができるかどうかはその問題が解けるかどうかと深く関わっています。そこに身をおけるということはその状況や問題が背景とする領域の知識をかなりもっていることを示しており、問題を解く際にはそれが思考を方向づけたり、あらぬ方向に向かわないようにしたり、解決の糸口を示したり、場合によってはいらないことを考えさせて間違わせたりするようなのです。

　知識の量は成長に伴って大きく増えていきます。知能検査でみている知識もそのようなものとして扱われています。それが常識ということの意味でしょう。しかし個々の領域の知識はその領域にどれだけ関わったかによって変わってきます。小学生であってもおとな顔負けの技能をもった子どもはいたるところにいます。ピアノや将棋、また少年野球やサッカーなど小さいころから訓練を積んでその領域の知識や技能を身につけた子どもは、その道のおとなの熟達者同様の思考や行動をすることができます。子どもだからといって決してあなどれないわけです。

　もちろん普通のおとなでも自分が毎日やっている仕事のことなら人には負けないというのもこれと同様です。その意味で知的な行動を考える上では、単に成熟という視点だけでなく、それに加え熟達、ないし学習という視点も同時に考慮する必要があるということです。

　なお最近では、4枚カード問題の結果は日常的に馴染み深く、しかも許可の文脈において現われる実用的推論スキーマと呼ばれる知識の効果であるとの解釈だけでなく、人間が社会契約に敏感であって、契約にただ乗りする者、裏切り者を鋭敏に検出する傾向をもつようになったという進化的な意味も考えられており、新たな注目を集めています。

脳研究における知的活動の探求

　最近の脳研究の発展は著しく，たとえばゲームをしているときの脳波を測定した研究では，脳の前頭前野と呼ばれる部分の神経細胞の活動を反映するβ波の出現率が低下し，痴呆（認知症）の高齢者と同じパターンを示したという報告があります。また，fMRIと呼ばれる脳の血流の変化を測定する装置を用いた研究によると，簡単な四則演算や漢字の書き取りを行うことによって，同じ前頭前野が活発に活動する様子が観察されました。これを老人の施設で取り入れてみたところ，入居者の活動が活発になり，入居者間のコミュニケーションも促され，全般的に生活の質が高まった，少なくとも知的活動の低下がくい止められたという事例もあるそうです。

　これらの結果から短絡的にゲームは脳に悪いとか，計算は脳を育てるとかいうことは研究の過度の一般化であり，慎まなければなりません。しかし今後，このような身体に悪影響を与えない方法で直接脳の活動を観察する研究は盛んになることと思いますし，脳のメカニズムというレベルで知的活動の説明がなされていくことは間違いないでしょう。そのとき，行動の記述を主たる方法とする心理学がどのような役割を果たすことができるのか，腕の見せ所ということになります。

〔宮下孝広〕

図や表・引用の出典

坂本龍生ほか（編著）　1985　障害児理解の方法：臨床観察と検査法　学苑社
長谷川寿一・長谷川眞理子　2000　進化と人間行動　東京大学出版会
田中教育研究所　1987　田中ビネー知能検査法（1987年全訂版）　田研出版

さらに知りたい人のために

東　洋・柏木惠子（編）　1989　教育の心理学　有斐閣
川島隆太　2001　自分の脳を自分で育てる：たくましい脳をつくり，じょうずに使う　くもん出版
森　昭雄　2002　ゲーム脳の恐怖　NHK出版
高橋惠子・波多野宜余夫　1990　生涯発達の心理学　岩波新書

II 歴史・社会・文化のなかの人間発達

26 生涯発達における大学生時代 (1)
ものの考え方と時間的展望

　ニュウカムら（Newcomb, Keoning, Flacks & Warwick, 1967）によってなされたベニントン研究（Bennington Study）は，1930年代にアメリカのベニントン女子大学の在学生の協力によって行われたものです。この大学は，当時としてはかなりリベラルな教育をモットーとしていた大学でした。この研究は，その大学への入学生が在学中にどのような政党支持傾向を示し，それが両親の政党支持傾向とどのように異なっていったか，さらには，卒業生がどのような政治態度をもつ配偶者を得ていったかを長期にわたって追跡的に調べたものです。この研究は政治に対する態度形成に焦点を当てたものですので，ここから大学生時代の意義をすべて論ずることはできませんが，読者の皆さんが大学生活をどのように過ごしていくかを考えるための材料の１つが得られるのではないでしょうか。

　さて，この研究では，次のような結果が得られました。その１つは，1936年の大統領選挙では，両親の66％が共和党候補を支持していたのに対して，在学生の同党候補の支持率は，１年生は64％，２年生は43％と減少し，３・４年生に至っては，わずかに15％にすぎませんでした。２つ目は，1930年代後半の在学生についての25年後の面接調査では，在学中にリベラルな政党支持を示していた学生は，その後もリベラルな政党を支持する友人との交際を続けており，リベラルな政党を支持する配偶者を得ていることから，ずっと同じ政党支持傾向をもち続けていました。

　ここで明らかなことは，それまでとかく親から影響を受けて育ってきた若者

―――― Key word ――――
大学生活，相対的思考，熟達化，ドロップアウト，時間的展望，就職活動，フリーター

が大学生時代の教育や友人による影響をより多く受けるようになり，さらには，学生として過ごした経験がその後の本人の生き方を方向づけているということです。さらに，言い換えるならば，大学生時代はその後のものの考え方や価値について自分なりに納得する方針を立てるという人生の屋台骨を作る時期とみることができます。

　もちろん，大学生活もその年代の社会のあり方と無関係ではありません。社会における風潮が少なからず影響していくことも確かです。たとえば，20年を経過して，調べた大学生の価値観についての研究によると，1972年よりも1992年のほうが理屈を言う傾向と金銭感覚が高くなっているものの，美的センスや社会に対する関心は低くなっていました。

青年期から成人期にかけての思考の発達
　毎年4月に行われる新入生歓迎会の席上で接する初々しい一年生の何人かとは，講義や演習，さらにはさまざまな活動を通して触れ合いが続けられます。そこでいつも筆者が実感することは，大学生活の4年間，当初はとても予想もできなかったほどに1人ひとりが成長していく姿です。

　その顕著な変化を支えているのが，この時期にみられる思考の発達にあるといえます。小学生時代から中学・高校生時代に人は具体的な事物や出来事を離れて，抽象の世界でものを考えることができるようになっていくことは，ピアジュが「前操作期」から「形式的操作期」への移行として特徴づけたところですが，ものの考えの発達はそこで止まるのではありません。そのことについての考えをいくつかあげてみましょう。

　まずあげられるのは，「二元的思考」から「相対的思考」への変化です。正しいか誤りか，善か悪か，自分方か相手方かと二元的にものを考えていくことは，権威者の言うことはすべて正しいという認識にしばしばつながります。しかし，世の中にはいろいろな考えがあり，1人の人の主張は当人の考えの変化によって変わることがあることを知るにつれて，人の認識を支える新しい知識の獲得によって，ものの考え方が相対的なものに過ぎないことを知るようになります。

このような相対的思考は，あることを真実と考えることはそれを"絶対"とみるのではなくて，選択の1つに過ぎないことを理解していくことです。

　このような思考の発達を知識の獲得と関連づけてみると次のような段階に分けることができます。児童期から青年期を「獲得の時期」すなわち，知識を蓄え，組み合わせ，結論を導くことができるようになる段階とみるならば，次にくるのが，「達成の時期」です。おとなになると，それだけ自分が出会う状況に身につけている知識をうまく活用していく必要性に迫られます。そこでは，与えられた問題を解き，正答を得るという単純なことではなくて，常に長期的な見通しを立てながら，眼前の課題に対応していかなければなりません。何に関心をもつか，どのような職業を選択するかなど，さらには，将来の結婚の相手を探すことなどはすべてこのような問題解決の実践です。

　大学生時代の思考の発達を特徴づけるもう1つは，熟達化（expertise）です。熟達化とは，ある領域に特化した知識やスキルを精力的に習得し，それを基盤にしながら，新しいものの見方や考え方，技能を獲得していくことです。熟達者が素人と異なる点は，情報処理の仕方にあるといわれています。熟達者は当面している事態に関連する情報をすばやく思い出し，効果的な推論を導き出すことができます。このことが可能なのは，個人が熟達化の過程において領域に固有な情報を豊富に理解し，それらをより抽象的なレベルで貯蔵し，いつでも活性化できる状態を保持しているからと考えられます。

　熟達化が招くもう1つの思考能力に"創造性"をあげることができます。創造性は，これまで誰も考案しなかった着想によって，問題を解決し，新しい理論や手法を産出していく発明能力ですが，それを支えるのは，不確定なことに対する耐久心，成し遂げようとする気構え，実験への関心，失敗にめげない意志，そして，刷新的な積極思考スタイルであると考えられています（Sternberg & Lubart, 1995）。

大学生活がもたらす心理的影響

　これまで述べたこの時期にみられる思考の発達は大学生活をどう過ごすかに

よって異なることはいうまでもありません。大学生活を送れば誰もというよりは，いかに大学生活を送るかによって，大きな違いを生ずると考えるのが正しいでしょう。

　それでは，それ以外に大学生活はどのような影響をもたらすのでしょうか。その1つは，個人の権利とか人間の福祉，さらには，歴史や哲学への関心などによってものを考えるひろがりができることです。そのことは次の章で述べる自己理解や同一性感の形成にもつながります。

　さらに，大学生活において，個人が専攻していく学問領域だけにとどまらず学内外のクラブ活動やボランティア活動に参加することもそこでの経験が学業で得た知識の活用や新鮮なものの見方，さらには，出会う人々からいろいろな刺激を与えてくれます。わが国では大学入学とともに親元を離れて，下宿や寮生活を始める学生が数多くいますが，このような離家 (leaving home) は大学生活と結びついて本人に大きな影響を与えます。独立心は生活のすべてを自分の判断と計画のもとに進める意欲を喚起します。しかし，大学生活に不適応を覚えている学生にとっては，独り住まいは，引きこもりを招き，自分1人では何もできないことによる落胆を引き起こします。

　大学生活の中心は学業にあることはいうまでもないのですが，ほとんどが選択科目によって必要単位を修得していく履修システムは，それまでの学校生活とはかなり異なった感覚を個人に与えます。じつは，このような自由度の高い勉学はそれだけ暗黙のうちに明確な目的性と旺盛な学習意欲を本人に要求しているのですが，勉学とは他者からの強制・拘束によって成り立つもの"という外発的動機づけを高校生時代に身につけてきた学生にとっては，学業への内発的動機がわきにくいために，学習意欲も興味もわかず，学業不振という焦燥感を抱き，ドロップアウトに陥ります。もちろん，その原因は，学力不足だけではありません。

　ドロップアウトを招く要因として考えておかなければならないことは，大学生活を始めることがすべてにおいて人生の移行期になっている点です。移行期ということばはこれまでも使われていますが，変わり目，あるいは，敏感期と

言い換えることができます。大学生活が移行期に当てはまる最大の理由は環境の変化です。先に述べた独り住まい，授業履修方法の違いに加えて，友達関係，多人数授業，先生との人間関係などどれを取っても今までにはない経験となります。それぞれにうまく適応できない場合には，やる気を失い，学修に困難を感じ，加えて，経済的な不安定も直面するならば，どうしても大学生活に否定的な態度を抱かないわけにはいかなくなります。加えて，このような学生に対してきめ細かい励ましや支援を与える体制を大学が充分に整えていないことがこのような態度を固持させる遠因になるといえます。

時間的展望と就職活動

　時間的展望とは，ある時点において個人が示す心理的過去および心理的未来への見解の総体を表わします（白井，2002）が，このような過去から現在を経て将来へとわたる視野のひろがりは，大学生時代の就職活動においてとくに要求されるところです。

　白井（2002）によると，「就職活動では，将来の職業目標をもち，それを吟味し，さらにその目標の実現に向けて行動を起こすことで，その際，できるだけ遠い未来や過去の事象を考慮に入れることができるという広がりや，多くの事象を同時に考えることができるという密度，職業目標やその見通しが単なる願望や空想ではなく現実的で建設的であるような現実性，多くの選択肢を思い浮かべることができ，直面した事態にあわせて目標や計画を修正することができる柔軟性が求められます」。

　大学生の就職活動は年々早まる傾向にあるといわれています。都筑（2000）によると，2年生の段階で，進路選択の準備活動を始めている者は少数ですが，3年生になると約3分の2の者が情報収集や就職試験の勉強などの準備を行っています。そして，3年の時点ですでに実際に情報収集活動などを行っている者ほど，4年生の段階で卒業後の進路が決定している割合が高く，卒業後の進路が決まった者は，自分が行った進路選択活動や決定した進路先に満足していますが，逆に，進路が未決定の者ほど自分の進路選択活動に対する不満足感が

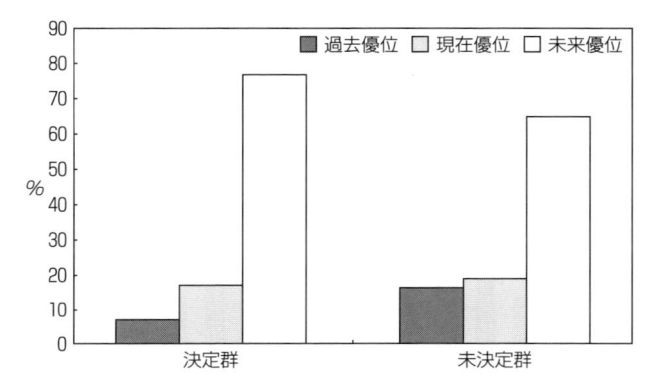

図26-1 進路決定群と未決定群の時間優位性（都筑，2000）

強いという調査結果を明らかにしています（図26-1）。

　さらに，卒業後の進路選択と時間的展望との関連をみると，3年生の秋学期から就職試験に向けての勉強や情報収集という進路選択の準備活動を実行している者は，未だ実行していない学生たちよりも，時間管理や計画性といった時間的展望の基礎的能力にすぐれており，そのことを基盤として，目的達成に向けての努力を示し，肯定的な未来イメージを抱く傾向を示していました。そして，4年生の秋学期にすでに卒業後の進路が決まっている者は，時間管理という時間的展望にすぐれ，未来への希望を伴った明るいイメージを抱いているのに対して，未だ進路が決まっていない者は，自分の目標達成が易しくないと感じている傾向を示していました（白井，2003a）。

　大学時代の就職活動が自分にどのような意味をもっていたかを卒業後の評価によって検討した研究（白井，2002）によると，大学卒業2年目は，かつての大学生活の満足とやり直し願望とが関連しており，満足はやり直しを求めず，不満はやり直しを求める場合が多かったが，5年目では，不満足でもやり直しを求めなくなるので，過去が否定的な評価であっても受容されると指摘されています。

　大学卒業後の進路を在学中から懸命に模索する学生がいる一方，卒業後を定職のないままに過ごす若者，いわゆる"フリーター"（まったく仕事をしていない

II 歴史・社会・文化のなかの人間発達

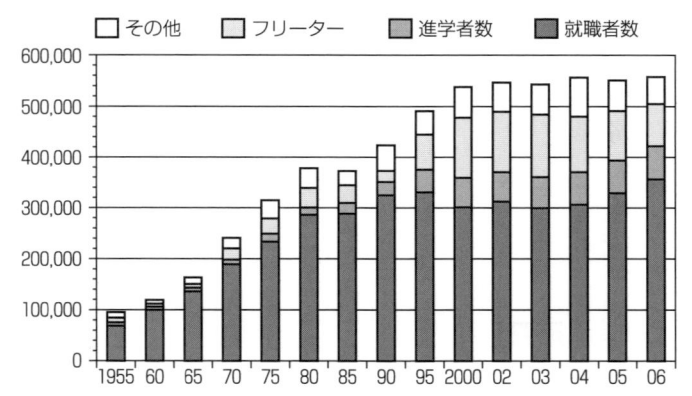

図26-2 大学卒業後の進路（文部科学省調査統計資料、2007をもとに図表化したもの）
註：「その他」には、臨床研修医、専修学校。外国の学校等入学者、不詳の者である。「フリーター」の人数は、ここでは、就職者、進学者、その他に含まれないすべての者で、「一時的な仕事に就いた者」を除いて算出している。従って、平成15年度版国民生活白書：デフレと生活—若者フリーターの現在（内閣府）で示されている人数よりは2002年現在のところまででは下回っている。

者を"ニート"と呼びます）が図26-2に見られるように以前にくらべて増加しています。

　一般に"フリーター"とは，年齢が15歳から34歳までの定職についていても勤め先での呼称が"アルバイト"または"パート"であり，継続就業年数が5年未満の者を呼んでいるようですが，彼らに共通することは，見通しや目的意識を欠くという指摘もなされています。もちろん，フリーターをひとまとめにして考えることはできません。確かに将来の見通しがはっきりしないままの"モラトリアム型"が多くいるようですが，芸能・職人・フリーランス志向の"夢追求型"や正規雇用を志向している"やむをえず型"もいるようです（白井，2003b）。そして，フリーターの就業意識としては，拘束されず，自分のやりたいことを強く希求する傾向がみられるのも確かです。しかし，何よりも彼らを採用する側がフリーターに対して，積極的なイメージをもっていないことも大きな原因と考えられます。

　図26-3は，企業のフリーターへのマイナス評価の理由を示したものです。こ

(1) フリーターの評価

- プラスに評価する 3.1
- 無回答 4.1
- マイナスに評価する 30.2(%)
- 評価にほとんど影響なし 62.7

(2) マイナスに評価する理由

- 根気がなくいつやめるかわからない 73.1
- 責任感がない 55.2
- 組織になじみにくい 40.1
- 職業に対する意識などの教育が必要 39.3
- 人物像がつかみにくい 28.3
- 年齢相応の技能、知識がない 26.0
- 入社時の格付け、配置が難しい 15.9
- その他 3.0

(%)

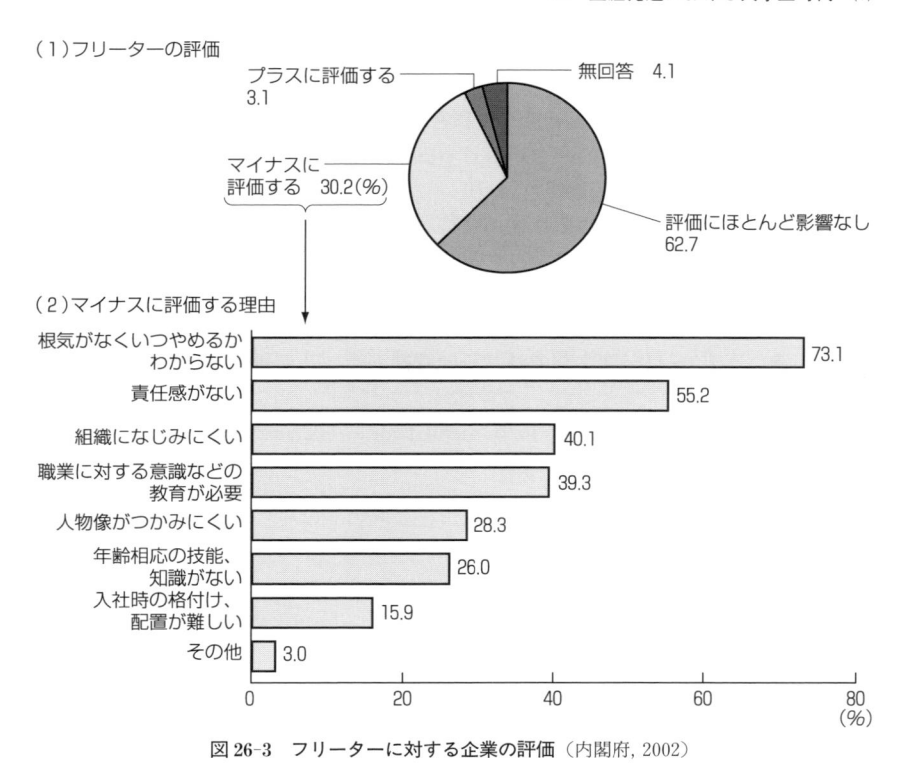

図26-3　フリーターに対する企業の評価（内閣府, 2002）

れは，企業に対して，フリーターを正社員として採用するに当たって，フリーターであったことをどのように評価するかを尋ねたところ,「マイナスに評価する」と回答している約3割の企業があげた理由です。　　　　　　　　（古澤頼雄）

図や表・引用の出典

Newcomb, T., Koening, K., Flacks, R. and Warwick, D.　1967　*Persistence and Change : Bennington College and Its Students after Twenty-five Years*. Wiley, 511-514.

Sternberg, R. and Lubart, T.　1995　*Defying the Crowd*. Basic Books

白井利明　2003a　現代青年はフリーターをどうとらえるか―大学の授業実践を

とおして現代青年を理解する―　大阪教育大学紀要第Ⅴ部門教科教育　第52巻1号　75-83
白井利明　2002　大学から社会への移行における時間的展望の再編成に関する追跡的研究(Ⅳ)―大卒5年目における就職活動の回想―大阪教育大学紀要第Ⅳ部門教育科学　第51巻1号　1-10
白井利明　2003b　大学から社会への移行における時間的展望の再編成に関する追跡的研究(Ⅴ)―卒業前後4年間のアイデンティティと時間的展望の規定関係―　大阪教育大学紀要第Ⅳ部門教育科学　第52巻1号　23-31
都筑　学　2000　大学生における進路選択に伴う時間的展望の変化プロセスの研究　平成9～11年度文部省科学研究費補助金　基盤研究（C）（2）研究成果報告書
文部科学省　2007　mext.go.jp/b_menu/toukei/002/002b/19/102.pdf#search='大学卒業者数'による

さらに知りたい人のために

白井利明　2001　"希望"の心理学：時間的展望をどうもつか　講談社
落合良行・伊藤裕子・斉藤誠一　2002　ベーシック現代心理学4　青年の心理学　有斐閣
白井利明　2003　大人へのなりかた：青年心理学の視点から　新日本出版社
東　清和・安達智子　2003　大学生の職業意識の発達：最近の調査データの分析から　学文社

ᴾICK UP
高 IQ 児の生涯

　ターマン(Terman, L.)は1921年から1922年にかけて，米国カリフォルニア州に住む知能指数135以上の11歳前後の児童1528名（男児：856名，女児：672名）について彼らが成人になるまでの知能発達についての追跡研究を行いました。この研究はいわゆる天才児研究（the Genetic Studies of Gifted Children Study）として有名なもので，そこに参加した子ども達は，"Termites"（ターマイト）と呼ばれました。

　このターマイトについての研究は，その後"The Terman Life-Cycle Study"と呼ばれて，1995年まで継続されましたが，そこでの主題は彼らの寿命がどのような心理社会的要因によって影響されていったかを検証するものでした。

　まず，明らかにされたことは，21歳になるまでに両親の離婚を経験したターマイトの寿命は男性で76歳，女性で82歳と予測されたのに対して，離婚を経験しなかったターマイトは男性で80歳，女性で86歳と予測されました。このことはターマイトが若い時にいずれかの親が死亡した場合にその影響が殆どないことから考えて顕著な所見でした。また，ターマイトが40歳に達した時点で既婚グループ（N＝829），再婚グループ（N＝142），未婚グループ（N＝142），離婚または死別による単身グループ（N＝70）に分けて若くして死亡する危険率を予測したところ，既婚グループよりも再婚グループでは男女ともに1.4倍，離婚または死別による単身グループでは男性の場合，2.2倍，女性の場合，1.8倍も高く，未婚グループでは男性の場合，1.05倍，女性の場合，1.0倍と殆ど変わらないことが分かりました。

　さらに，親の離婚を経験しているターマイト自身も離婚を経験する傾向にあり，親の離婚に至る過程でストレスフルな子ども時代を経験したターマイトは成長後家庭内の混乱を経験し，そのことが結果的に寿命に影響していることが予測されました。

　この研究で調べられたもう一つの問題は健康行動です。1950年から1960年にかけて，ターマイト達の飲酒傾向について，大酒飲み（男性226名，女性87名），中程度の酒飲み（男性339名，女性302名），飲酒しない（男性99名，女性128名）の3グループに分けて心臓病患者の発生率を調べたところでは，中程度の飲酒傾向が他のグループよりも発病率が有意に低かったことが分かりましたが，飲酒傾向のみが直接に死亡率の様態に関連するかは明確には出来ませんでした。一方，喫煙傾向については，900名のターマイトを対象に1991年から1992年にかけて調査を行い，若いうちに死亡したものを見出しましたが，それがヘビーな禁煙によるものか否かを確証するまでには至りませんでした。子ども時代のパーソナリティ傾向と飲酒・喫煙との関連を調べたところでは，用心深かったターマイトは，飲酒も喫煙もしないで成長する傾向に見られましたが，楽観的なターマイトでは，飲酒・喫煙をする割合がより高く見られました。また，女の子の場合，両親の離婚を経験している場合に，喫煙する傾向が見られましたが，それが飲酒する傾向にもつながるかは断定できませんでした。

参考文献　Friedman, H., Tucker, J., Schwartz, J., Tomlinson-Keasey, C., Martin, L., Wingard, D. and Criqui, M. 1995 Psychosocial and behavioral predictors of longevity: The aging and death of the "Termites." *American Psychologist*, 50, 69-78.

II 歴史・社会・文化のなかの人間発達

27 生涯発達における大学生時代 (2)
アイデンティティの形成

人間関係の変容と拡大

1　親への批判から受容へ

　子どもが親のようになりたくないと思いつつ，いつしか親のようになっていくことは，大学生時代における親子関係の変化を端的に示しています。

　青年期に入ると，あらゆる面で急速に変化し，生活空間を拡大していく子どもといつまでも幼い相手としてみようとする親との間に抗争が生じます。このことは，「子ども扱いしすぎて，理解してくれない」「子どもに対して，ごまかしが多く，都合がわるくなると，"今の若者は……"などとどなり，話し合いがない」「一方的に物事をおしつけようとする」「親のなしえなかったことや欠点と思われる面を，自分の子にはそれがないようにと勝手な期待をもつ」などといった子どもから親への批判となって現われます。

　このような子どもからの親批判は多分に相手を今までとは違った視点からみるようになった子ども自身の姿勢の変化によって生じています。その現われとして，批判の起こる契機には「親の言動の矛盾や欠点が目につくようになった」「親の自分に対する態度に不満を感じた」「親が理解できなくなった」「親の生き方に反発した」「夫婦のあり方に不満をもった」「劣った人間だと思うようになった」「自分の欠点は親の責任だと思うようになった」など親を自分から隔ててみようとしている特徴が浮き彫りにされます。

　しかし，このような親への批判は子どもが高校生時代から大学生時代になるにつれて形をかえていきます。それは子どもが距離を取って親をみているうち

―――― *Key word* ――――
自己意識，自己開示，セルフ・アイデンティティ，役割実験，同一性地位，社会的サポート

に自分と同じように人生を送っている1人の人間として受け入れられるようになった結果とみなすことができます。そこでは,「1人の人間として理解できるようになった」「親のありがたみがわかった」「親の立場に立って考えることができるようになった」「親の病気に出会った」「自分が精神的に落ち着いて,広い心がもてるようになった」「自分の欠点に気づいた」「親が自分を1人のおとなとしてみてくれるようになった」「自分に自信がついた」「親と対立するのがばからしくなった」などといった親子関係に対する見方の変化があげられます。

親を受容することは,唯一無二の自分を意識することと共存します。なぜならば,自分を現在に生きている1人の己として認められるようになることは,他者としての親をも現在を生きている1人の己として認めることによってはじめて可能となるからです。

2 友人関係と自己の意識

生涯発達において,高校生時代から大学生時代にかけての友人関係は親子関係と同じように自己意識の形成に影響を及ぼします。

それは,友人と自分を比較することによって,自分のあり方を吟味するいわゆる社会的比較が頻繁に行われることによります。大学生は,成人よりも,同年齢・同性の他者すなわち類似した他者との社会的比較を,自己概念のさまざまな側面にわたって行っていることが明らかにされています（表27-1）。

また友人関係において,自分のことを容易に相手に語るという自己開示も自己意識に影響する面として見逃せません。それは自己を開示することによって,それに対する他者の反応が吟味できることを伴うからであると考えられます。

青年が周囲の人に行う自己開示の程度を調べた調査（加藤,1977）によると,親やきょうだいへの自己開示度に比べると,友人へのそれのほうが高い傾向がみられています（図27-1）。

大学入学は,それまでの友人関係を変化させることにもつながります。旧環境に属する人に対する心理的距離と入学後の新しい環境に属する人に対するそれとを時期別に比較した研究によると,図27-3に見られるように入学直後は旧環境の人との心理的距離が新環境の人との距離よりも近いものの,その後は入

II　歴史・社会・文化のなかの人間発達

表27-1　他者との社会的比較（高田，1991から一部変更）

自己認知側面		類似他者との社会的比較		
		青年	成人30代	成人40代
真面目さ	男	81.1	72.5	66.0
	女	86.5	59.5	67.4
優しさ	男	81.1	58.8	59.8
	女	83.3	48.6	48.8
知性	男	81.1	72.5	76.3
	女	83.3	60.8	55.8
性	男	86.8	68.6	82.5
	女	81.4	80.8	62.8
生き方	男	81.1	78.4	69.1
	女	78.8	62.2	62.8
趣味・特技	男	84.9	74.5	78.4
	女	80.8	63.5	69.8
社交	男	92.5	76.5	80.4
	女	91.0	63.5	60.5
経済力	男	92.5	78.4	81.4
	女	94.2	70.3	67.4
社会的背景	男	90.6	76.5	78.4
	女	91.0	75.7	76.7
容貌	男	88.7	78.4	77.0
	女	91.0	66.2	67.4
運動能力	男	88.7	82.4	79.4
	女	92.9	67.6	67.4
能力一般	男	83.0	74.5	80.4
	女	86.5	68.9	67.4

学後の環境での人との距離がだんだんと近くなり，やがて両方の環境に属する人との心理的距離がほぼ等しいままに推移することが明らかになっています。このことから，大学生活という新しい環境での友人関係が，これまでの友人関

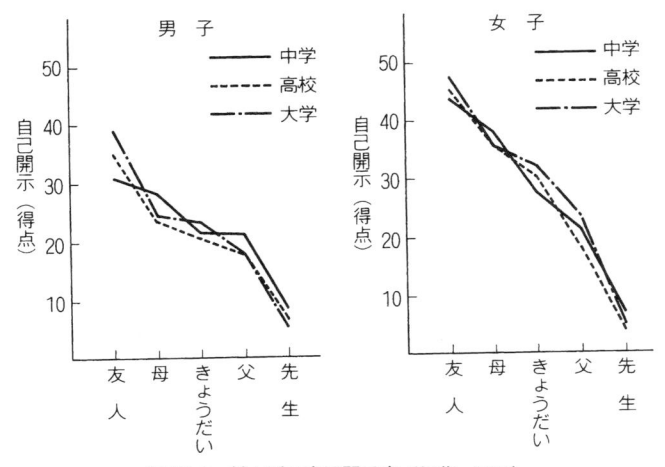

図 27-2 対人別の自己開示度（加藤，1977）

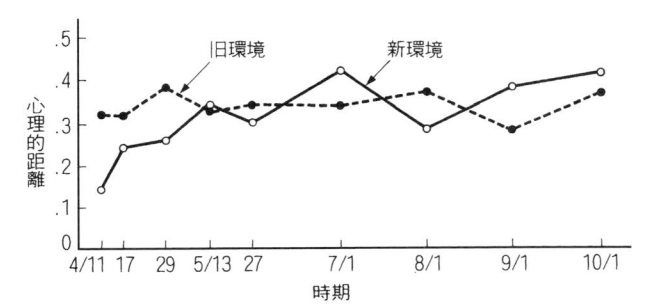

図 27-3 新・旧環境メンバーとの平均心理的距離の時期的変化（古川ほか，1983）

係に加わることによって，人がより高次に統合された友人関係を発達させていくことを物語っていると考えられます。

なお，**図27-4**は，このような自己開示の様態を小学生期から家庭をもつ成人期までにわたって調べたものです。その変化の姿を見ることによって，大学生時代がより浮き彫りにされていくでしょう。

3 異性とのつきあい

異性とのつきあいは大学生活において始まることではないのですが，それま

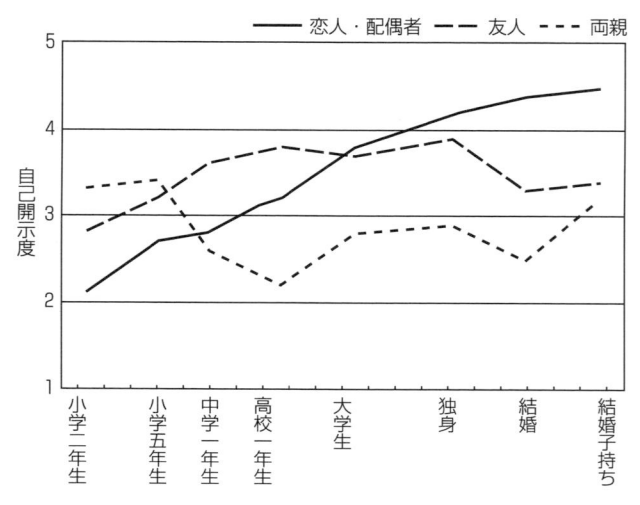

図27-4 小学生期から成人期にわたる自己開示（Buhrmester, 1996）

でのつきあいとは異なり，人生の伴侶を視野に入れたつきあいという意味では質的に異なっているといえます。

どのような異性とつきあうかについては次のような2つの考えがなされています。その1つは，相手に自分と似た人を選ぶというものです。このことは似たもの同士という表現からも考えられるところで，それだけお互いを満足させるものだからです。これに対して，もう1つの考えは，お互いに補いあう同士が異性として選ばれるというものです。この考えはあまり支持されていませんが，結婚してからの役割分担などを想定してみると自分にないものを相手がもっているという人間関係は意外にうまくいくかもしれません。

アイデンティティの確立

さて，中・高校生時代から大学生時代にかけては，「自分は何か」「自分はこれからどうなっていくか」という問いへの答えを模索する時期でもあります。この他人とは違う自分のあり方を現代では"セルフ・アイデンティティ"ということばで表現しています。そして，それを模索するということは，人にとっ

		問題視しているか（危機）	
		はい	いいえ
解決したか 傾倒したか	はい	同一性達成地位	早期完了地位
	いいえ	モラトリアム地位	同一性拡散地位

図27-5 マーシャの同一性地位（Atkinson et al., 1993）

てはからずも迷い，こだわるという意味で人生の危機ともいえることから，アイデンティティ・クライシス（同一性危機）と表現しています。

ところで，自分を考え，自己定義に至る過程を同一性（アイデンティティ）という概念を用いて論じたのは，エリクソンです。

そして，自己定義に向かう積極的な道程を同一性危機（identity crisis）と名づけています。エリクソンによると，この間，人は何度となく自己疑念，すなわち，自分とは何か，これが果たして自分なのだろうかといった疑問に出会いながら，だんだんと1つの統合された自分を形成していくとみなされるのです。別の表現をすれば，若者はさまざまな役割実験（role experimentation）を経て，信条，関心，行動様式を試していくのです。

このような経過は，20歳代の後半には終息していくとみることもできますが，拡大して考えれば，成人期においても，個人はなんらかの形でこのような役割実験に出会うこともあるといえます。とくに，性役割の意識化が進んでいる現代では，女性も男性も自分の性同一性とそれに伴う職業同一性の形成がしばしば同一性混乱（identity diffusion）をもたらしています。

ところで，エリクソンの考えは，その後，マーシャによって実証的に検討されています。彼は，同一性地位面接を考案し，それによって上のような4つの同一性の様態が分類できると考えています（図27-5）。

その1つは，同一性達成地位と呼ばれます。この場合は，現在から将来にわたっての自分の生き方をその人なりに固めていると判断されます。2つ目は，早期完了地位と呼ばれます。この場合は，自分の生き方についてさしたる疑問

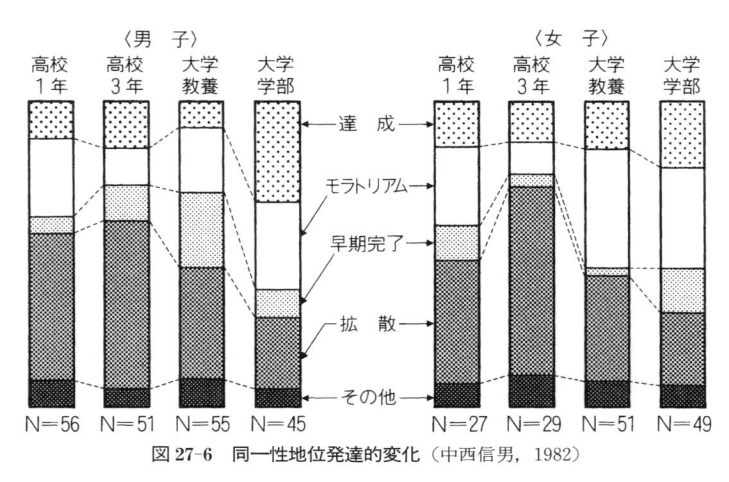

Ⅱ　歴史・社会・文化のなかの人間発達

図27-6　同一性地位発達的変化（中西信男，1982）

や危機感を抱くことなく，何事もなく過ごしていると見受けられます。3つ目は，モラトリアム地位と呼ばれます。この場合は，自分の生き方について，いくつかの選択肢をもちつつも，そのいずれを選ぶかにひたすら迷い続けていると判断されます。そして，4つ目は，同一性拡散地位と呼ばれます。ここには，自分の生き方について考えをめぐらしたことがいまだないので，なにを考えたらよいかわからないでいる状態と，すべてが自分には可能と思えるままに，それでいて実行に移そうとしないでいる状態という2つが含まれます。

　それぞれの同一性地位は個人に固有なものではありません。人が青年期にどのような社会的状況と出会っていくかによって，刻々と変化していくのです。

　これまでわが国でなされた高校から大学にかけての同一性地位についての研究によると，**図27-6**のような結果が得られています。

　大学学部生になるにつれて，同一性達成地位に達している者の割合が増加し，それに伴って，拡散地位を示す者の割合が減少していることがわかります。モラトリアム地位を示す者の割合は高校3年時にやや減少するものの，大学生時代において，かなりの割合を示しているのは，おとなになりつつあるとはいえ，いまだ社会的現実から隔離されて，悩み続けることを許されている大学生の心理社会的状況を反映しているものと考えることができます。

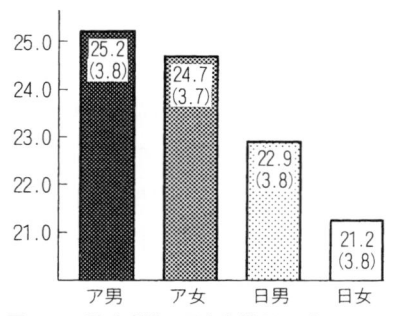

図27-7 独立意識の日米比較(小野寺, 1993)
注:（ ）内の数値は標準偏差値

日米大学生にみられる文化差

　日本の大学生をアメリカの大学生と比較した場合に，顕著に違っていることの1つは，わが国の大学生の多くが経済的に親に頼っていることです。アメリカの大学生の大部分がすでに高校生時代から生活する上で親から独立しているのに対して，わが国の大学生では，自宅外生は約32％，そのうち経済的に自立している学生は6.1％です（全国大学生協連第38回調査，2003）。

　さらに，"人生における目標を自分の力で実現化していくことができる""経済的に自分1人で生活していける"などの項目に対する回答をもとに，日米の大学生の独立意識調査によると，図27-7にみられるように，アメリカの男女の方が日本の男女に比べ，有意に得点が高く，アメリカの男女間では男性の方がやや得点が高いものの有意な差異ではないのに対して，日本の大学生の場合には，男性の方が女性よりも得点が有意に高いという結果が得られています。

　これらのことは，両文化における独立についての受け取り方が対極にあることに由来していると考えられます。

　独立とは，「他者依存を抑圧・禁止して，これを断ち切る」（渡辺，1995）と表わされます。このことは，人と人とのつながりが重視され，他者との共存が優先しているわが国においてはあまり望ましいことではありません。とくに，しとやかさや服従を教え込まれてきた女性にとっては，むしろ避けるべき姿とみられてきました。日本人大学生の場合に，男性よりも有意に女性の独立意識が

低いのは，このような社会のあり方が反映しているのです。

これに対して，アメリカでは，男女を問わず，人の生き方としてしっかりした自分をもち，それを外に示すことこそなによりも大切なことだとだれもが意識し，他者に依存することは己の無能を露呈することとみなされています。

もちろん，独立意識が強いことがより成熟した姿かどうかは疑問が提出されています。むしろ，人にとって必要なのは，「他者への依存を完全に断ち切るのではなく，他者に支えられながら他者を支える関係の中で，自分の力で1人立ちすること」（渡辺，1995）という見方が成り立つものと考えられます。

もう1つ，日米の大学生において違いのあることは，社会的サポートとネットワークの構造についてです。両国の大学新入生について比較した研究によると，物質的サポートについては，日本の大学生が年長者，心理的距離の近い人，近くに住んでいる人，学校以外で知り合っている人から得るのに対して，アメリカの大学生は同性の友人，大学入学以前に知り合っている友人，家族，最近知り合った人から得る傾向がみられました。そして，情報的サポートについては，日米の大学生ともに，年長者，大学入学以前に知り合った人・心理的距離が中ぐらいである人，近くに住んでいる人から得ているものの，情報サポート量がアメリカの大学生では心理的距離が近いほど増加するのに対して，日本の大学生では心理的距離が中ぐらいの人から与えられるサポート量が多く，次に近距離の人からのサポートであったという結果を得ています。

まとめると，「アメリカと日本の大学新入生における援助の様相は，アメリカが親密な人あるいは友人といった関係中心の構造をもつのに対して，日本は年長者であるといった相手の固定的属性や資源の豊富さ，あるいは近くに住むといった物理的条件に規定されている」（山口・南・山本，1988）とみることができて，ここにも両国文化にみられる人間関係の特質が浮き彫りにされています。

（古澤頼雄）

図や表・引用の出典

Atkinson, R., Atkinson, R., Smith, E. and Bem, D., 1993 *Introduction to Psychology*. (11th ed.) Harcourt Brace College, p. 509.
高田利武　1991　社会的比較：その発達過程　三隅二不二・木下富雄（編）　現代社会心理学の発展II　ナカニシヤ出版　96-119
古川雅文ほか　1983　環境移行に伴う対人関係の認知についての微視発達的研究　心理学研究　**53**　330-336
加藤隆勝　1977　青年期における自己意識の構造　心理学モノグラフ　**14**
中西信男　1982　アイデンティティの心理　有斐閣
Buhrmester, D.　1996　Need fulfillment, interpersonal competence, and the developmental contexts of early adolescent friendship. In W. Gukowski, A. Newcomb, and W. Hartup (Eds.), *The company they keep: Friendship during childhood and adolescence*. Cambridge Univeristy Press より Berk (2003) が転載したものを修正
全国大学生活協同連合会　2003　第38回学生生活実態調査
小野寺敦子　1993　日米青年の親子関係と独立意識に関する比較研究　心理学研究　**64**　(2)，147-152.
渡辺恵子　1995　自立再考　柏木惠子・高橋惠子編著　発達心理学とフェミニズム　ミネルヴァ書房
山口修司・南　博文・山本多喜司　1988　大学新入生における対人ネットワークの再構築過程に関する日米間の比較文化的研究　日本心理学会第52回大会発表論文集　189

さらに知りたい人のために

落合良行・楠見　孝（編著）　1995　講座生涯発達心理学　第4巻　自己への問い直し：青年期　金子書房
キンメル，D.・ワイナー，I.　河村　望・永井　撤監訳　2002　思春期・青年期の理論と実像：米国における実態研究を中心に　ブレーン出版
榎本博明　2003　心理学の基礎と応用シリーズ（6）青年心理学　ブレーン出版
コールマン，J.・ヘンドリー，L.　白井利明ほか訳　2003　青年期の本質　ミネルヴァ書房

II 歴史・社会・文化のなかの人間発達

28 "人口革命"という歴史的状況と女性／男性の発達

少子化と長寿命の時代：人口革命

　人には，時，ところ，民族の差を超えて共通する発達の姿があります。直立2本足歩行，言語などは，どの子どもも極端に逸脱した状況でない限り，特別に訓練されなくてもいつしか獲得してしまいます。この2つが，ほかの動物と区別される人間のしるしとさえいわれるのは，この普遍性のゆえです。

　しかし，一方，人間は生を受け育つ環境によって大きく規定されます（これは，さきにも〔2章〕述べた，人間が未熟無能で誕生し，子どもごとに異なる生後の環境のなかで多様な機能を発達させる，という特殊性のためです）。その結果，幅広い個人差が生じるのはもちろんのこと，特定の時代，ところ，民族などに特徴的な人間――子どももおとなも――が存在することになります。ちなみに，文字が人々に行き渡っていなかった時代，現代人は失ってしまった直視像（物が目の前から消えたあともその形（像）を"ありあり"と残っていること）を強く持っていたとのことです。今日のITの普及も，人々の記憶や言語思考などの能力を変化させていくに違いないでしょう。これは人間発達の宿命的な特質です。"人間の発達は，歴史，社会，文化のなかに埋め込まれている――"（スカー）のです。このように述べられている人間発達の様相を，まず歴史的状況との関連について身近な事例で具体的にみてゆくことします。

　今日，私たち日本人は，人類がかつて経験したことのない人口動態的状況に直面しています。それは長寿命と少子化です。これらは，人口統計上の数値のことと思われがちですが，実はそうではありません。2つが連動的に働き人び

―――― *Key word* ――――
少子化，人口革命，子どもの価値，晩婚化

との心と生き方をゆるがし，"人口革命"といわれるほどのインパクトを与えているきわめて心理学的問題，それも発達にかかわる問題をはらんでいます。

少子化時代の子どもの価値は？
　今日の少子化現象は，医学の進歩による乳幼児死亡率の低下と安全・確実な出産調節の普及があってもたらされたものです。この結果，子どもは結婚し，性行為の結果，自然に生まれてくるものではなく，親の意思・決断と医学によるもの，それらの所産となりました。かつては，受胎，出産，産後の母子の生命の安否いずれもが，親をはじめ人間の意思や努力の及ばないもので，子どもは"授かる"ものとして受け止められ遇されていました。子どもは生まれても幼くして死んでしまうことが多く，成人するのは容易ではないはかない命でした。そうした子どもの死に対する当時の親たちの態度は，今日の親からは冷淡ともみえるものでした。"またじき，次の子が生まれるよ"と慰め合う，"手のかかる子がいるんだから（いいじゃないか）"とあきらめる，また3歳ぐらいまではちゃんとした名前は付けない，乳幼児の死にはろくな葬式はださない，などであったということです。
　このような親の態度は，子どもというものは，1人ひとりかけ替えがない存在だと思うわれわれには，想像し難い冷酷な子どもへの態度に映ります。しかし，そのような非難はあたりません。今日，自分たちの意思と科学進歩によって誕生してくる子ども＝つくった子どもに，親たちは強い思い入れ・期待と保護・介入の手を向けています。それは，一見子どもを尊重し大事にしているように映ります。しかし，それは子どものためというよりも，子どもをつくった親たち自身の満足のためである部分が少なくないのではないでしょうか。親の"よかれ"の子どもへの期待や教育が，子ども自身の意思や望みを無視したものであり，"やさしい暴力"となっている場合が少なくはないでしょう。
　子どもの生死が人間の意思や手の及ばなかった時代，子どもを授けまた取り去る人知をこえたものへの畏敬の念を抱いた，その気持ちが，子どもの死をも逆らわずに受け入れる態度を生んだのでしょう。これにくらべて，子どもをも

II 歴史・社会・文化のなかの人間発達

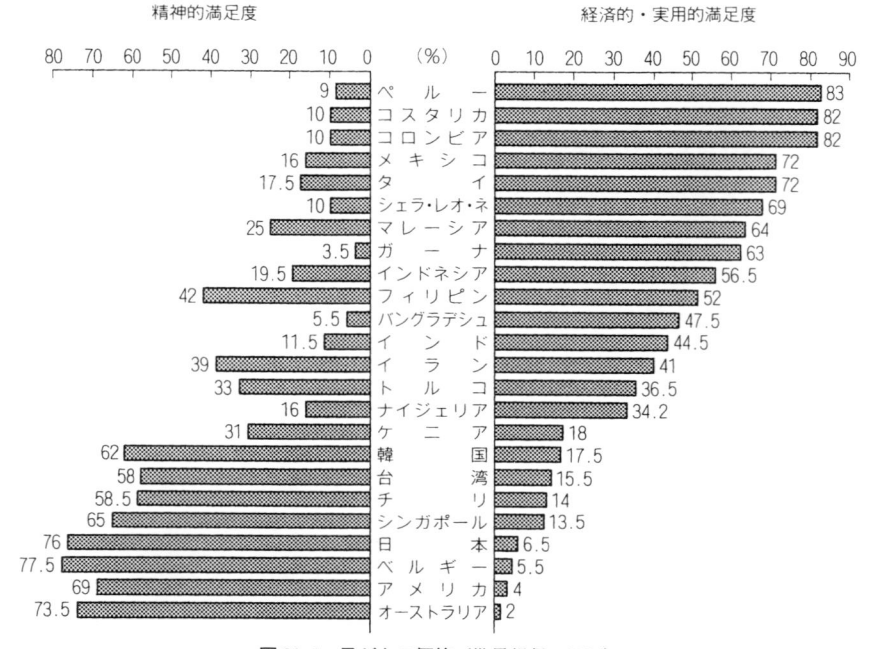

精神的満足度		経済的・実用的満足度
9	ペルー	83
10	コスタリカ	82
10	コロンビア	82
16	メキシコ	72
17.5	タイ	72
10	シェラ・レオ・ネ	69
25	マレーシア	64
3.5	ガーナ	63
19.5	インドネシア	56.5
42	フィリピン	52
5.5	バングラデシュ	47.5
11.5	インド	44.5
39	イラン	41
33	トルコ	36.5
16	ナイジェリア	34.2
31	ケニア	18
62	韓国	17.5
58	台湾	15.5
58.5	チリ	14
65	シンガポール	13.5
76	日本	6.5
77.5	ベルギー	5.5
69	アメリカ	4
73.5	オーストラリア	2

図28-1 子どもの価値（世界銀行，1984）

つか否か，何人か，いつかを，経済，仕事，住宅など自分の生活方針と照らして決定する今日の親たち。さらには先端生殖医療の技術によって何としてでも子どもをつくり出そうとする親たち。そうした決断や努力をして子どもをつくったからには，その子に自分が納得することを精一杯のことをしたくなるのは当然のことかもしれません。どんな子どもにするかと自分の計画実現の一環なのですから。しかし，子どもを大事にし子どもになに不自由なくさせようとするあまり，過保護，甘やかしすぎる親の増加となっています。そのことを親たち自身が家庭の教育力が低下した一番深刻な問題だと認めている有様です。

　ところで子どもの価値というものは絶対的・普遍的なものではありません。それは工業化の発展とも深く関係しています（図28-1）。

　労働力の機械化・女性化が進んだ先進工業国，豊かな社会では，子どもは実用的・経済的価値を期待されることはありません。子どもはもっぱら親の精神

的な満足の対象となります。しかし，開発途上の国ぐにでは，子どもが労働力として家計の担い手として期待される実用的価値をもっているのです。それぞれの社会における子どもの価値は，そこでの子どもの処遇を決定します。日本では，子どもは親に精神的な満足を与えるものとなったことと，前述したように"つくる"子どもとなったこととが相まって，子どもに手厚い保護・介入が与えられることになったのです。しかし，これは子どもの発達にとって決してよいことではなく，問題をはらむことも前述したとおりです。こうした状況は，少子化という数の問題以上に重大な人類史上初のこと。人口革命という由縁です。

親扶養の美徳をゆるがした長寿の社会

　人口革命は，親と子の関係にも別な変化をもたらしつつあります。年老いた親の子による扶養は，長らく日本の伝統的な習慣でした。しかし最近，その習慣への疑問が生じつつあります（図28-2）。

　長寿命化は，親扶養期間の延長と扶養する子どもの側の高齢化をもたらし，老老介護を生じさせました。さらに，かつて多くの子どもが代りあい助けあってしていたことも，少子化で不可能となりました。このような状況が，老親扶養を単純にうるわしいよい習慣だとは考えにくくさせているのです。状況変化によって生じた認識の変化は，親と子との関係を変え，家族の機能を変えてゆく契機となりつつあります。介護保険の導入は，政府もこのさし迫った状況認識の変化に対応せざるを得なくなってきた結果です。

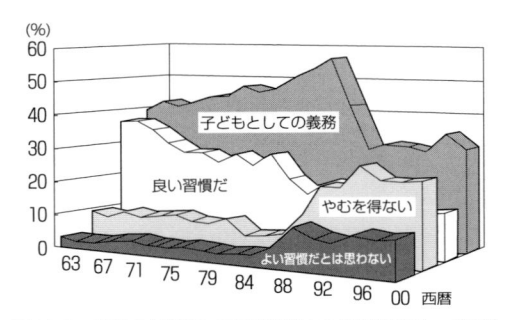

図 28-2　老親の扶養観（毎日新聞人口問題調査会，2000）

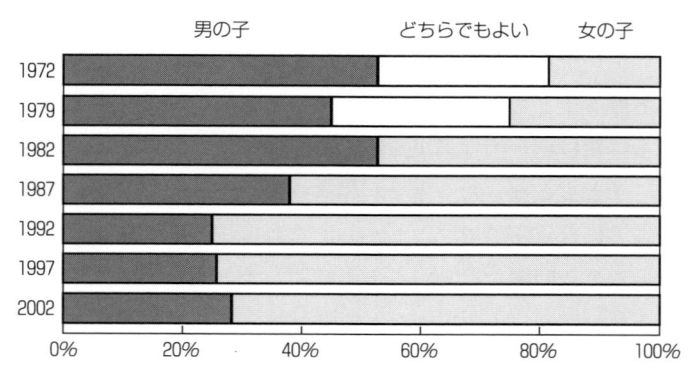

図28-3 男の子と女の子どっちがほしい？ （国立社会保障・人口問題研究所，2003）

子どもの価値にもジェンダー問題

　労働があてにされ，老親扶養と家の継承が長子の責任・役割であった時代には，女子よりも男子の価値は大きく，男児誕生が待望されました（生まれてきたのが女児だと間引きされたことさえあったのです）。ところが，今は娘がほしい願望が圧倒的に強く女児の方が価値が大きいのです（図28-3）。女児の方が育てやすい，着せ替え人形のような楽しみがある，さらに自分が老いた時，何かと話し相手や世話をしてくれる，といった価値と期待を抱いているからです。ここにも子どもの価値は絶対でも普遍でもなく，親の（とくに母親）の都合についての深慮遠謀が背景にあることがわかるでしょう。女性（母親）の方が長生きする，経済力がないということも大きな要因です。

人口革命で（女性は）変わる

　人口革命による家族の変化を，さらに鮮明にみせているのが近年の女性／妻／母親の心理と行動です。まず，母親の子どもや育児に対する気持ちが変化してきていることが注目されます。3つの世代の女性（母親）に，育児中の子どもや育児への感情を聞いて比較しますと，若い世代つまり今日の母親たちは，年長世代の母親ではほとんどみられない育児への不安や焦燥感を強く抱いていること，逆に育児に意義や女性の責任，生きがいを認めることは，年長の母親に

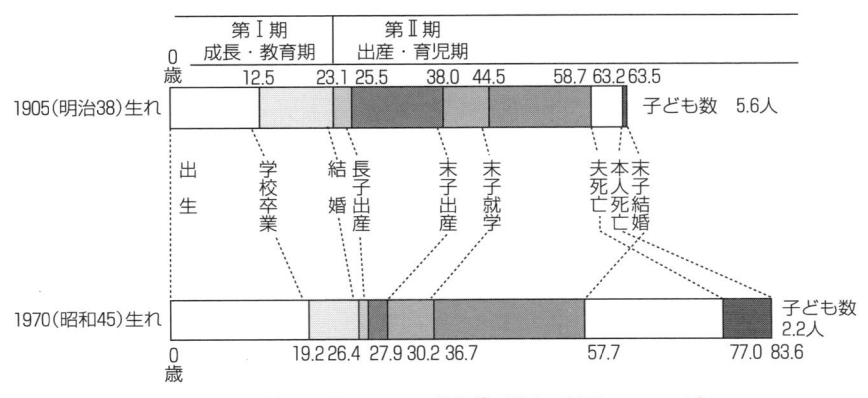

	第Ⅰ期 成長・教育期	第Ⅱ期 出産・育児期					

```
                第Ⅰ期        第Ⅱ期
              成長・教育期    出産・育児期
         0
         歳   12.5  23.1 25.5   38.0  44.5    58.7 63.2 63.5
1905(明治38)生れ ┃━━━━┃━━━┃━━━━━┃━━━━┃━━━━━━━━┃━━┃━ 子ども数 5.6人
              出  学 結 長 末 末        夫 本 末
              生  校 婚 子 子 子        死 人 子
                 卒   出 出 就        亡 死 結
                 業   産 産 学           亡 婚

         0                19.2 26.4 27.9 30.2 36.7    57.7        77.0 83.6
1970(昭和45)生れ ┃━━━━━━━━━━━━┃━┃━┃━┃━━━━┃━━━━━━━━━━┃━━┃ 子ども数
         歳                                                         2.2人
```

図28-4　**女性のライフコースの世代差**（井上，江原，1999より）

くらべてずっと少ない，という差が認められています。これをもって，"このごろの若い母親は——""母性愛は失われた！"といった論評をする向きがありますが，それはあたりません。今日の女性たちが，なぜかつての母親のように迷いや焦りをもたずにひたすら子どもを生きがいとしていないのか，それは彼女たちがおかれている人口動態的状況がまるで違うからです（図28-4）。

　長寿命化と少子化とを骨子とする人口革命は，何よりも女性に大きなインパクトを与えました。子どもを少なく生むことに決めた結果，母親としての期間は長い一生のうちのごく短い部分にすぎません。男性より長い寿命は，妻ではない期間も予想させます。かつての，女性＝母＝妻という生涯は非現実的なものとなり，1人の女性，人間として生きる必要と希望とをもたらしました。育児中の母親も，このような人生の展望をもっています。すると，子どもはかわいく育児の意義は認めつつも，子どもや育児以外の世界と生きがいとを求めることになり，現状に焦燥感や不安を抱くのはきわめて自然なことでしょう。女性の（妻としてでも母としてでもなく）個として生きる必要性と願望，個人化志向は無視できないものとなっています。

　育児不安は，職業をもつ母親よりも無職で専業の主婦，つまり夫から育児責任を全面的に任せられている妻に強いことがくり返し認められています（図22-1参照）。これは，従来の女性＝母役割，妻役割という生き方だけでは前述したよ

うなライフコースの変化に，対応しきれなくなってきていることを示しています。換言すれば，"男は外，女はうち——"という性別役割分業の家族のあり方が，人口革命下の社会でもはや最適性を失いつつあるといえましょう。

問われる男性の生き方

　少子化の背景の一つに女性の晩婚化があります。長いこと，結婚"適齢期"とされてきた25歳までに結婚している女性は，今はむしろ少数派，10％そこそこです。これには，女性は"嫁にいく"のが当たり前，それも薹の立つ前（適齢期）にとされてきた日本の社会で，画期的なことです。これには女性の高学歴化も関係していますが，それ以上に，女性にとって結婚のメリットが縮小し，結婚に対して消極的な態度に傾いている，つまり生き方の変化によるところが大きいのです。

　総理府が1972年来，行っている女性の意識調査は，女性の結婚観が近年，急激に変化していることを明らかにしています。「女の幸福はなんといっても結婚にある」という意見に賛成する女性は，年々減少してきているのに対して，「1人立ちできればあえて結婚しなくてもよい」への賛成は著しく増加しています。このような女性の変化にくらべて，男性では結婚や家族などについて伝統的な考えが強いことは，さまざまな調査が繰り返し明らかにしています。子どもが生まれると"母親が育てるものだ""仕事をやめて育児を"と勧めたり強要する夫は今も少なくありません。そうしてやむなく仕事を辞めて育児している母親には育児不安が強いばかりか夫への不信もひそかに進行しています。

　このような結婚，性役割，家族のあり方についての考え方にみられる男女間のギャップが，女性の晩婚化の一因であることは無視できません。では，このギャップはなぜ生じているのでしょうか。少子化の影響が子どもを産み育てる役割を担ってきた女性の側に，直接的にまたより早く現われたからでしょう。また女性のほうが長命であることも一因でしょう。

　しかし，男性とて人口革命下の社会に生きており，その変化に対応するには従来の男性の生き方の変革が迫られています。長い一生は，職業人としての人

生ではまっとうすることはできません。家庭や近隣社会のなかでも，父親，夫，1人の男性として存在感・充実感のある生活が必要です。粗大ゴミ，産業廃棄物などといわれるのは，社会的変動への対応の遅れ・失敗の姿といえましょう。

このように，歴史上はじめて直面した人口革命は，従来の人間の生き方をゆるがしていますが，このことは，発達課題の見直しを，わたくしたちに強く求めています。"男女共同参画"の意味がここにあります。　　　　　（柏木惠子）

図や表・引用の出典

井上輝子・江原由美子（編）　1999　女性のデータブック第3版　有斐閣
国立社会保障・人口問題研究所　2003　第12回出生動向調査
毎日新聞社人口問題調査会（編）　2000　日本の人口：戦後50年の軌跡
世界銀行（サンプル調査）　1984

さらにくわしく知りたい人のために

浅井美智子・柘植あづみ（編）　1995　つくられる生殖神話　制作同人社
舩橋惠子　1994　赤ちゃんを産むということ　NHKブックス
柏木惠子　2001　子どもという価値：少子化時代の女性の心理　中公新書
岡崎陽一　1990　家族のゆくえ：人口動態の変化のなかで　東京大学出版会
斎藤　学　1995　「家族」という名の孤独　講談社
斎藤　学　2004　男の勘ちがい　毎日新聞社

Pick up
うつ病の誘因となったイベント

	男性	女性
職務異動	35.7%	6.9%
仕事の過労	14.8%	3.4%
家庭内葛藤	7.1%	13.8%
経済問題	7.1%	3.4%
近親者の病気	3.6%	17.2%
妊娠・出産	0.0%	13.8%

うつ病というと，とかく先天的だとか，男女という生物学的要因と結びつけて考えられ勝ちです。しかし，どのようなことがきっかけでうつ病になるかは男性と女性とでかなり違います。生活の中で遭遇するストレスが引きがねになって起こるものであることがわかるでしょう。ここにも男性と女性の生活の違いが反映されています。過労死"Karoshi"（この語は英語の辞典に採用された！）する男，育児不安に悩む女＞につながること。その意味でジェンダー問題の一つといえましょう。
出所：安屋敷和秀・高橋三郎他　1986　DSM―Ⅲ多軸評価の有用性　精神医学28　1103-1109　より

II 歴史・社会・文化のなかの人間発達

29 家族生活と職業生活
なぜ，"男女共同参画"か？

結婚をめぐる最近の動向

　これまで日本は，諸外国と比べて生涯未婚率がきわめて低くほとんどが結婚し，"結婚好きな民族"と揶揄されるほどでした。結婚年齢が，女性は適齢期とされる25歳前後の短い期間に集中していることも特徴でした。"結婚して一人前"といわれ，結婚していないと社会的信用を得られない風潮は今もなお消えてはいません。ことほど左様に，日本社会には結婚に対する一種強烈な関心あるいは圧力が蔓延しています。

　しかし，この日本社会にここ数十年，異変が起こっています。晩婚化がどんどん進行し，非婚・避婚の兆しさえみえてきたのです。離婚も増え，長年連れ添った中年夫婦の離婚は増加の一途を辿っています。とりわけ女性の変化が顕著で（表29-1），晩婚化は諸外国とくらべてももっとも進んだ国となっています。

　女性の晩婚化は，男性にも当然，未婚者が多くいることになります。しかし，男女の結婚と独身のメリット・デメリットの調査結果をみてみますと，女性にとっては結婚の魅力は小さく，独身の大きなメリットを容易には捨てたくない，それを犠牲にするほど結婚のメリットはないという意識が強く，いわば積極的な晩婚といえます。これに対して，男性の側は結婚は独身以上にメリットがあると，結婚志向が強いのですが，相手が得られないやむない消極的な晩婚です。

　このようなミスマッチは，なぜ生じているのでしょうか。女性も高学歴化に伴い実力もつき，職業上の地位や経済力をもつようになったこと，つまり女性にとって結婚は"永久就職"ではなくなってきたことも一因です。しかしそれ

―― Key word ――
男女共同参画社会，未婚率，男は仕事・女は家庭，多様化，個人化

表 29-1　欧米主要国における20〜24歳女子の未婚率の推移　　　　（%）

国　名	1950年 （昭和25年）	1960年 （昭和35年）	1970年 （昭和45年）	1980年 （昭和55年）	1990年 （平成2年）	2000年 （平成12年）
日　　本	55.2	68.3	71.7	77.7	85.0	87.9
アメリカ	32.3	28.4	36.3	51.3	64.6	72.8
デンマーク	51.2	45.9	44.7	72.5	—	—
スウェーデン	59.7	57.5	60.0	83.3	88.3	92.9
イギリス	52.5	42.0	41.2	53.7	75.4	85.9
フランス	49.9	54.3	50.6	51.4	84.8	—
西ドイツ	67.6	54.6	41.6	60.1	—	—
イタリア	67.5	65.6	56.5	65.7	—	—

注：国によって該当年次ではなくその前後の年次に関するものが含まれている。(United Nation, Demographic Yearbook.)

　以上に大きな原因は，結婚についての考え方，とくに性役割についての価値観が男女でずれていることにあります。男性＝夫だけしか外で稼げない場合は，その収入を女性＝妻がやりくりし家事育児をするという分業体制で何とかうまくゆきます。しかし妻も職業と経済力があり家計は2人で担うことになれば，家庭運営のしかたも変わってしかるべき，そうでなければ不公平が生じます。しかし実際は，女性は職業をもっても依然，家事育児の責任も担い，家庭と職業の両立は常に女性の側だけの課題になっているのが日本の大勢です。
　伝統的性別役割分担"男は仕事，女は家庭"への男女の意識に，そのずれは端的にみられます（図29-1）。また，男性の過半数は家庭のなかで男女は平等だと感じていますが，女性ではむしろ不平等だと感じている人のほうが多いという調査結果もあります。この男女間のずれはあらゆる世代で顕著ですが，これが若い世代で女性の晩婚化をもたらしている大きな要因です。
　増加している中年期の離婚も，同様の理由で，家庭運営の仕方，ひいては生き方についての意識が，これ以上一緒にやっていけないほど夫とずれているという妻の態度表明にほかなりません。結婚／配偶者への満足度は年を経るほど夫と妻のギャップは大きくなるというデータ（図29-2）は，中年離婚の予備軍が少なからず存在していくことを示唆しています。大半の中年離婚は妻からの申

II 歴史・社会・文化のなかの人間発達

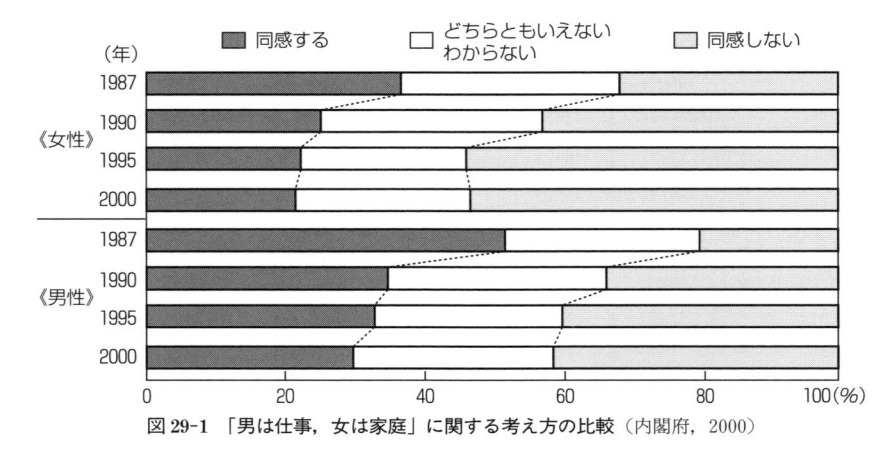

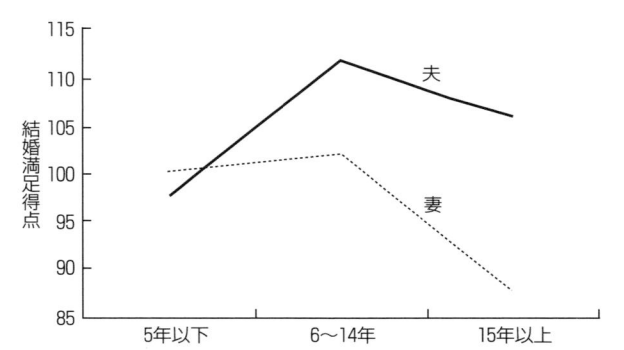

図29-1 「男は仕事，女は家庭」に関する考え方の比較（内閣府，2000）

図29-2 配偶者に対する愛情・満足度の結婚年数による変化（菅原ほか，1997）

し立てによっており，これは若い女性の積極的晩婚化に通じるものがあります。

家族の機能の変化——家族の和と家族の個人化

　さて，結婚しているカップル，家族の形態と機能も，最近変化が顕著です。そもそも人類の家族は，食と性の特徴が契機となって成立したものです。人間はほかの動物と異なり，食物をみつけるとその場で独り占めせず持ち帰って仲間と分配し共に食べることが特徴です。これは，自分にとって大事な人，また親しい人，親しくしたい人と食を共にする喜び，また相手の喜びを知るという共感の力あってのこと。食は，人類にとって個人の食欲充足以外の機能を他者

との関係をつくり強める社会的行為です。共食という社会的行為が，性の相手や2人の間に生まれた子から成る家族を基本単位として行われるようになったと考えられています。もう1つ，人間の性はホルモンの支配する発情期に限定されず，生殖成功には一定期間生活を共にすることが必要です。また，相手を繋ぎとめるために繁殖という目的から逸脱した機能も担っています。これらのことが，特定の雄雌に一時的ではなく長期間にわたる独占的な性関係をもたらす条件となっており，継続的独占的な性関係の契約という家族が成立したと進化的視点から考えます。

　ところが，家族の起源・契機であった食と性の共有は，今日，その意味・重要性が次第に変化し後退してきています。調理器具の進歩，既成の調理食品の普及，食行動の外部化，職場や学校などの生活時間の多様化などは，家族共食の機会を減少させました。一方，性の"自由化"が進み，婚前，婚外の性交渉はかつてほどの禁忌ではなくなりつつあります。前述のように，人類においては食も性も生理的現象ではなく，社会的文化的行為なのですから，このような変化は当然のこと，人間が作り上げた物質文明がもたらした結果でもあります。

　こうしたなかで，では，結婚し家族をもつこと，その家庭生活は，どのような機能をもつのでしょうか。人びとはこれになにを期待しているのでしょうか。かつての家族の機能が後退した今日も，子の養育と家族成員の精神的休息・慰安はなお残る家族の中心的機能だといわれます。しかし，これとても，かつてとはかなり変化しています。結婚の目的あるいは結果であった子どもは，今日では1つの選択となり，その数・時期，さらに性も他の条件との相対的比較のなかで決定されるものとなりました。子どもは「授かる」ものというよりも「つくる」ものとなったのです。子どもをもたないDINKSは，子の養育以外のものに価値をおいた1つの選択のかたちといえましょう。

　人々の休息・慰安も，もっとも重要と考えられてきた家庭での家族の団らんだとは，かならずしもいえなくなってきました。夫と妻が結婚に何を期待するかを調査分析した研究によりますと，2つのやや性質の異なるものが見出されています（**表29-2**）。

表 29-2　夫婦の和　個の尊重（井上, 1994）

夫婦の和	必要なときなんでも相談できる 外での嫌な事も相手の顔を見るとほっとする 表情から元気のないことなどがわかる 相手の小さな悩みも理解しようと努力する 夫婦の問題を人に話して気を紛らわせることはない 夫婦で一緒にしたいことがある
個の尊重	お互いのプライバシーを尊重している 自分の過失には責任をもって対処している 家族の重要決定には自由に意見が言える 互いに伸びていく事を励まし合っている

　家族に集団としての結合・連帯・和を求めると同時に，家族成員がそれぞれ個人として独自の意思とその充足活動とを求めているといえましょう。従来，前者が強調されるあまり，個々の成員の意思・欲求が抑圧・阻害されることも少なくありませんでした。とりわけ，家族の連帯・団らんを計るための仕事（家事もその1つです）が，女性の側に偏りがちでした。そのことから，"家族のなかの平等"が国際家族年（1994年）の理念とされて改めて強調されたのでした。

　すでにみたように人口革命的状況，産業構造の変化，高学歴化などが，女性の幸福を夫の妻，子の母ということでは充足できなくさせ，自己の存在証明を自分自身に求めざるを得ない，そうしたいという認識をもたらしました。これが，"家族のなかの個人"に眼を向けさせた大きな背景です。「家族の個人化」といわれます。最近，話題になっている夫婦別姓やお墓の問題も，家族の個人化への動きの一端にほかなりません。しかし，状況はあまり変化していません。家事・育児はほとんど妻・母の肩にかかっています。それは，妻がフルタイムで働いていてもほとんど同様です。さらに，夫婦間のコミュニケーションは対等で共感的なものではありません。妻は夫に話題を提供し相手の関心や反応を引き出そうとしますが，夫は妻に対して話しかけても無視したり，時には高圧的に話を打切るなど，対等性・衡平性は欠き，むしろ上下関係さえみられます。男性と女性の生活時間にどれくらいの差があるか，換言すれば，職業と家事・育児の担当にどれほど差があるかを示す指数（男女平等指数）があります。日本

29 家族生活と職業生活

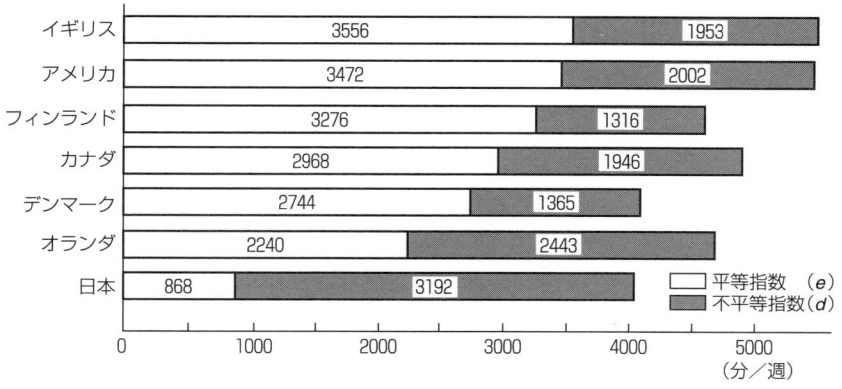

国	平等指数 (e)	不平等指数 (d)
イギリス	3556	1953
アメリカ	3472	2002
フィンランド	3276	1316
カナダ	2968	1946
デンマーク	2744	1365
オランダ	2240	2443
日本	868	3192

(分／週)

図29-3 男女平等指数の国際比較（田中，2001）

は先進諸国の中で際立って平等指数が低いのです（図29-3）。

家族の形態の変化──多様化と個人化

　両親とその子どもから成る核家族は，現在，日本では家族形態の主流です。また，夫（父）が外で働き，妻（母）は家庭のしごと（家事育児）をするのは，ここ数十年，もっとも多い家庭運営の形式でした。しかし，今日，これらをもって家族・家庭の典型だとはもはやいえません。多様な家族のありようが，日本でも世界的にも現出しているからです。

　夫婦とも働く家庭は増加し続けてきた1992年，夫だけが稼ぐ家庭を上回りました（ちなみに，『専業主婦の消える日』という本があります）。かつて，両親のそろっていない家庭は"欠損家庭"といわれましたが，今日では，離婚増に伴い，増加し続けています。単身世帯も増え，しかも，かつては少なかった高齢者層や若年層の単身世帯が多数みられます。このような多様な家族の出現・増加は，家族の個人化の現われであると同時に，個人化への指向を一層推進しています。

　家族の多様化は，欧米では一層顕著です。同性のカップル，それぞれ産みの親が違う子どもがきょうだいになっているスクランブル家族，さらに婚外子の増加，家族はペットの犬だというもの，などなどです。日本ではその点での変化は緩やかですが，日本の特徴の１つは，共働き家庭の増加にもかかわらず家

241

表29-3　父親の子育て観・役割観 （総務庁青少年対策本部，1987）

(%)

	日本	アメリカ	旧西ドイツ
子どもにいろいろなことを教えたいから	43.9	21.9	22.5
仕事よりも子どもの教育のほうが大切だと思うから	3.0	35.2	14.1
子どものことを妻まかせにしてはいけないと思うから	11.3	12.7	39.5

庭運営のしかたには変化が少ないことにあります。夫の家事時間は妻の勤務状況に関係なくきわめて短く，いずれでも家事は妻が担っていることに，それは端的にみられます。

　このような職業と家族生活とのアンバランスは，日本の労働時間が長いことにもよっていますが，それだけではありません。職業と家庭をどう意味づけるか，その価値観に関係しています。アメリカや西ドイツの父親のように，職業より子育てのほうが大切だとか，妻にだけ任せてはいけないとは，日本の男性が考えていない（**表29-3**），むしろそれは女性の仕事，妻に任せるのがよいと考えているからです（職業と家族役割（家事・育児）いずれもが男性・女性の役割であり責任とするスウェーデンの人々の生活は，日本人の生き方の再考を促しています）。

　しかし，この状況が子どもの発達や妻の心理に弊害をもたらし，さらに男性自身の問題でもあることが認識されてきました。育児・家事をしない父親は，子どもたちからうとまれ，低い評価を受けています（**図29-4**）。「育児をしない男を父親とは呼ばない」という評語も出され，『男だって子育て』という本も書かれ，職業上の達成よりも家族生活や地域活動，自分の趣味などに生きがいを求める男性が少しずつ現われてきています。女性が，変動する社会のなかで将来展望に立って生き方の転換を迫られたのと同様のことが，男性にも起こっているからです。かつては，定年まで勤め上げるのが当然であり良しとされてきた日本社会に，ここ数年来，若い層を中心に転職が珍しくなく，企業に属さずにフリーで働く人も増えています（フリーターは多様ですが）。不況や産業界のリストラなども背景にあることは否定できませんが，同時に，働く側の"（仕事よりも）自分の趣味にあった暮らし"を重視するようになった生き方・職業観の変化

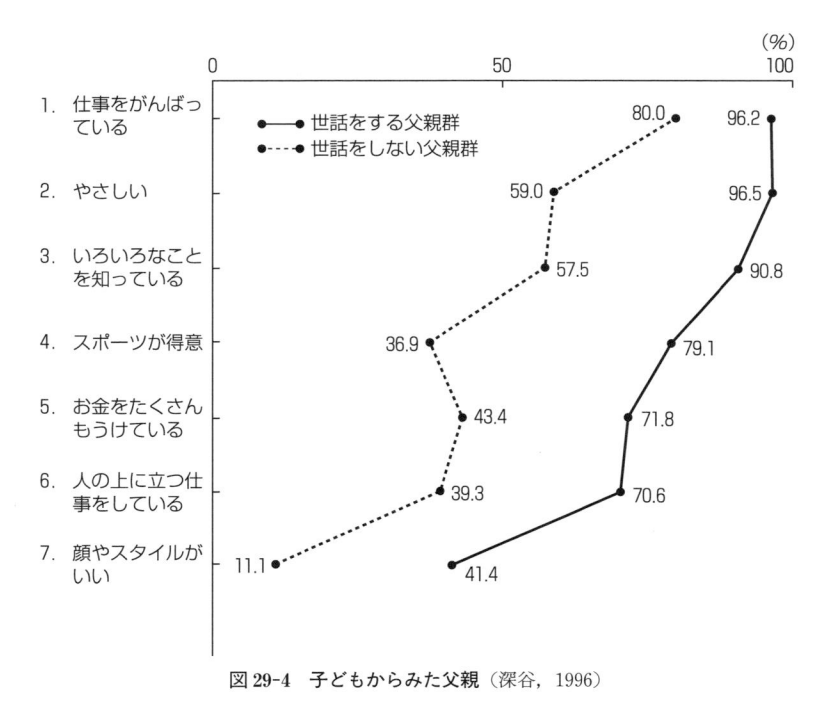

図29-4 子どもからみた父親（深谷, 1996）

が，転職や職業選択の動機にあることも確かです。

　長寿命の人生を手にした日本人は，男性も女性も職業や家庭の役割とその達成以外に，個人の生活をもつこととなった，もたざるを得なくなった，歴史上はじめての状況に直面しているといえます。この状況が，日本人の生き方，職業と家族のあり方，価値観の再考を迫っていることは確かでしょう。"男女共同参画"社会が叫ばれるゆえです。前述した夫と妻のコミュニケーションのずれは，夫（男）と妻（女）がそれぞれ職業と家庭を別世界で生活していきたいとの歪みでもあります。

（柏木惠子）

図や表・引用の出典

井上美保　1994　夫婦における役割期待と結婚満足度　白百合女子大学大学院
　　1994年度修士論文（未発表）

II 歴史・社会・文化のなかの人間発達

深谷昌志　1996　変わりつつある父親像　牧野カツコ・中野由美子・柏木惠子（編）子どもの発達と父親の役割　14-30　ミネルヴァ書房
内閣府　2000　男女共同参画社会に関する世論調査
総務庁青少年対策本部　1987　子供と父親に関する国際比較調査報告書
菅原ますみ・詫摩紀子　1997　夫婦間の親密性の評価：自記入式夫婦関係尺度について　季刊　精神科診断学, 8(2)　pp.155-166
田中重人　2001　生活時間の男女差の国際比較：日本・欧米六カ国データの再分析　大阪大学大学院人間科学研究科　年報人間科学22　17-31

さらに知りたい人のために

広岡守穂　1990　男だって子育て　岩波新書
金森トシエ・北村節子　1986　専業主婦の消える日　有斐閣
鹿嶋敬　2000　男女摩擦　岩波書店
柏木惠子　2003　家族心理学　東京大学出版会
目黒依子　1987　個人化する家族　勁草書房
大橋照枝　1993　未婚化の社会学　NHKブックス
山田昌弘　2004　パラサイト社会のゆくえ　筑摩書房

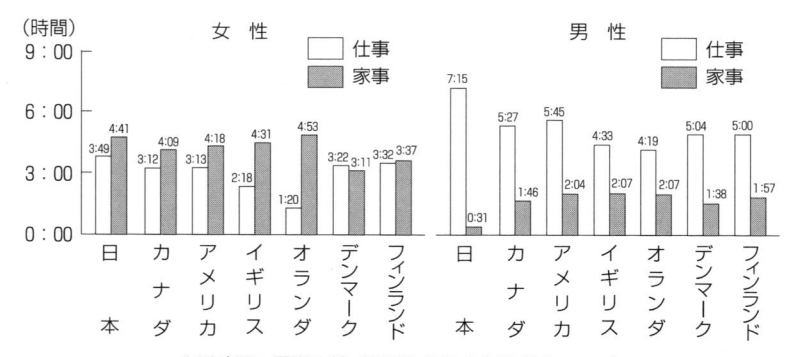

PICK UP
日本の男性は……

	日本	カナダ	アメリカ	イギリス	オランダ	デンマーク	フィンランド
女性　仕事	3:49	3:12	3:13	2:18	1:20	3:22	3:32
女性　家事	4:41	4:09	4:18	4:31	4:53	3:11	3:37
男性　仕事	7:15	5:27	5:45	4:33	4:19	5:04	5:00
男性　家事	0:31	1:46	2:04	2:07	2:07	1:38	1:57

生活時間の国際比較（NHK放送文化研究所　1994）

日本の男性の〈労働時間の長さ―家事時間の短さ〉は、他国に比べて極めて特徴的です。また、ここにも〈男はしごと・女は家庭〉という日本のジェンダー観の強さがうかがえます。

II 歴史・社会・文化のなかの人間発達

30 高齢期における体と心，そして，死

高齢期における体の変化

　年をとるとは，体の衰えを招くことと考えがちですが，このことは必ずしも高齢期に始まることではありません。諸器官の老化（一次的老化）はすでに20歳代後半から始まっています。むしろ，高齢期になると遺伝的素因や環境による悪影響のために，いろいろな病気を患いやすくなるために，そのことが老化を促進する"二次的老化"のためにからだが衰えると考えるのがより正確な理解のようです。

　それにしても，一次的老化の速度は高齢期において早まります。たとえば，大脳の重さは60歳を超えるころから急速に軽くなり，80歳までにはさらに5〜10％も減少するとのことです。これは，神経細胞の死滅によって起こるものと考えられています。しかし，このような変化を高齢期の脳はみごとに克服しています。それは，脳細胞が新しいシナプスを産出して細胞相互の情報伝達を円滑にしていくことと，若干ですが，新しい脳細胞が新生されることです。もちろん，このような現象は，運動や精神活動によって脳の血液循環が促進されることと無関係ではないようです。

　自律神経系の活動も機能が減退します。このことによって血流へのストレスホルモンの放出が増加し，免疫力の減退や睡眠障害を起こしやすくなります。

　視覚にも変化が起こります。眼球内の角膜が透明度を失い，黄色みがかるために色の弁別がつきにくくなるために光線が網膜まで届きにくくなったり，網膜や視神経細胞が失われることも視力の低下を招く原因になります。聴覚につ

Key word
老化（一次的老化），作動記憶，展望記憶，知恵，尊厳死，死別

いては，内耳の血流の低下や細胞の死滅，鼓膜の張りが失われることなどが聴力の低下や周波数の高い音が聞き取りにくくなります。人の話が聞きづらくなることは70歳を過ぎるころから顕著になりますが，会話は音声以外に表情やジェスチャーなどを伴うことからそれらが相手の話を理解する手助けになっています。

　高齢者の味覚は年齢によるよりも喫煙・義歯・飲み薬などによって感じなくなる傾向にあるといわれています。一方，嗅覚は60歳を過ぎると受容器の数が減少するために感覚が鈍くなりますが，香りをかぎ分ける練習をすることなどでその鈍化を防ぐことができるといわれます。また70歳を過ぎるころから，指先・手足の末端・唇の触覚が鈍くなります。これは身体の末端での血流の低下が影響していると考えられます。

　心臓の壁を構成する筋肉（心筋）や全身をめぐる血管の壁面が硬化することによって起こる血流速度の低下は体内への酸素の供給を停滞させます。肺へ取り入れられる空気の量は80歳では20歳代の50％に減少するので酸素の取り入れと炭酸ガスの放出がそれだけ円滑に機能しなくなります。

　免疫システムの老化は，外界からの抗原を直接に攻撃するT細胞の機能を低下させると同時に，体内にある抗体を抗原と間違えて攻撃する自己免疫反応が起こりやすくなります。これらのことが感染症に罹患しやすくなったり，リューマチ性関節炎や糖尿病などのさまざまな疾病を引き起こします。

　高齢になるにつれて，寝つきが悪くなったり，睡眠が持続しにくくなったり，睡眠が浅くなったりします。この傾向は男性では30歳代から，女性では50歳代から始まるといわれています。その原因は睡眠中枢に起こる変化や血中ストレスホルモンの増加などが中枢神経系に作用するためと考えられています。70～80歳までに男性が女性よりも睡眠障害を訴えるのは，前立腺の肥大によって尿道が圧迫され，尿意をもよおすことが頻繁になることと男性のほうが睡眠中に無呼吸を起こすこと，さらには，脚部に痙攣を起こすことなどがあげられています。もちろん，より快適な睡眠のために，昼間の運動，生活時間を守ること，床につくときにテレビを見たり，本を読んだりしないなどが有効な方策

であることも事実です。

　これまでのところでは，体の内部に起こる変化について述べてきましたが，体の外見にもいろいろな変化が起こります。顕著なのは，皮膚のしわやたるみです。また，皮膚の脂腺の活動が弱まるために"しみ（aging spot）"やほくろが増えます。顔は，太陽光に晒されるためにその影響が大きいようです。歯が黄色みをおびたり，かけたり，歯肉が後退したり，頭髪が薄くなるのもこの時期の変化の1つです。

　体形が変わり，運動能力が落ちるのは，筋力と骨格・腱・靭帯の強度の低下によるところが大きいのですが，緩徐攣縮繊維（slow-twitch fibers）の訓練によって運動能力の低下を防ぐことができるといわれています。

高齢期における心の変化

　高齢期ほど個人差が大きくなる人生期はないといわれます。それは遺伝的素質に加えて，ライフスタイル，さらには，自分の行動を自己選択する可能性がさまざまになるなどによると考えられます。確かに，高齢者の思考はそれ以前に比べて限界がありますが，それをさまざまな手段によって補いながらうまく機能させているところに特徴があるといえます。

　それでは，その様態を記憶についてみてみましょう。高齢者の物忘れは人の名前，場所，約束，薬を飲む時間などにしばしば現われます。これらは，作動記憶（working memory）の容量が小さくなっているためと考えられますが，再生に比べて，再認は高齢期になってもあまり支障を来しません。なぜならば，再認はその手がかりとなることが見えたり，聞こえたりするので適切な記憶を呼び起こすのにあまり心理的努力を必要としないからです。しかし，同じ再認作業でも複数のことの同時再認，たとえば，ことばの対を再認させるような課題では，正答率が下がることが明らかにされています。再生でも再認でも記憶を呼び起こす場合には，その状況に手がかりがあることがそれらを容易にします。相手の顔を見て名前を呼び起こすのに過去のエピソードが語られたりすることが役立つのはこのためです。

高齢者は最近のことよりも昔のことをよりはっきりと覚えているといわれますが，このことは必ずしも確証されていません。これまでの研究では60歳代から70歳代の人の過去の記憶は3〜6年経ったところで急速に失われ，それ以前の20年間についてはあまり変化がなく，児童期から成人期にかけての記憶がやや回復し，それより昔のことになると再び急速に失われていることが明らかになっています。ここで，児童期から成人期にかけて記憶が再生する傾向があることは，この時期の経験が人生のなかで新鮮なものであり，当人にとってその後も重要な意味をもち続けているからと考えられます。

　記憶には，将来の自分の計画を覚えている展望記憶（prospective memory）があります。高齢者の協力によって行われた実験では，本人に読書をしてもらいながら，コンピュータのスクリーンにことばが現われた時点で特定のキイを押すという課題と，同じように読書をしていながら，一定の時間が経過したと判断された時点で特定のキイを押すという課題とでは，し忘れは後者の方が高かったとのことです。しかし，高齢者は生活のなかで展望記憶を保持するためにいろいろな工夫をして，し忘れを回避しているのが現実です。

　次に，高齢期のことばの理解と会話について考えます。語り手の速度が早過ぎない限りは高齢者のことばの理解はそれまでと少しも変わりません。このことは文章理解についても当てはまります。けれども，話す速度がゆっくりになることは否めません。その理由は一度に保持している情報量に限界があるからです。この点を補うために，高齢者は会話の文法構造を簡素化しながら，発話中にことばを検索したり，考えをまとめたりします。高齢者の話が細かいことを述べるよりも簡潔になるのはこのためと考えられます。

　"人生の知者"とは，豊富な経験をもとに物事を適切に処理し，新しい考えを創造していく高齢期の人たちをあらわすことばです。そして，知恵（wisdom）こそが高齢期に最高に達する人間の知的能力といえます。知恵とは，幅と深さを伴った実用的知識，情緒的な成熟，人類や他者の生活を豊かにする利他的な創造性の集合体と考えられます。知恵に関する研究はまだあまりなされていませんが，高齢者の心を考える重要なテーマです。

高齢期の死

1　死を迎える

　かなり以前まで死は生と同じように家族のなかで起こっていました。年を取って死んでいく人は家族に見守られながら，息を引き取っていきました。ところが，最近では，死は病院で起こるものとなり，そのことが死を私たちから遠ざけていってしまいました。また，一方では死はテレビに映し出される事故・災害・殺人などの映像を通して，なまなましく私たちの目に飛び込んできます。このような死をめぐる社会の変動は死を特別視し，気持ちの上でも受け入れにくいものに追いやっています。

　ところで，発達心理学で"死"を取り上げる場合，「人は死をどのように理解しているだろうか」「人はどのようにして死んでいくのだろうか」「なぜ人は死を選ぶ（自死する）のだろうか」「人の死によって残された人はどのような気持ちをもつのだろうか」などとさまざまな方向から問題にすることができます。ここでは，高齢者の死（人生の終焉）に限って取り扱っていきます。

　改めて，死とはなんでしょうか。長い間，死は心臓の鼓動停止と呼吸停止によって定義されていましたが，今日では脳と脳幹の不可逆的活動停止によって死とする，いわゆる"脳死"が共通の認識になっています（これによって，本人による事前登録がなされていれば，他者への臓器の提供が可能になっています）。

　高齢者が死に至る過程はほとんどの場合が老齢死ではなく，病死です。キュブラー・ロス（Kübler-Ross, 1969）は，死を迎える人の心理状態には，否定，怒り，取引，抑うつ，受容の段階があると主張しています。

(1) 否定の段階：自分が終末期にあることを知った時点で，いずれ訪れる死から逃避しようとして，現在の状態を脱する活動に専念します。

(2) 怒りの段階：終末が近づき，あまり時間がないことへのあせりから怒りやすくなり，家族や医療従事者が激怒・敵意・羨望の標的になります。

(3) 取引の段階：死が避けがたいことと知りつつも，自分は当分死なないという保証を周囲の人に求めます。

(4) 抑うつの段階：これまでのすべてが無駄であることを知ることによって抑うつ状態に陥ります。
　　(5) 受容の段階：死を迎えることを平穏に受け入れることができるようになり，痛みや不安から解き放たれます。
　このような死に至る心の状態は，本人を取り囲む人たちの接し方によって大きく影響されます。最近しばしば耳にする"尊厳死（death with dignity）"はこのような死に行く者と残る者との関わりを通して生まれる統合感によって実現していく死を意味します。
　尊厳死は，(1) 死に行く人の身体的・心理的苦悩に援助の手を差し伸べること，(2) 死の確かさを誠実に受け入れることによって，結びつきの心を共有すること，そして，(3) 死に行く人が判断できるような情報を正確に伝えることから成立しているといわれています。ホスピスという考えは，このような考えのもとにあくまでも本人の生活の質（quality of life：QL）を中心にすえた死に行く人への対処です。
　ところで，最近"死の権利"ということがしばしば取り上げられます。そのことは"安楽死（euthanasia）"によって端的に表現されます。安楽死というと本人の意志を確かめる機会なしに本人を死に至らせることと理解しているかもしれませんが，それがすべてではありません。その1つとして重視されるのは，"生きる意志（living will）"の確認です。これは末期状態にある人に文書によって，なお生きたいかもう死にたいかを本人または代理人によって宣言してもらう形で行われるようです。わが国ではまだこのことを制度化していませんが，人権保護の観点からみて，大事なことと考えます。

2　死別について

　高齢期にある配偶者，親，きょうだい，親戚，友人などの死は残された人に悲しみによるさまざまな身体的，心理的苦痛を与えます。残されたことによる悲しみや生活の立て直しなどのために，喪に服するという慣習を文化は生み出しています。喪の様式は文化によって異なっていますが，この慣習が死者への残された人たちの考えや思いを表わしていることでは共通です。残された人た

ちの気持ちの変化は3つの段階から成り立っています。

　最初は，現実を回避しようとする段階です。悲しみが激しければ激しいほどに情緒不感症に陥ります。それは直面した現実が理解するにはあまりにも大きなものであるからです。しかし，数カ月から1年位が経つと喪失という現実に段々と対面する段階へと移行します。この段階では，いままでにはなかった情緒的反応が，不安・悲しみ・不満・怒り・無力感・自暴自棄などとして現われるようになります。そして，死んだ人への思い，虚脱状態，集中できなさ，時には薬物に依存したり，自己破壊的行動を示したり，睡眠障害や食欲不振に陥ります。このような動揺は，自分は故人ともう二度と会うことができないという心の苦しみの現われでもあります。そして，最後にやってくるのが，故人とのつながりは現実では失われたが，心の中で抱き続けられるという調節の段階です。このような気持ちの変化によって残された人はより自由に新しい活動や友人との触れ合いへと移行していきます。この3つの段階は，死別した人の重要さによってかなり異なります。それが生涯にわたって続くこともありますが，それが長期にわたるとしても健常な反応であることには違いありません。

（古澤頼雄）

図や表・引用の出典

Berk, L.　2003　The end of life. In L. Berk *Development though the Lifespan* (3rd ed.). Bacon and Allyn.

Kubler-Ross, E.　1969　*On Death and Dying*. Macmillan.

さらに知りたい人のために

下仲順子　1997　現代心理学シリーズ(14)　老年心理学　培風館
東　清和(編著)　1999　エイジングの心理学　早稲田大学出版部
長谷川和夫ほか　2001　こころのライブラリー4　エイジレスの時代：高齢者のこころ　星和書店
キューブラー・ロス，E.　鈴木　晶訳　2001　「死ぬ瞬間」と死後の生　中央公論新社

II 歴史・社会・文化のなかの人間発達

PICK UP
高齢期の人格発達

　高齢期になって自分がどう変化したかを尋ねた興味深い調査によると次のような結果が明らかになりました（柏木・平山・田矢　未発表）。協力者は60～80歳（90歳が2名）の男女373名でした。表はその因子分析結果です。

			1	2	3	4	5
第1因子 威風堂々	29	物おじせず堂々と行動できるようになった	**0.613**	0.106	0.213	0.116	0.103
	23	何をするのも億劫になった	**−0.552**	−0.001	0.054	0.009	−0.045
	6	人の先頭に立って行動できるようになった	**0.497**	0.023	0.306	0.053	0.039
	2	人と接するのが面倒になった	**−0.477**	0.106	0.129	−0.056	0.099
	33	ささいなことにも、くよくよするようになった	**−0.473**	−0.146	0.212	0.149	−0.064
第2因子 他者への感謝	35	人に対してやさしくなった	0.106	**0.786**	0.039	−0.001	−0.012
	19	人の立場や気持ちがよくわかるようになった	−0.013	**0.421**	0.256	0.010	0.195
	9	人に素直に感謝できるようになった	0.014	**0.416**	0.220	0.022	0.191
	1	角がとれて丸くなった	0.063	**0.384**	0.026	−0.002	0.110
第3因子 社会への関心	12	日本や世界の将来について関心が増した	0.007	0.115	**0.582**	−0.049	−0.052
	16	知識欲（新しいことが知りたいという思い）が旺盛になった	0.190	0.055	**0.514**	0.148	0.041
	24	人間の力を超えたものがあることを信じるようになった	−0.039	0.149	**0.388**	0.069	0.105
第4因子 自己確立	22	自分の中にどうしてもゆずれないと思うものができた	0.026	−0.032	0.084	**0.640**	−0.126
	20	自分の信念を貫けるようになった	0.328	0.097	0.176	**0.568**	0.148
	10	自分の考え・やり方にこだわりができ、無理に人に合わせなくなった	−0.029	0.013	−0.002	**0.437**	0.032
	15	物事・人に対して好き嫌いがはっきりしてきた	−0.129	−0.011	0.000	**0.381**	0.062
第5因子 精神的ゆとり	18	今が一番しあわせだと思えるようになった	0.040	0.138	0.215	0.059	**0.659**
	14	毎日落ち着いた気持ちで過ごせるようになった	0.048	0.175	−0.065	0.061	**0.528**
	27	自分の将来に不安を感じるようになった	−0.348	0.074	0.142	0.183	**−0.348**

因子抽出法：最尤法　回転法：エカマックス法　説明率　33.2％

　ここから言えることは、高齢者が意識している変化としては、前よりも"物おじせず堂々と行動できるようになった""ひとの先頭に立って行動できるようになった"など威風堂々と称する自己意識とともに、"ひとに対してやさしくなった""ひとに率直に感謝できるようになった"など他者への感謝が増したという意識、"日本や世界の将来についての関心が増した""新しいことを知りたいという思いが旺盛になった"など社会への関心、そして、"自分の信念を貫けるようになった""自分の考え・やり方にこだわりができて、無理にひとに合わせなくなった"という自己確立や"今が一番しあわせだと思えるようになった""毎日落ち着いた気持ちで過ごせるようになった"など精神的ゆとりを感じさせる意識から構成されると判断できました。このことは、高齢期になるとますます自分を発展的に捉えられることを示します。しかし、高齢者のこのような発展的な自己意識も年齢・居住形態・仕事によって差が見られました。

　年齢については、威風堂々の自己意識においては60歳台よりも80歳台において低くなっており、精神的ゆとりの自己意識においては、60歳台よりも70歳台において高くなっていること、居住形態については、精神的ゆとりの自己意識において、夫婦二人の場合よりも子どもと同居している方がその傾向が高いと見ることが出来ました。

　さらに、仕事の有無については、男性では、仕事を持っているひとが威風堂々と他者への感謝の自己意識が高く見られました。居住形態や仕事の有無にこの時期の自己意識に違いが見られることは、高齢者の生きがいが周囲からの支援、なかでも高齢者が感じられる心理的支援（自分の気持ちを安定させてくれる、自分の存在が価値あると認めてくれている、自分のことを喜んでくれると本人が思える周囲との関わり）によって大きく影響される点と一致していると判断できます。

II 歴史・社会・文化のなかの人間発達

31 ふたたび発達とは
発達研究事始め

　これまでの30章を理解してきた読者が、さらに"発達研究"へ取り組んでみようとするために、ここでは留意点を述べてみます。

発達研究の枠組み（1）時間による理解

　なによりも大切なことは、発達研究は"時間"によってさまざまな事象の変化を考えようとする視点をもっていることです。

　ここで"時間"というのは、まず日齢・週齢・月齢・年齢など、time-since-birth（正確には time-since-conception）を意味していて、"加齢"とも表現しています。しかし、注意しなければならないのは、時間の経過と心の発達とを直接に結びつけるべきではないことです。むしろ、時間の経過によって引き起こされる状況からの経験内容がもたらす変化、それが個人の心の発達として現われる仕組みを取り上げると考えておく必要があります。このことは、一昔前、発達心理学とは、「人間は、どのように変化していくか、何ができるようになるか」という問いに、加齢にそった基準を示す心理学の一分野とみられてきたことに端的に現われています。もちろん、この傾向は今でもすっかり消えているわけではありません。「発達心理学概説（概論）」と名のつく市販の大学教科書を見ると、「知覚の発達」「学習の発達」「思考の発達」「ことばの発達」「情緒の発達」「社会性の発達」「人格の発達」などという章立てによって、個人の心の機能が別個に進歩していく基準的な姿が、浮き彫りにされています。そして、このような年齢的な変化に照らした遅速として、人間の心の発達を考えていく見方を、

Key word

成熟、社会的学習、情報処理過程、世代間伝承、生態システム、比較行動学

この分野にたずさわる専門家が，社会の常識として定着させてきたことも反省すべきことです。育児・保育・教育などの分野で，親や保育士や教員が，そこでの子どもの姿やおとなの対応を吟味するのに，年齢相応な行動，年齢相応な働きかけという視点を中軸におく考え方が広くなされていることからも明らかです。「あの子はもう○歳なのだから，○○ができるのが当たり前」といったような発言はそのことを示しているといえます。

　これまで述べてきたことをまとめると，発達研究には"時間"という軸が含まれていることが是非とも必要ですが，それが単に物理的時間であってはならないということです。

発達研究の枠組み（2） 文脈による理解

　次に大切なことは，発達研究は"文脈"によってさまざまな事象の変化を考えようとする視点をもつことです。

　前述の心の発達＝時間の経過に含まれるもう1つ誤った考え方は，心の発達を外界から切り離された個人に内在することとしてみてしまうことです。たとえば，ことばの発達を考えると語彙が増えることにだけに目をやるあまり，1人ひとりに固有な事象としてみてしまいがちですが，そうではなくて，個人と個人を取り巻く社会との交互作用による共有事象として語彙が増えるプロセスがあると考えることが必要です。このような見方への転換は，発達を個人に特定された固有な事象としてみたときには，ひたすら個人のもつ心的機能の改変をはかることに注目し，原因を身体的疾患と同じように個人に帰してしまうアプローチに終始するのに対して，心の発達は人が生活している周囲との文脈によって成り立っているという見方を私たちに与えてくれます。もちろん，ヒトという生物体に起こる諸々の変化も個人の心的機能に影響することは否めませんが，それとても，社会的な交互作用によって，変化していく可能性を大いにもっているとみる必要があります。

　子どもが自分と同年齢の相手に話しかけるときとは違って，自分よりも幼い相手に話しかけるときには，自分の言い回しを変えたりして，相手がわかるよう

な思い遣りさえも表わす（Eisenberg, 1992）ことは，人間が社会的文脈の中で異なった行動を取ることを端的に示しています。

発達研究の枠組み（3） 文化による理解

　そして，もう1つ大切なことは，発達研究は"文化"によってさまざまな事象の変化を考えようとする視点をもっていることです。

　ピアジェが独創的な実験を通して，概念の発達段階を明らかにしたことはすでに第3章などで述べているところですが，当初彼が明らかにした発達段階と年齢との関係は地球上のすべての人に当てはまると考えられていました。ところが，その後ピアジェが試みたヨーロッパの人たちだけではなく，さまざまな地域の人たちについて，同じ課題を試したところ，彼の主張が必ずしも当てはまらないのに日常生活では同様なことがその人たちによってごく簡単にやり遂げられていること（たとえば，お金の勘定）が明らかになってきました。このことから発達の様態は人類に通有なことではなくて，それぞれの人が生活している文化，すなわち，言語・習慣・感情・信念・価値観，さらには制度や道具などの違いによってさまざまであることを注目するようになりました。

　文化は，同じ社会に生活する複数の人びとが共通にまとう衣にたとえられます。人びとが社会を形成していけば，その社会においては言語やものの考え方が世代を超えて歴史的に維持されるようになります。その結果，次世代へと伝えられることや伝えなければならないこともその社会固有なものになっていきます。その結果，同じ社会で生活する人びとは意図的にも無意図的にもいつも同じような衣をまとって生活していくと考えられます。

　このような視点は，発達研究を進める場合に，研究の協力者が研究者とは違った社会に住んでいる人たちの場合にとても大切なものとなります。私たちはとかく自分が生活している社会を中心にものを考えてしまいがちです（Rogoff, 2003）。地球上には私たちが考えもしなかったさまざまな文化という衣をまとった人たちがいること，そして，自分の社会のなかにもそのような人たちが生活していることに配慮していく態度こそが"文化"という視点をもった発達研究

には必要です。

発達の理論

　ところで，発達研究を進めるためにもう1つしっかりと考えておかなければならないことは，発達の理論です。理論は，取り上げようとしている出来事を描写し，説明し，予測する秩序だった考え方を意味します。

　たとえば，数人の子どもが保育園の庭で遊んでいる場面を見たときに，親ならば自分の子どもがどんなに遊んでいるかに関心をもつでしょうし，保育者ならば，自分がどのように関わればよいかを考えたりするでしょう。これから幼児の遊びを研究しようとする者ならば，子どもの相互関係や1人ひとりの子どもの遊び方，そして，子ども同士のつき合いが続くにつれて遊びはどう変化するか，それぞれの子どもの日常生活とそこでの遊び方の関係，さらには，遊びを構成する子どもの組合せによって遊びの展開はどう違っていくのかなど関心となることは留まるところを知りません。なぜある関心が自分に湧くのか，その源泉を辿ってみるとそこには自分の関心を背後から支えている考え方に突き当たります。理論をもつとは，このような考え方の大黒柱を立てることです。

　まとめてみると，もともと発達研究に理論をもつことは，2つの理由から大切なことです。その1つは，取り上げようとしている出来事に理論がまとまりのある枠組みを与えてくれることです。問題にすることはやみくもに見つかるものではありません。出来事のなかで何を重視するかは理論の枠組みによって決まるのです。

　2つ目は，理論を背景に実証された研究こそが，実際活動への応用にしっかりした基盤を与えてくれることです。このような着実な研究こそがより適切な発達理解と発達支援に役立つものとなるでしょう。

　もちろん，理論はその時代の文化的価値観や信念体系に影響されて主張されていますが，1つの理論は，多くの研究によって合意された一連の公正な手続きで検証されることによってはじめて存続します。

　さて，これまでいくつもの発達理論が提唱されていますが，1つの理論がす

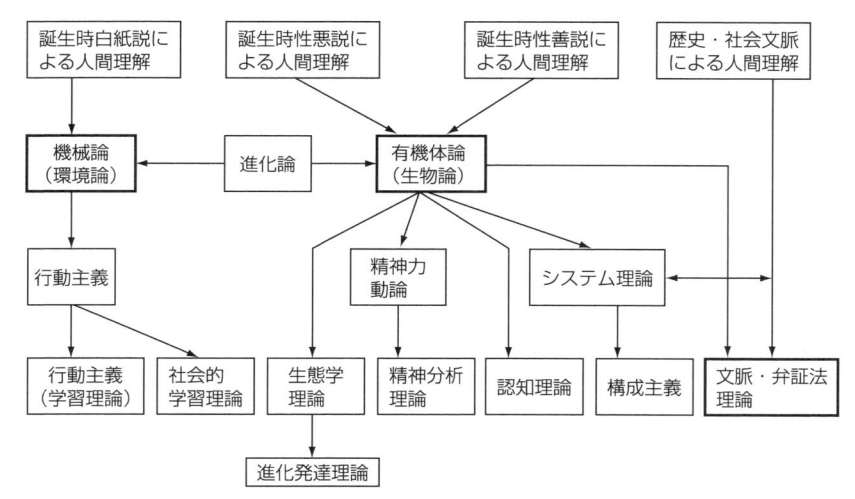

図 31-1　人間理解の考えの変遷（Slee & Schute, 2003より一部変更）

べての出来事を完全に解き明かすことはできません。ここでは，発達理論の動向を読者に伝えるために，ここ50年間に取り上げられてきた理論的立場を簡潔に述べますが，発達心理学における発達理論の変遷を概略した**図31-1**と照らし合わせながら検討して下さい。詳細については適宜参考書を読むことを薦めます。

1　生体に起こる成熟を主張する立場

人間が生物であるところに着目して，発達を引き起こすのは個体の成熟（maturation）にあると考えました。成熟とは受精から成人期にかけて個体に起こる遺伝的に規定された行動の発現です。

この立場の特徴は，環境の影響を最小限にしかみないところです。環境は個体の成熟を誘発するものと考えます。この考え方は，20世紀後半においてかなり衰退しましたが，最近では，言語獲得や知能の発達などについて，個体の成熟性を重視する考えも生まれています。

2　環境における学習を重視する立場

行動の発達は，外界からの刺激に対する反応として組み立てられていくもの

であるという学習の効果を強調する考えがここに属します。もともとの考えは，パブロフによる条件反射にあるのですが，条件反射の場合，生理的反応を促す無条件刺激から条件刺激への変換によって考えられたのに対して，個体にとって賞としての意味をもつ刺激に対して反応は促進され，罰としての意味をもつ刺激に対して反応は抑止されると考えるのが社会的学習理論です。ここでは個体のもつ生物的要因よりは環境のなかでなされる学習に重点が置かれており，個体がどのような学習をするかによって発達の方向が規定されていくとの主張がなされています。

3　心を構成する主体を重視する立場

　生物が外界に適応していく様相についての生物学による発想をもとにして，個体のもつ外界への能動性と選択性こそが心の発達をもたらすという主張がスイスの心理学者ピアジェによってなされました。彼の考えによれば，個体は外界と関わる手段というものの見方や考え方を構成し，それらをもとにして外界への態度を変えたり，新しい見方や考え方を構成していくのです。この主張によれば，発達とは個体が自分の心を変容させながら，外界にチャレンジしていくことです。そして，そのような発達の様相は量的な変化ではなく，脳や身体運動の発達につれて質的に変化していくところから，「感覚運動段階」「前操作段階」「具体的操作段階」「形式的操作段階」という4つの発達段階に分けられました。

4　情報処理過程を重視する立場

　認知発達に関する発達モデルを提唱するものではなくて，むしろ，認知課題遂行の方略選択にコンピュータシミュレーションモデルを取り上げています。

　人間が日常的に行う思考活動に焦点を当ててみると，感覚器によって情報を入力し，必要に応じて変換・統合し，最後に行動によって出力するという過程によって進行しています。このように情報をすべてデジタル化して，処理していくのが日常用いているコンピュータです。そこでは，情報の流れがすべてONとOFFによって決められていきます。図31-2は，人間とコンピュータとの情報処理過程を比較したものです。

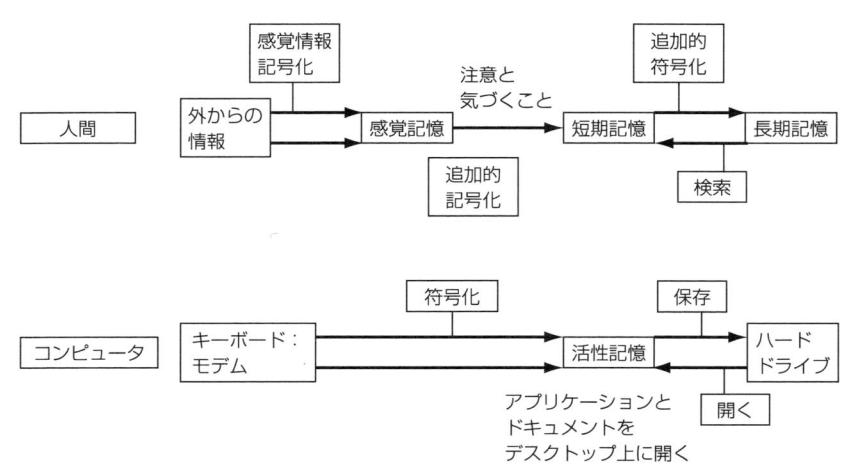

図31-2　精神活動の情報処理モデルの概略（Blair-Broekor and Ernest, 2003）

　たとえば，1人の子どもが積木を使って橋を作っていく場面を考えてみましょう（Berk, 2003）。(1)はじめは，両方に積み上げて，一番上に平らな板を並べたものの手を離すとその板は下に落ちてしまいます。(2)そこで，今度は，板の上に積み木を重しとして載せることによって，挟まれた板が手で押さえなくても横に延びたままになることを子どもは見つけました。そして，(3)ついに子どもは途中から板が延びている形にした積み木を両方から合わせて，子どもが手を離しても大丈夫な橋を作ることに成功しました。この過程は子どもの工夫によって生まれたのでしたが，それぞれのステップには，失敗と改良が含まれています。これはいわばプログラミングの流れ図のようなものです。このような流れ図を辿ることによって思考活動を解明できると考えるのがこの立場といえるでしょう。

5　社会文化の文脈の働きを重視する立場

　人間はかなり昔から決まった地域に居住することによってそれぞれの社会を形成してきました。このような定住生活はいきおいそこでの自然や風土，習慣，生活道具などをその社会として伝承する習慣や相互のコミュニケーションを可能にする言語を生み出し，そこで生活する人びとはその社会に固有なものの文

化を身につけるようになりました。

　このような文化こそが人間の発達に大きく影響していることに着目した1人にロシアの心理学者ヴィゴツキーがいます。彼は1つの社会に属する人びとが共有する価値観，信念，習慣，スキルなどの世代間伝承，とくに，その過程で行われる大人から子どもへの社会的関わりこそが子どもの認知発達を方向づけていくことに注目しました。ヴィゴツキーもまたピアジェと同様に子どもが自らの力で外界を意味づけていくことを強調しましたが，そのことに加えて，認知発達が社会の媒介過程，すなわち，周囲の人たちが子どもにより新しい課題を試みさせ，それがうまくいくのを支持する知的環境を与えていく点に発達の推進力を見出していきました。

　もう1つ，生態システムを重視する立場をあげることができます。この考えは，ブロンフェンブレンナー（Bronfenbrenner, 1996）によって提唱されたもので，個人を取り巻く環境をより大きなシステムとみていきます。

　第1にあげられるのは，個人が当面するそのときそのときの人間関係が個人の発達に影響するという見方です（マイクロシステム）。ところが，個人は単独の人間関係のみで生活しているわけではありません。質的に異なる複数の人間関係のなかに同時に生活しているのです。たとえば，夫婦関係が親子関係に影響を及ぼし，そのことが子どもの学校での人間関係に影響していたり，親と学校の先生との人間関係が両者それぞれの子どもとの人間関係に影響していくといった具合です（メゾシステム）。

　さらに，このような人間関係の性質を背景で支えているシステムを考えることができます。たとえば，家庭の経済状態，居住空間，生活している地域の特性などは，間接的に家庭内の人間関係に影響することとして考えられます（エクソシステム）。また，もっと大きくみれば，人間の生活を支えている社会のあり方，そこで起こる変化，歴史の流れなどがより大きな枠組みとして発達に影響している事実に気づきます（マクロシステム）。

　そして，もう1つ個人をめぐる環境に時間軸を加えるものとして，それぞれの人生経過のなかで起こる変化，親の罹病，死別，本人の病気，家族の転居，

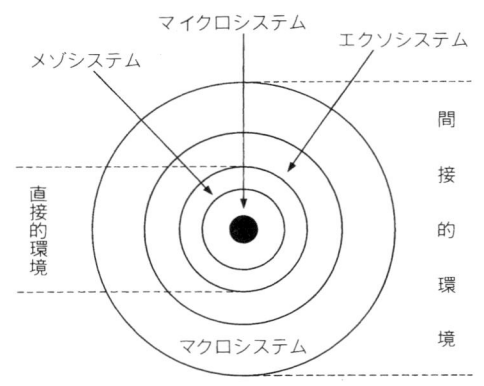

図 31-3 **個体の発達と環境システム**(Schiamberg, 1998 より修正)

(図中ラベル: マイクロシステム、メゾシステム、エクソシステム、マクロシステム、直接的環境、間接的環境)

親の失業,離婚などの突発的な出来事,さらには,きょうだいの出生,入園・就学などの人生周期的な出来事があげられます(*クロノシステム*)。

6　進化に見られる環境適応を重視する立場

　動物行動の適応的・生存的価値とその進化の歴史を取り上げる分野に比較行動学(ethology)がありますが,この分野の研究者によって得られた所見はしばしば人間の情動表現,コミュニケーション行動,遊び,道具の使用などといった人間行動の発達を考えるための示唆を私たちに与えてくれます。最近は,この学際的な学問領域を「進化発達心理学(evolutionary developmental psychology)」と呼ぶようになっています。そこでは,人間という種に固有な認知的・情動的・社会的能力の発達を生存のための適応という視点から理解しようとしています。とくに,乳幼児の社会的行動の発達,家族の発達,ジェンダーによる役割行動の形成,社会病理現象,さらには,社会変動が人間の発達に及ぼす影響などを考える場合に有益な知見を与えてくれています。　　　(古澤頼雄)

図や表・引用の出典

Eisenberg, N.　1992　*The Caring Child*. Harvard University Press.
Rogoff, B.　2003　*The Cultural Nature of Human Development*.　Oxford

University Press.
Slee, P. and Shute, R 2003 *Child Development : Thinking about Theories*. Arnold Publishers.
Berk, L. 2003 *Development through the Lifespan*, (3rd ed,) Allyn and Bacon.
Blair-Broeker C. and Ernst, R. 2003 *Thinking about Psychology : The Science of Mind and Behavior*. Worh Publishers
Schiamberg, L. 1988 *Child and Adolescent Development*. Macmillan Publishing.

さらに知りたい人のために

ブロンフェンブレナー，U. 磯貝芳郎(訳) 1996 人間発達の生態学（エコロジー） 川島書店

柏木惠子・北山　忍・東　洋(編著) 1997 文化心理学：理論と実証 東京大学出版会

バターワース，J.・ハリス，M. 村井潤一郎監訳 1997 発達心理学の基本を学ぶ：人間発達の生物学的・文化的基盤 ミネルヴァ書房

ピアジェ，J. 滝沢武久訳 1999 思考の心理学：発達心理学の6研究 みすず書房

中島義明(編著) 2001 現代心理学理論事典 朝倉書店

コール，M. 天野　清訳 2002 文化心理学：発達・認知・活動への文化―歴史的アプローチ 新曜社

下山晴彦・子安増生(編著) 2002 心理学の新しいかたち―方法への意識 誠信書房

あ と が き

　1996年に出版された『発達心理学への招待』を全面的に改めようと決めて以来，私ども3人は幾度となく集まり，また頻繁にメールのやり取りをしたこの1年でした。同じ3人でつくった『発達心理学への招待』を改めて詳しく検討し，どこをどう改訂するか，31章の構成，内容，取り上げるトピックスやデータなど情報の交換や確認を行い，ドラフトを読み合って注文をつけ担当する章との整合を計る，といったやりとりでした。3人それぞれがいろいろな大学でこの本を使った経験と，その後の発達研究の成果などを盛り込みたいと考えてのことでした。そのやりとりにあたって，中継点のようになってくださったのが，白百合女子大学の田矢幸江さんです。単に情報の伝達役ではなく，私どもの出す意見に対して，教科書として学んだ経験，さらに学生達の感想などを踏まえて，的確な修正／補充の意見やトピックスの提案をして下さった，また校正や図表の作成も全面的に細やかにして戴きました。その尽力に厚く御礼申し上げたい。
　改訂を受け入れて下さったミネルヴァ書房の寺内一郎氏のご尽力にも感謝の意を表したいと思います。

　　2005年3月

　　　　　　　　　　　　　　　　　　　　　　　　　　執 筆 者 一 同

《著者紹介》

柏木惠子（かしわぎ　けいこ）
1932年生まれ
1960年　東京大学大学院博士課程修了
現在　東京女子大学名誉教授
主著　『父親の発達心理学』（編著　川島書店）
　　　『エッセンシャル心理学』（共編　ミネルヴァ書房）
　　　『家族心理学』（東京大学出版会）
　　　『子どもが育つ条件』（岩波新書）

古澤賴雄（こさわ　よりお）
1932年生まれ
1962年　東京大学大学院人文科学研究科博士課程修了
　　　　元特定非営利活動法人（NPO）環の会顧問
　　　　（元日本女子大学・神戸大学・群馬大学・東京女子大学・中京大学教授）
2011年　逝去
主著　『家族の発達』（共著　同文書院）
　　　『見えないアルバム』（編著　彩古書房）
　　　『幼児心理学の展開』（編著　北樹出版）

宮下孝広（みやした　たかひろ）
1956年生まれ
1986年　東京大学大学院教育学研究科博士課程中退
現在　白百合女子大学人間総合学部教授
主著　『児童文化入門』（共編著　岩波書店）

新版／発達心理学への招待

| 2005年3月20日　新版第1刷発行 | 〈検印省略〉 |
| 2023年3月30日　新版第17刷発行 | 定価はカバーに表示しています |

著　者　　柏木惠子
　　　　　古澤賴雄
　　　　　宮下孝広

発行者　　杉田啓三

印刷者　　田中雅博

発行所　株式会社　ミネルヴァ書房
607-8494　京都市山科区日ノ岡堤谷町1
電話代表　075（581）5191
振替口座　01020-0-8076番

© 柏木惠子ほか，2005　　創栄図書印刷，新生製本

ISBN978-4-623-04252-4
Printed in Japan

現代心理学への招待

A5・320頁
本体3000円

白樫三四郎 編著

心理学の入口に立つ人にその広い世界を案内する

臨床心理学への招待 第2版

A5・274頁
本体2600円

野島和彦 編著

第一線の著者42人による実践的テキスト

教育心理学への招待

A5・248頁
本体2500円

梶田叡一 編

教育心理学に期待される主要課題を考える

新版 発達心理学への招待

A5・280頁

柏木惠子・古澤賴雄・宮下孝広 著

人間発達をひも解く30の扉

社会心理学への招待

A5・268頁
本体2800円

白樫三四郎 編著

社会のなかに生きる人間の行動の原理を探る

家族心理学への招待 第2版

A5・224頁
本体2500円

柏木惠子・大野祥子・平山順子 著

今，日本の家族は？　家族の未来は？

——— ミネルヴァ書房 ———

https://www.minervashobo.co.jp/